2024
관세사 1차 시험 대비

김충신 세무사의
내국소비세법
Sub-Note

김충신 편저

도서출판 원

김충신 세무사의
내국소비세법
Sub-Note

Preface

본 교재는 관세사 1차 시험을 준비하는 수험생들을 위한 내국소비세법 핵심 요약집이다. 수험생활이라는 오랜 인내의 시간을 성공으로 이끄는 비결은 단연 '단권화'라 할 수 있는데, 특히, 그 내용이 방대하며 휘발성이 강한 세법은 더욱 그러하다.

● 본서의 주요 특징

단권화 (Sub-note)

내국소비세법 과목에서 관세사 1차 시험에 출제되는 기본 내용과 주요 내용을 Sub-note 형식으로 정리하여 시험 전까지 여러 번 반복·숙지할 수 있도록 요약하였다.

주제별 핵심내용을 비교 정리

수험생들이 내국소비세법 출제 분야의 주제별 핵심내용을 한눈에 파악할 수 있도록 도표 형식으로 구성하였다.

개정세법 완벽 반영

교재 출간일 기준 현재까지의 개정세법 내용을 완벽히 반영하였다.
이후 2024년 관세사 1차 시험 전 개정되는 세법 내용은 2024년 2월경 '개정세법 특강'을 통해 보충할 예정이다.

필자가 세무사 수험생활부터 오랜 강의와 실무를 거치며 요약하고 정리해 왔던 내용들을 이 교재에 모두 담았다. 이 교재가 꿈을 이루기 위해 노력하는 모든 수험생들에게 좋은 길잡이가 되어 주기를 소망한다.

이 책이 나오기까지 많은 분들의 도움을 받았다. 교재의 완성도를 높이기 위해 구성과 편집에 열정을 다해주신 전상선님 그리고 원출판사 정성열 사장님과 편집 팀원들에게 이 자리를 빌어 감사의 마음을 전한다.

끝으로 아들을 위해 날마다 기도하시는 아버지에게 감사의 마음을 전하고 사랑하는 아내와 두 아들 주영, 민영에게 미안한 마음과 함께 고마움을 전한다.

2023.6.20.
편저자 김충신

CONTENTS

Glossary | 세법의 기초개념 익히기 • 1

1. 조세의 분류 ···3
2. 용어의 정의 ···4
3. 국세의 징수절차 ··6
4. 인격 ··6

Part 01 | 부가가치세법 • 7

제 1 절 부가가치세의 기초이론 ··9
1 우리나라 부가가치세의 특징 ··9

제 2 절 부가가치세법 총칙 ···10
1 용어의 정의 ··10
2 납세의무자 : 사업자 또는 재화를 수입하는 자 ···10
  1. 사업자의 개념 ··11
  2. 농가부업소득의 과세여부 ··11
  3. 『신탁법』에 의한 신탁의 경우 ···12
  4. 납세의무자 관련 기타사항 ··15
  5. 사업자의 분류 ··16
3 과세대상 ··16
4 과세기간 ··16
  1. 일반과세자 ··16
  2. 간이과세자 ··17
  3. 특수한 경우 ··17
5 납세지 ··18
  1. 사업장의 개념과 범위 ··18
  2. 업종별 사업장의 예시 ··19

                3. 사업장단위 과세제도의 예외 ·· 21
        ⑥ **사업자등록** ·· **23**
                1. 개요 및 사업자등록 절차 ··· 23
                2. 미등록 시 불이익 ··· 25

제 3 절 과세거래 ··· 26

        ① **과세거래** ·· **26**
                1. 개요 ·· 26
                2. 재화의 공급 ·· 28
                3. 재화 공급의 특례(간주공급) ·· 30
                4. 재화의 공급으로 보지 않는 경우 ······························· 34
                5. 용역의 공급 ·· 35
                6. 재화의 수입 ·· 38
        ② **부수재화 및 부수용역의 공급** ··· **39**
                1. 주된 공급(거래)에 부수되는 재화·용역의 공급 ······ 39
                2. 주된 사업에 부수되는 재화·용역의 공급 ················ 40
        ③ **재화 또는 용역의 공급시기** ··· **41**
                1. 재화의 공급시기 ·· 41
                2. 용역의 공급시기 ·· 44
                3. 재화 및 용역의 공급시기 특례 ➡ 선발급세금계산서 ······ 46
        ④ **재화 또는 용역의 공급장소** ··· **47**

제 4 절 영세율과 면세 ··· 48

        ① **영세율과 면세의 개념과 원리** ··· **48**
        ② **영세율** ·· **48**
                1. 적용대상자 ·· 48
                2. 적용대상거래 ·· 49
                3. 영세율 첨부서류의 제출 ·· 56
        ③ **면세** ·· **59**
                1. 재화·용역의 공급에 대한 면세 ··································· 59
                2. 재화의 수입에 대한 면세 ·· 67
                3. 면세포기 ·· 68

제 5 절 거래징수와 세금계산서 ··· 70

        ① **세금계산서** ·· **71**
                1. 세금계산서의 발급 ·· 71

2. 전자세금계산서 ·· 72
3. 매입자발행세금계산서 ·· 73
4. 수입세금계산서 ·· 75
5. 세금계산서 발급 시기 ·· 77
6. 세금계산서 발급특례 ·· 78
7. 수정세금계산서 또는 수정전자세금계산서의 발급 ······ 79
8. 세금계산서 발급의무의 면제 ·· 80

② 영수증 ·· 84
1. 영수증 발급대상자 ·· 84
2. 간이과세자의 영수증 발급 ·· 86

③ 신용카드매출전표 및 현금영수증 ··· 86

제 6 절 과세표준과 매출세액 ··· 88

① 계산구조 ·· 88

② 과세표준 계산의 일반원칙 ··· 89
1. 재화·용역의 공급에 대한 과세표준 ····························· 89
2. 재화의 수입에 대한 과세표준 ······································· 93

③ 재화의 공급의제에 대한 과세표준 ·· 94

④ 과세표준 계산의 특례 ·· 94
1. 토지와 건물을 일괄공급하는 경우 ································ 94
2. 부동산 임대용역을 공급하는 경우 ································ 96

⑤ 대손세액 ·· 97

제 7 절 납부세액의 계산 ··· 99

① 매입세액의 계산구조 ·· 99

② 매입세액공제 일반 ·· 99
1. 공제하는 매입세액 ·· 99
2. 면세농산물 등의 의제매입세액공제 ··························· 101
3. 과세사업전환 매입세액 ··· 105

③ 매입세액불공제 ·· 106

④ 납부세액의 계산 ·· 111
1. 계산구조 ··· 111
2. 경감공제세액 ·· 111
3. 예정신고미환급세액과 예정고지세액 ························· 112

⑤ 가산세 ·· 113

1. 부가가치세법상 가산세 ··· 113
2. 가산세 중복적용의 배제 ··· 117

제 8 절 겸영사업자의 세액계산 특례 ··· 118
1 공통사용재화 공급가액의 안분계산(공급단계) ························· 119
2 공통매입세액의 안분계산(매입단계) ····································· 120
3 공통매입세액의 정산 및 재계산 ·· 121

제 9 절 부가가치세의 납세절차 ·· 123
1 신고·납부 ·· 123
1. 예정신고납부 ·· 123
2. 확정신고납부 ·· 125
3. 재화의 수입에 대한 신고·납부 ·· 125
4. 대리납부제도 ·· 127
5. 국외사업자의 용역 등 공급에 관한 특례 ··························· 129
6. 전자적 용역을 공급하는 국외사업자의 용역 공급과 사업자등록 등에 관한 특례 ·· 129

2 결정·경정·징수 ·· 132
3 환급 ··· 134
1. 일반환급 ·· 134
2. 조기환급 ·· 135

4 현금매출명세서 등의 제출 ·· 136

제 10 절 간이과세 ··· 137
1 간이과세자의 기본구조 ·· 137
2 간이과세자의 범위 ·· 137
1. 적용범위 ·· 137
2. 간이과세 적용배제 사업자 ··· 138
3. 신규사업자의 경우 ··· 139

3 과세유형의 변경 ··· 140
1. 과세유형 변경시기 ··· 140
2. 과세유형 변경 통지 ··· 142

4 과세표준 및 세액계산 ·· 142
1. 계산구조 ·· 142
2. 납부세액의 계산 ·· 143

3. 공제세액 …………………………………………………………………………144
4. 가산세 ……………………………………………………………………………145

5 과세유형 변경에 따른 세액계산특례 ……………………………………148

1. 재고매입세액(간이과세자→일반과세자) ………………………148
2. 재고납부세액(일반과세자→간이과세자) ………………………149
3. 절차규정 ………………………………………………………………………149

6 납세절차 ………………………………………………………………………………150

1. 예정부과·납부 …………………………………………………………150
2. 확정신고·납부 및 납부의무 면제 ………………………………151
3. 장부의 작성·보관 ……………………………………………………152
4. 간이과세의 포기 ………………………………………………………153

제 11 절 보칙 및 벌칙 ……………………………………………………………155

Part 02 개별소비세법 • 159

제 1 절 개별소비세법 총칙 …………………………………………………161

1 개별소비세의 의의 및 특징 ……………………………………………161

2 개별소비세와 부가가치세의 비교 ……………………………………162

1. 공통점 …………………………………………………………………………162
2. 차이점 …………………………………………………………………………162

3 용어의 정의 ……………………………………………………………………163

제 2 절 과세대상과 세율 ……………………………………………………164

1 과세대상과 기본세율 ……………………………………………………164

1. 과세물품(1호~6호) …………………………………………………164
2. 과세장소 ………………………………………………………………………169
3. 과세유흥장소 ………………………………………………………………170
4. 과세영업장소 ………………………………………………………………170

2 탄력세율과 잠정세율 ……………………………………………………171

1. 탄력세율 ………………………………………………………………………171
2. 잠정세율 ………………………………………………………………………172

3 과세대상의 판정 ……………………………………………………………173

4 비과세 물품 ……………………………………………………………………173

제 3 절 납세의무자와 과세표준 ·· 174
1 납세의무자 ·· 174
2 과세표준 ·· 175

제 4 절 과세시기 및 제조·반출 등 의제 ······································· 180
1 과세시기(납세의무 성립시기) ·· 180
2 제조의제 ·· 180
3 반출의제 ·· 181
1. 반출로 보는 경우(반출의제의 범위) ·· 181
4 유흥음식행위·영업행위의제 ·· 182

제 5 절 미납세반출 ··· 183
1 개념 및 취지 ··· 183
2 미납세반출의 대상 ·· 183
3 미납세반출의 절차 ·· 185
4 미납세반출 물품에 대한 사후관리 ··· 186

제 6 절 면세제도 ··· 187
1 의의 및 특징 ··· 187
2 수출 및 군납면세 ·· 187
3 외교관면세 ·· 189
4 외국인전용판매장 면세 ·· 191
5 조건부면세 ·· 194
1. 의의 및 면세대상 ··· 194
2. 면세 승인절차 ··· 196
3. 사후관리 ·· 197
6 무조건면세 ·· 199
1. 의미 및 면세대상 ··· 199
2. 면세 승인절차 ··· 200
7 입장행위의 면세 ·· 200
8 유흥음식행위의 면세 ··· 200

제 7 절 세액공제와 환급 ··· 204

   1 세액공제 ··· 204
   2 세액환급 ··· 205
   3 세액공제 및 환급의 배제 ··· 206
   4 가정용 부탄 등에 대한 개별소비세 환급특례 ··································· 206

제 8 절 신고 · 납부 및 결정 · 경정 ··· 207

   1 과세표준의 신고 ··· 207
   2 납부 ·· 208
   3 신고 · 납부의 특례 ··· 209
      1. 총괄납부 ·· 209
      2. 사업자단위 신고 · 납부 ·· 210
      3. 미납세반출 후 반입지에서 반출한 물품의 신고 · 납부 특례 ········ 211
   4 결정 · 경정결정 및 재경정 ··· 212
   5 기타사항 ··· 213

Part 03 | 주세법 • 215

제 1 절 총칙 ·· 217

   1 주세의 특징 ··· 217
   2 과세대상 ··· 218
   3 납세의무자 ··· 219
   4 용어의 정의 ··· 219
   5 주류의 종류 ··· 220

제 2 절 과세표준과 세율 ·· 221

   1 주세의 과세표준 ··· 221
      1. 일반적인 과세표준 ·· 221
      2. 주류수량의 계산 ·· 222
      3. 주류의 가격계산 ·· 222

   4. 반출간주시 과세표준 ··· 224
  ② 세율 ··· 225

제 3 절 신고와 납부 ··· 227

  ① 과세표준 등의 신고 ·· 227
  ② 납부 ··· 227
  ③ 납부기한 ··· 228

제 4 절 결정·경정과 징수 및 환급 ·································· 229

  ① 결정 및 경정 ··· 229
  ② 주세의 징수 ·· 230
  ③ 미납세 반출 등 ··· 231
  ④ 세액공제 및 환급 ·· 232

제 5 절 면세 ··· 233

  ① 주류의 수출 및 수입에 관한 면세 ······································· 233
  ② 주정에 대한 면세 ·· 236

제 6 절 납세의 담보 ·· 237

제 7 절 질문·조사 및 벌칙 ·· 239

김충신 세무사의
내국소비세법
Sub-Note

Glossary
세법의 기초개념 익히기

1. 조세의 분류
2. 용어의 정의
3. 국세의 징수절차
4. 인격

1. 조세의 분류

구 분	내 용
과세 주체에 따라	① 국세: 국가가 부과하는 조세 　　(예 법인세, 소득세, 부가가치세, 상속세 및 증여세, 종합부동산세 등) ② 지방세: 지방자치단체가 부과하는 조세(예 취득세, 등록면허세, 재산세, 자동차세 등)
세수 용도에 따라	① 보통세: 세수의 용도를 특별히 정하지 않고 일반적인 경비에 충당되는 조세 ② 목적세: 세수의 용도를 미리 정하여 그 목적으로만 충당되는 조세 　　(예 교통·에너지·환경세, 교육세, 농어촌특별세, 지역자원시설세, 지방교육세)
전가 여부에 따라	① 직접세: 조세부담이 전가되지 않은 것으로 예정된 조세(납세의무자=담세자) ② 간접세: 조세부담이 다른 사람에게 전가될 것으로 예정된 조세(납세의무자≠담세자) 　　(예 부가가치세, 개별소비세, 주세, 인지세, 증권거래세)
인적사항 고려 여부에 따라	① 인세: 납세의무자의 인적사항을 고려하여 부과하는 조세(예 법인세, 소득세 등) ② 물세: 납세의무자의 인적사항을 고려하지 않는 조세(예 부가가치세, 개별소비세 등)
측정 단위에 따라	① 종가세: 과세대상을 화폐단위로 측정하는 조세(예 법인세, 소득세, 부가가치세 등) ② 종량세: 과세대상을 화폐 이외의 단위(개수, 중량 등)로 측정하는 조세 　　(예 자동차세, 인지세, 교통·에너지·환경세 등)
독립성 여부에 따라	① 독립세: 독립적인 세원을 가지고 있는 조세(예 법인세, 소득세, 부가가치세 등) ② 부가세: 독립적인 세원 없이 다른 조세에 부가되는 조세(예 교육세, 농어촌특별세)

2. 용어의 정의

구 분	내 용
국세	국가가 부과하는 조세 중 법인세, 소득세, 상속세 및 증여세, 종합부동산세, 부가가치세, 개별소비세, 주세, 인지세, 증권거래세, 교통·에너지·환경세, 교육세, 농어촌특별세를 말한다.
지방세	「지방세기본법」에서 규정하는 세목
가산세	세법에서 규정하는 의무의 성실한 이행을 확보하기 위하여 세법에 따라 산출한 세액에 가산하여 징수하는 금액 * 벌과금적 성격으로 해당 세법이 정하는 **국세의 세목에 속함**.
가산금	국세를 **고지서상 납부기한까지** 납부하지 아니한 경우에 「국세징수법」에 따라 고지세액에 가산하여 징수하는 금액과 납부기한이 지난 후 일정 기한까지 납부하지 아니한 경우에 그 금액에 다시 가산하여 징수하는 금액 * 연체이자 성격으로 **국세에 속하지 않음**.
강제징수비	「국세징수법」 중 강제징수에 관한 규정에 따른 재산의 압류, 보관, 운반과 매각에 든 비용 * 매각을 대행시키는 경우 그 수수료를 포함함.
과세기간	세법에 따라 국세의 과세표준 계산의 기초가 되는 기간
과세표준	세법에 따라 직접적으로 **세액산출의 기초가 되는** 과세대상의 **수량 또는 가액**
과세표준 신고서	국세의 과세표준과 국세의 납부 또는 환급에 필요한 사항을 적은 신고서
과세표준 수정신고서	당초에 제출한 과세표준신고서의 기재사항을 수정하는 신고서
법정 신고기한	세법에 따라 과세표준신고서를 제출할 기한
세무 공무원	다음에 해당하는 자 ① 국세청장, 지방국세청장, 세무서장 또는 그 소속 공무원 ② 세법에 따라 국세에 관한 사무를 세관장이 관장하는 경우의 그 세관장 또는 그 소속 공무원
정보 통신망	「전기통신기본법」에 따른 전기통신설비를 활용하거나 전기통신설비와 컴퓨터 및 컴퓨터의 이용기술을 활용하여 정보를 수집, 가공, 저장, 검색, 송신 또는 수신하는 정보통신체계
전자신고	과세표준신고서 등 「국세기본법」 또는 세법에 따른 신고 관련 서류를 국세청장이 정하여 고시하는 정보통신망(국세정보통신망)을 이용하여 신고하는 것

특수 관계인	본인과 다음 어느 하나에 해당하는 관계에 있는 자. 이 경우 「국세기본법」 및 세법을 적용할 때 본인도 그 특수관계인의 특수관계인으로 본다. (1) 혈족·인척 등 친족관계 　① 6촌 이내의 혈족 ② 4촌 이내의 인척 ③ 배우자(사실상의 혼인관계에 있는 자를 포함) 　④ 친생자로서 다른 사람에게 친양자 입양된 자 및 그 배우자·직계비속 (2) 임원·사용인 등 경제적 연관관계 　① 임원과 그 밖의 사용인 　② 본인의 금전이나 그 밖의 재산으로 생계를 유지하는 자 　③ 위 ① 및 ②의 자와 생계를 함께하는 친족 (3) 주주·출자자 등 경영지배관계 　1) 본인이 개인인 경우 　　① 본인이 직접 또는 그와 친족관계 또는 경제적 연관관계에 있는 자를 통하여 법인의 경영에 대하여 지배적인 영향력을 행사하고 있는 경우 그 법인 　　② 본인이 직접 또는 그와 친족관계, 경제적 연관관계 또는 위 ①의 관계에 있는 자를 통하여 법인의 경영에 대하여 지배적인 영향력을 행사하고 있는 경우 그 법인 　2) 본인이 법인인 경우 　　① 개인 또는 법인이 직접 또는 그와 친족관계 또는 경제적 연관관계에 있는 자를 통하여 본인인 법인의 경영에 대하여 지배적인 영향력을 행사하고 있는 경우 그 개인 또는 법인 　　② 본인이 직접 또는 그와 경제적 연관관계 또는 위 ①의 관계에 있는 자를 통하여 어느 법인의 경영에 대하여 지배적인 영향력을 행사하고 있는 경우 그 법인 　　③ 본인이 직접 또는 그와 경제적 연관관계, 위 ① 또는 ②의 관계에 있는 자를 통하여 어느 법인의 경영에 대하여 지배적인 영향력을 행사하고 있는 그 법인 　　④ 본인이 「독점규제 및 공정거래에 관한 법률」에 따른 기업집단에 속하는 경우 그 기업집단에 속하는 다른 계열회사 및 그 임원

3. 국세의 징수절차

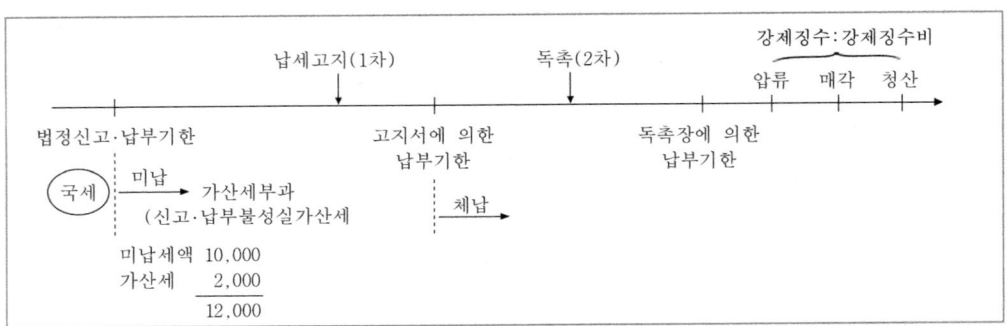

4. 인격

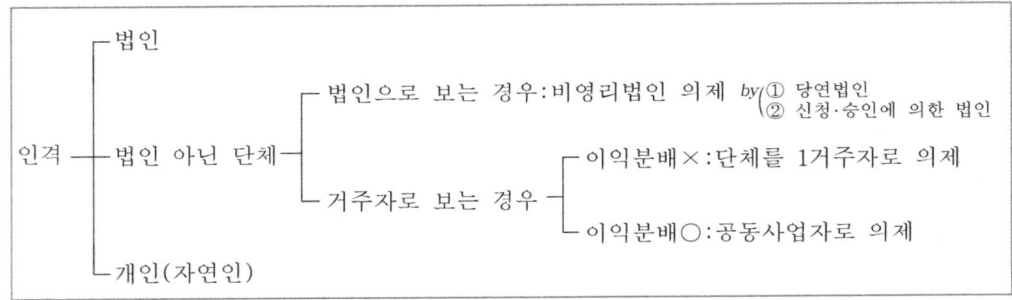

* 법인
    ① 내국법인: 본점, 주사무소 또는 사업의 실질적 관리장소가 국내에 있는 법인
    ② 외국법인: 본점, 주사무소 또는 사업의 실질적 관리장소가 국외에 있는 법인
    ③ 영리법인: 영리를 목적으로 설립된 법인(이윤추구+이익분배 O)
    ④ 비영리법인: 공익을 목적으로 설립된 법인(이윤추구+이익분배 ×)

* 개인
    ① 거주자: 국내에 주소를 두거나, 183일 이상의 거소를 둔 개인
    ② 비거주자: 거주자가 아닌 개인

Part 01
부가가치세법

제 1 절 　부가가치세의 기초이론
제 2 절 　부가가치세법 총칙
제 3 절 　과세거래
제 4 절 　영세율과 면세
제 5 절 　거래징수와 세금계산서
제 6 절 　과세표준과 매출세액
제 7 절 　납부세액의 계산
제 8 절 　겸영사업자의 세액계산 특례
제 9 절 　부가가치세의 납세절차
제 10 절 　간이과세
제 11 절 　보칙 및 벌칙

제 1 절 부가가치세의 기초이론

1 우리나라 부가가치세의 특징

구 분	내 용
국세(➡지방세×)	부가가치세는 국가가 부과하는 조세이다.
소비형 부가가치세 (➡GDP형×, 소득형×)	부가가치세의 대상이 되는 부가가치의 범위를 총매출액에서 총매입액을 차감한 금액인 소비액으로 결정한다. * 장점: 투자활성화가 촉진됨.
일반소비세 (➡개별소비세×)	부가가치세는 원칙적으로 모든 재화와 용역의 소비에 대하여 과세한다. (➡예외: 면세대상은 제외)
물세(➡인세×)	납세의무자의 인적사항을 고려하지 않고 재화·용역의 소비사실에 대하여 과세한다.
간접세(➡직접세×)	부가가치세는 납세의무자(사업자)≠담세자(최종소비자)인 조세이다. (➡조세부담의 전가가 예정되어 있는 조세)
다단계 거래방식 (➡단단계×)	각 거래단계마다 창출된 부가가치에 대하여 각각 부과한다.
전단계 세액공제법 (➡가산법×, 전단계 거래액공제법×)	납부세액 = 매출세액(매출액×세율) − 매입세액(매입액×세율)으로 계산한다. * 매입세액은 세금계산서 등에 의해 입증되는 매입세액만을 공제함.
소비지국 과세원칙 (➡생산지국×)	재화나 용역을 소비하는 국가에서 과세권을 행사하도록 하기 위하여 다음과 같이 부가가치세를 과세한다. ① 수출하는 재화와 용역: 영세율 적용 ② 수입하는 재화: 세관장이 내국물품과 동일하게 과세

제 2 절 부가가치세법 총칙

1 용어의 정의

개 념	내 용
간이과세자	직전 연도 공급대가의 합계액이 8,000만원*에 미달하는 개인사업자 * 부동산임대업 또는 과세유흥장소를 경영하는 사업자의 경우: 4,800만원
일반과세자	간이과세자가 아닌 사업자를 말한다.
과세사업	부가가치세가 과세되는 재화 또는 용역을 공급하는 사업을 말한다.
면세사업	부가가치세가 면제되는 재화 또는 용역을 공급하는 사업을 말한다.
비거주자	거주자가 아닌 개인을 말한다.
외국법인	외국에 본점 또는 주사무소를 둔 단체(국내에 사업의 실질적 관리장소가 소재하지 아니하는 경우만 해당)로서 대통령령으로 정하는 기준에 해당하는 법인[1]을 말한다.

2 납세의무자 : 사업자 또는 재화를 수입하는 자

개 념	내 용
① 사업자	사업 목적이 영리이든 비영리이든 관계없이 사업상 독립적으로 재화 또는 용역을 공급하는 자
② 재화를 수입하는 자	**사업자여부에 관계없이** 부가가치세를 납부할 의무를 진다. * 수입재화에 대해 「관세법」에 따른 관세를 세관장에게 신고하고 납부하는 경우에는 재화의 수입에 대한 부가가치세를 함께 신고하고 납부하여야 한다.

---

1) 대통령령으로 정하는 기준에 해당하는 법인이란 다음의 어느 하나에 해당하는 단체를 말한다.
   ① 설립된 국가의 법에 따라 법인격이 부여된 단체
   ② 구성원이 유한책임사원으로만 구성된 단체
   ③ 구성원과 독립하여 자산을 소유하거나 소송의 당사자가 되는 등 직접 권리·의무의 주체가 되는 단체
   ④ 그 밖에 해당 외국단체와 동종 또는 유사한 국내의 단체가 상법 등 국내의 법률에 따른 법인인 경우의 그 외국단체

1. 사업자의 개념

개념	내용
① 영리이든 비영리이든 관계없이	개인사업자나 영리·비영리법인은 물론 국가·지방자치단체(조합)도 부가가치세 납세의무를 진다. * 국가·지방자치단체(조합)가 공급하는 재화 또는 용역에 대해서는 결국은 면세로 규정하고 있지만, 처음부터 국가 등을 과세대상에서 제외하고 있는「법인세법」과는 다르다.
② 사업상	㉠ 계속·반복적인 의사로 재화나 용역을 공급하는 경우에만 사업성을 인정한다. ㉡ 사업성의 여부는 실질에 따라 판단한다. * 형식적 사업자 등록 여부, 거래징수 여부와 무관하게 실질이 사업성이 있으면 과세함.
③ 독립적으로	㉠ 인적독립성[2]: 근로자의 근로제공은 VAT과세×(∵인적독립성이 없으므로) ㉡ 물적독립성[3]: 농가부업소득은 독립성에 따라 과세여부가 달라진다.
④ 재화 또는 용역을 공급	재화나 용역을 공급하여야 공급받는 자에게 거래 징수할 수 있으므로 이것은 기본이 되는 요건이라 할 수 있다.

2. 농가부업소득의 과세여부

구 분	독립성 여부	VAT과세 여부
소득세가 과세되는 농가부업	○	○
소득세가 비과세되는 농가부업	(원칙) × (예외) 민박, 음식물판매, 특산물, 전통차 제조의 경우: ○	(원칙) × (예외) 민박, 음식물판매, 특산물, 전통차 제조의 경우: ○

---

[2] 인적독립성: 자기의 계산과 책임하에 재화·용역의 공급에 주체가 되어야 함을 의미하는 것으로 다른 자에게 고용되거나 종속되지 않아야 한다.
[3] 물적독립성: 다른 사업에 부수되거나 그 사업의 연장에 불과한 것이 아니라 독립적으로 재화·용역을 공급하는 것을 의미한다.

3. 『신탁법』에 의한 신탁의 경우

구 분	내 용
신탁의 정의	신탁을 설정하는 자(이하 "위탁자"라 한다)와 신탁을 인수하는 자(이하 "수탁자"라 한다) 간의 신임관계에 기하여 위탁자가 수탁자에게 특정의 재산(영업이나 저작재산권의 일부를 포함한다)을 이전하거나 담보권의 설정 또는 그 밖의 처분을 하고 수탁자로 하여금 일정한 자(이하 "수익자"라 한다)의 이익 또는 특정의 목적을 위하여 그 재산의 관리, 처분, 운용, 개발, 그 밖에 신탁 목적의 달성을 위하여 필요한 행위를 하게 하는 법률관계
납세의무자	1) 원칙: 수탁자 (공동수탁자일 경우: 연대납세의무) 2) 예외: 위탁자 ① 위탁자의 지위 이전을 신탁재산의 공급으로 보는 경우(기존 위탁자) ② 신탁재산과 관련된 재화 또는 용역을 위탁자 명의로 공급하는 경우 ③ 위탁자가 신탁재산을 실질적으로 지배·통제하는 경우로서 대통령령으로 정하는 경우4) ④ 그 밖에 신탁의 유형, 신탁설정의 내용, 수탁자의 임무 및 신탁사무 범위 등을 고려하여 대통령령으로 정하는 경우
사업자 등록	① 수탁자가 납세의무자가 되는 경우 수탁자(공동수탁자가 있는 경우 대표수탁자)는 해당 신탁재산을 사업장으로 보아 대통령령으로 정하는 바에 따라 사업자등록을 신청하여야 한다. ② 다만, 수탁자가 사업자등록을 신청하는 경우로서 다음의 요건을 모두 갖춘 경우에는 둘 이상의 신탁재산을 하나의 사업장으로 보아 신탁사업에 관한 업무를 총괄하는 장소를 관할하는 세무서장에게 사업자등록을 신청할 수 있다. ㉠ 수탁자가 하나 또는 둘 이상의 위탁자와 둘 이상의 신탁계약을 체결하였을 것 ㉡ 신탁계약이 수탁자가 위탁자로부터 「자본시장과 금융투자업에 관한 법률」의 재산을 위탁자의 채무이행을 담보하기 위해 수탁으로 운용하는 내용으로 체결되는 신탁계약일 것

---

4) 대통령령으로 정하는 경우란 다음의 어느 하나에 해당하는 경우를 말한다.
  ① 수탁자가 위탁자로부터 「자본시장과 금융투자업에 관한 법률」의 재산을 수탁 받아 부동산개발사업을 목적으로 하는 신탁계약을 체결한 경우로서 그 신탁계약에 따른 부동산개발사업비의 조달의무를 수탁자가 부담하지 않는 경우. 다만, 수탁자가 「도시 및 주거환경정비법」 또는 「빈집 및 소규모주택 정비에 관한 특례법」에 따른 재개발사업·재건축사업 또는 가로주택정비사업·소규모재건축사업의 사업시행자인 경우는 제외한다.
  ② 수탁자가 「도시 및 주거환경정비법」 또는 「빈집 및 소규모주택 정비에 관한 특례법」에 따른 재개발사업·재건축사업 또는 가로주택정비사업·소규모재건축사업의 사업대행자인 경우
  ③ 수탁자가 위탁자의 지시로 위탁자와 특수관계에 있는 자에게 신탁재산과 관련된 재화 또는 용역을 공급하는 경우

재화의 공급		① 공급O: 신탁법에 따라 위탁자의 지위가 이전되는 경우에는 기존 위탁자가 새로운 위탁자에게 신탁재산을 공급한 것으로 본다. ② 공급×: 다만, 신탁재산에 대한 실질적인 소유권의 변동이 있다고 보기 어려운 경우로서 다음의 경우에는 신탁재산의 공급으로 보지 아니한다. ㉠ 「자본시장과 금융투자업에 관한 법률」에 따른 집합투자기구의 집합투자업자가 다른 집합투자업자에게 위탁자의 지위를 이전하는 경우 ㉡ 신탁재산의 실질적인 소유권이 위탁자가 아닌 제3자에게 있는 경우 등 위탁자의 지위 이전에도 불구하고 신탁재산에 대한 실질적인 소유권의 변동이 있다고 보기 어려운 경우 ㉢ 위탁자로부터 수탁자에게 신탁재산을 이전하는 경우 ㉣ 신탁의 종료로 인하여 수탁자로부터 위탁자에게 신탁재산을 이전하는 경우 ㉤ 수탁자가 변경되어 새로운 수탁자에게 신탁재산을 이전하는 경우
수익자의 2차납세의무	개념	수탁자가 납부하여야 하는 부가가치세 또는 강제징수비를 신탁재산으로 충당하여도 부족한 경우에는 그 신탁의 수익자(「신탁법」에 따라 신탁이 종료되어 신탁재산이 귀속되는 자를 포함한다)는 지급받은 수익과 귀속된 재산의 가액을 합한 금액을 한도로 하여 그 부족한 금액에 대하여 납부할 의무(제2차 납세의무)를 진다.
	2차납세의무 대상	① 신탁 설정일 이후에 「국세기본법」에 따른 법정기일이 도래하는 부가가치세로서 해당 신탁재산과 관련하여 발생한 것 ② 위 ①의 금액에 대한 강제징수 과정에서 발생한 강제징수비

수탁자의 물적납세의무	개념	부가가치세를 납부하여야 하는 위탁자가 부가가치세 등을 체납한 경우로서 그 위탁자의 다른 재산에 대하여 강제징수를 하여도 징수할 금액에 미치지 못할 때에는 해당 신탁재산의 수탁자는 그 신탁재산으로써 이 법에 따라 위탁자의 부가가치세 등을 납부할 의무(물적납세의무)가 있다.
	물적납세의무 대상	① 신탁 설정일 이후에 「국세기본법」에 따른 법정기일이 도래하는 부가가치세로서 해당 신탁재산과 관련하여 발생한 것 ② 위 ①의 금액에 대한 강제징수 과정에서 발생한 강제징수비
	기타 사항	① 납세의무자(위탁자)를 관할하는 세무서장은 수탁자로부터 납세의무자의 부가가치세 등을 징수하려면 다음의 사항을 적은 납부통지서를 수탁자에게 고지하여야 한다. 이 경우 수탁자의 주소 또는 거소를 관할하는 세무서장과 납세의무자에게 그 사실을 통지하여야 한다. ㉠ 부가가치세 등의 과세기간, 세액 및 그 산출 근거 ㉡ 부가가치세 등의 납부기한 및 납부장소 ㉢ 그 밖에 부가가치세 등의 징수를 위하여 필요한 사항 ② 위에 따른 고지가 있은 후 납세의무자가 신탁의 이익을 받을 권리를 포기 또는 이전하거나 신탁재산을 양도하는 등의 경우에도 위에 따라 고지된 부분에 대한 납세의무에는 영향을 미치지 아니한다. ③ 신탁재산의 수탁자가 변경되는 경우에 새로운 수탁자는 위 ①에 따라 이전의 수탁자에게 고지된 납세의무를 승계한다.(➡다시 고지×) ④ 위 ①에 따른 납세의무자의 관할 세무서장은 최초의 수탁자에 대한 신탁 설정일을 기준으로 그 신탁재산에 대한 현재 수탁자에게 납세의무자의 부가가치세 등을 징수할 수 있다. ⑤ 신탁재산에 대하여 「국세징수법」에 따라 체납처분을 하는 경우「국세기본법」에도 불구하고 수탁자는 「신탁법」에 따른 신탁재산의 보존 및 개량을 위하여 지출한 필요비 또는 유익비의 우선변제를 받을 권리가 있다.

4. 납세의무자 관련 기타사항

① **사업자등록·거래징수 여부에 따른 납세의무**: 사업자가 부가가치세가 과세되는 재화를 공급하거나 용역을 제공하는 경우에는 **해당 사업자의 사업자등록 여부 및 공급시 부가가치세의 거래징수 여부에 불구하고** 해당 재화의 공급 또는 용역의 제공에 대하여 부가가치세를 신고·납부할 의무가 있다.

② **사업자가 아닌 개인 또는 면세사업자의 납세의무**: 「부가가치세법」상의 사업자가 아닌 개인 또는 면세사업자가 **우발적 또는 일시적으로** 재화 또는 용역을 공급하는 경우에는 부가가치세 납세의무자에 해당되지 아니한다.

③ **명의자와 사실상 귀속자가 서로 다른 경우의 납세의무**: 과세의 대상이 되는 행위 또는 거래의 귀속이 명의일 뿐이고 사실상 귀속되는 자가 따로 있는 경우에는 **사실상 귀속되는 자**에 대하여 「부가가치세법」을 적용한다.

④ 국외거래에 대한 납세의무:
   ㉠ 부가가치세의 납세의무는 **대한민국의 주권이 미치는 범위 내에서 적용**하므로 **사업자가 대한민국의 주권이 미치지 아니하는 국외에서 재화를 공급하는 경우에는 납세의무가 없다**. 다만, 중계무역 방식의 수출, 위탁판매수출, 외국인도수출, 위탁가공무역 방식의 수출 등 수출의 방법으로 재화를 공급하는 경우에는 그러하지 아니한다.
   ㉡ **우리나라 국적의 항공기 또는 선박에서 이루어지는 거래는 국외거래로 보지 아니하므로** 부가가치세 납세의무가 있다.

⑤ **청산 중에 있는 내국법인의 납세의무**: 청산중에 있는 내국법인은 「상법」에 따른 계속등기 여부에 불구하고 **사실상 사업을 계속하는 경우에는 납세의무가 있다**.

⑥ **농민이 일시적으로 재화를 공급하는 경우의 납세의무**: 농민이 자기농지의 확장 또는 농지개량작업에서 생긴 **토사석을 일시적으로 판매하는 경우에는 납세의무가 없다**.

⑦ **국내 오픈마켓을 통해 상품을 판매하는 경우 비거주자의 납세의무**: 비거주자가 국내의 오픈마켓(사이버몰)에 판매자로 등록한 후 그 오픈마켓을 통해 국내소비자로부터 주문을 받아 국외에서 국내소비자에게 직배송하는 방법으로 상품을 판매하는 경우 해당 오픈마켓은 그 비거주자의 「부가가치세법」상 사업장에 해당하지 아니하며, 그 오픈마켓을 통한 상품판매에 대하여 해당 비거주자는 「부가가치세법」에 따른 납세의무를 부담하지 아니한다(재부가-167, 2011.03.31.).

⑧ **새마을금고의 납세의무**: 「새마을금고법」에 따라 설립된 새마을금고가 사업상 독립적으로 부가가치세가 과세되는 재화를 공급하는 경우에는 납세의무가 있다(부기통 3-0-4).

5. 사업자의 분류

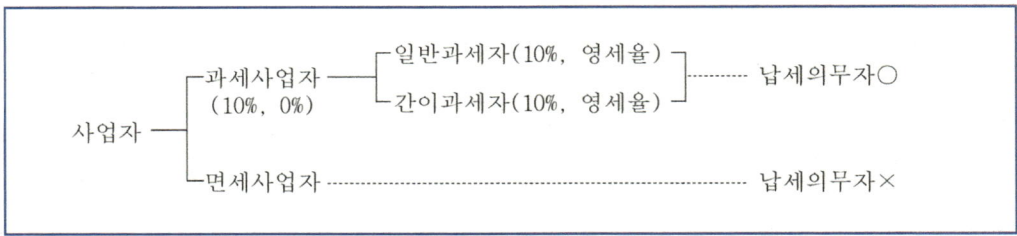

③ 과세대상

과세대상	내 용
① 재화의 공급	공급자가 사업자이어야 한다.
② 용역의 공급	
③ 재화의 수입	수입하는 자의 사업자여부를 불문한다.

④ 과세기간

1. 일반과세자

과세기간	예정신고기간 및 과세기간 최종3월		신고 · 납부기한
제1기: 1.1~6.30	예정신고기간	1.1 ~ 3.31	4.25
	과세기간 최종3월	4.1 ~ 6.30	7.25
제2기: 7.1~12.31	예정신고기간	7.1 ~ 9.30	10.25
	과세기간 최종3월	10.1 ~ 12.31	다음해 1.25

2. 간이과세자

과 세 기 간	신고·납부기한
1.1 ~ 12.31	다음해 1.25

* 1.1 ~ 6.30 : 예정부과기간(7.25까지 예정부과징수)

3. 특수한 경우

구 분	내 용
① 신규사업자의 경우	① 신규로 사업을 시작하는 자에 대한 최초의 과세기간은 **사업개시일부터** 그 날이 속하는 과세기간의 종료일까지로 한다. ② 다만, 사업개시일 이전에 사업자등록을 신청한 경우에는 그 **신청한 날부터** 그 신청일이 속하는 과세기간의 종료일까지로 한다.
② 폐업자의 경우	① 사업자가 폐업하는 경우의 과세기간은 폐업일이 속하는 과세기간의 개시일부터 폐업일까지로 한다. ② 사업개시일 전에 사업자등록을 한 자로서 사업자등록을 한 날부터 6개월이 되는 날까지 재화와 용역의 공급실적이 없는 자에 대해서는 그 6개월이 되는 날을 폐업일로 본다. 다만, 사업장의 설치기간이 6개월 이상이거나 그 밖의 정당한 사유로 인하여 사업 개시가 지연되는 경우에는 그러하지 아니하다. ③ 폐업의 경우에는 폐업일이 속하는 달의 다음달 25일까지 부가가치세를 신고 납부하여야 한다.

핵심정리

■ 사업개시일

구 분	사업개시일
① 제조업	제조를 개시하는 날
② 광업	광물의 채취·채광을 개시하는 날
③ 위 외의 경우	재화 또는 용역의 공급을 개시하는 날
④ 해당 사업이 법령 개정 등으로 면세사업에서 과세사업으로 전환되는 경우	과세 전환일

핵심정리

■ 폐업일

구 분	폐업일
① 합병으로 인한 소멸법인의 경우*	합병법인의 변경등기일 또는 설립등기일
② 분할로 인하여 사업을 폐업하는 경우	분할법인의 분할변경등기일 (분할법인이 소멸하는 경우에는 분할신설법인의 설립등기일)
③ 위 외의 경우	사업장별로 그 사업을 실질적으로 폐업하는 날. 다만, 폐업한 날이 분명하지 아니한 경우에는 폐업신고서의 접수일

* **합병법인**(존속법인)의 과세기간은 불변함.

5 납세지

구 분	내 용
원칙	사업장단위 과세제도
예외	① 주사업장 총괄납부제도 (➡ 납부(환급)에 대해서만 총괄) ② 사업자단위 과세제도 (➡ 납부(환급)뿐 아니라, 모든 협력의무를 총괄)

1. 사업장의 개념과 범위

구 분	내 용
사업장의 개념	사업자가 사업을 하기 위하여 **거래의 전부 또는 일부를 하는 고정된 장소** * 사업자가 사업장을 두지 아니하면 사업자의 주소 또는 거소를 사업장으로 한다.
직매장	사업자가 자기의 사업과 관련하여 생산하거나 취득한 재화를 직접 판매하기 위하여 특별히 판매시설을 갖춘 장소로서 **사업장으로 본다.**

하치장	① 재화를 보관하고 관리할 수 있는 시설만 갖춘 장소로서 하치장으로 신고된 장소는 **사업장으로 보지 아니한다.** ② 하치장을 둔 사업자는 하치장 설치 신고서를 하치장을 둔 날부터 **10일 이내**에 하치장 관할 세무서장에게 제출하여야 한다. ③ 다만, 「주세법 시행령」에 따라 관할 세무서장의 승인을 받은 주류하치장의 경우에는 하치장 설치 신고서의 제출을 생략할 수 있다.
임시사업장	① 각종 경기대회나 박람회 등 행사가 개최되는 장소에 개설한 임시사업장으로서 신고된 장소는 **사업장으로 보지 아니하고 기존사업장에 포함되는 것으로 한다.** (➡별도의 사업자등록 불필요) ② 이 경우 사업자가 임시사업장개설신고서를 제출하지 아니하는 때에는 당해 사업장을 임시사업장으로 보지 아니하고 독립된 사업장으로 본다. ③ 임시사업장을 개설하려는 자는 임시사업장 개설 신고서를 해당 임시사업장의 사업개시일부터 **10일 이내**에 **임시사업장의 관할 세무서장에게 제출**(국세정보통신망에 의한 제출을 포함)하여야 한다. 다만, 임시사업장의 설치기간이 **10일 이내**인 경우에는 임시사업장 개설 신고를 하지 아니할 수 있다. ④ 임시사업장을 개설한 자가 임시사업장을 폐쇄하였을 때에는 폐쇄일부터 **10일 이내**에 임시사업장 폐쇄 신고서를 그 임시사업장 관할 세무서장에게 제출하여야 한다.

2. 업종별 사업장의 예시

구 분	사 업 장
광 업	광업사무소의 소재지 * 이 경우 광업사무소가 광구(鑛區) 밖에 있을 때에는 그 광업사무소에서 가장 가까운 광구에 대하여 작성한 광업 원부의 맨 처음에 등록된 광구 소재지에 광업사무소가 있는 것으로 본다.
제 조 업	최종제품을 완성하는 장소 * 단, 포장·충전만 하는 장소와 저유소는 제외함.
건설업·운수업· 부동산매매업	① 법인인 경우: 법인의 등기부상 소재지(등기부상의 지점소재지 포함) ② 개인의 경우: 업무총괄장소 ③ 법인의 명의로 등록된 차량을 개인이 운용하는 경우: 법인의 등기부상 소재지(등기부상의 지점소재지 포함) ④ 개인의 명의로 등록된 차량을 다른 개인이 운용하는 경우: 그 등록된 개인이 업무를 총괄하는 장소

부동산임대업	그 부동산의 등기부상의 소재지 * 단, 부동산상의 권리만을 대여하거나 한국자산관리공사, 농업협동조합자산관리회사, 기업구조조정 부동산투자회사, 예금보험공사 및 정리금융회사, 전기사업자, 전기통신사업자, 한국철도시설공단 등에 해당하는 사업자가 부동산을 임대하는 경우: 업무총괄장소
수자원을 개발하여 공급하는 사업	사업에 관한 업무를 총괄하는 장소
다단계판매원이 재화·용역을 공급하는 사업	다단계판매원이 「방문판매 등에 관한 법률」에 따라 등록한 다단계판매업자(다단계판매업자)의 주된 사업장의 소재지. 다만, 다단계판매원이 상시 주재하여 거래의 전부 또는 일부를 하는 별도의 장소가 있는 경우에는 그 장소로 한다.
무인자동판매기를 통하여 재화·용역을 공급하는 사업	업무총괄장소(➡ 자판기 설치장소×)
비거주자 또는 외국법인	비거주자 또는 외국법인의 국내사업장
사업장을 설치하지 않고 사업자등록도 하지 않은 경우	과세표준 및 세액을 결정하거나 경정할 당시의 사업자의 주소·거소
신탁법에 의한 신탁의 경우 (수탁자가 납세의무자가 되는 경우)	해당 신탁재산의 등기부상 소재지, 등록부상 등록지 또는 신탁사업에 관한 업무를 총괄하는 장소
기 타	① 이동통신역무를 제공하는 전기통신사업: 사업자가 법인인 경우에는 그 법인의 본점소재지, 개인인 경우에는 업무총괄장소 ② 통신요금 통합청구의 방법으로 요금을 청구하는 전기통신사업: 업무총괄장소 ③ 국가·지방자치단체 또는 지방자치단체조합이 공급하는 부동산임대업, 도·소매업, 음식·숙박업, 골프장·스키장 운영업, 기타 스포츠시설 운영업: 그 사업에 관한 업무총괄장소 ④ 우정사업조직이 「우편법」의 소포우편물을 방문접수 하여 배달하는 용역을 공급하는 사업: 사업에 관한 업무를 총괄하는 장소

* 위에 예시된 장소 외의 장소도 사업자의 **신청에 따라** 추가로 사업장으로 등록할 수 있다. **단 무인자동판매기를 통하여 재화·용역을 공급하는 사업의 경우는 제외한다.**
* 재화를 수입하는 자의 부가가치세 납세지는 「관세법」에 따라 수입을 신고하는 세관의 소재지로 한다.

3. 사업장단위 과세제도의 예외

구 분	주사업장 총괄 납부	사업자 단위 과세
의의 및 효력	① 주사업장에서 납부(환급)만 총괄이 가능하다. * 사업자등록, 세금계산서 발급, 신고 등의 협력의무는 원칙대로 각 사업장별로 이행하여야 한다.[1] ② 판매목적 타사업장 반출에 대한 공급의제를 배제한다.	① 사업자 단위로 등록한 본점 또는 주사무소에서 모든 협력의무의 총괄이 가능하다. ② 판매목적 타사업장 반출에 대한 공급의제를 배제한다.
주사업장·사업자 단위 과세 사업장	① 법인: 본점(주사무소) 또는 지점(분사무소) 중 선택 ② 개인: 주사무소(➡ 분사무소 선택×)	본점(➡ 지점 인정×) 또는 주사무소(➡ 분사무소 선택×)
요건	신청에 의해 (➡ 승인규정 없음)	사업자 단위로 사업자등록신청 (➡ 승인규정 없음)
신청기한	다음 기한까지 주사업장 관할 세무서장에게 신청하여야 한다. ① 신규사업자: 주된 사업장의 사업자등록증 수령일부터 20일 이내 신청[2] ② 사업장이 하나이나 추가로 사업장을 개설하는 자: 추가 사업장의 사업 개시일로부터 20일(추가 사업장의 사업 개시일이 속하는 과세기간 이내로 한정한다)이내 신청[2] ③ 계속사업자: 적용받으려는 과세기간 개시 20일 전까지 신청	다음 기한까지 사업자의 본점 또는 주사무소 관할 세무서장에게 사업자등록(변경등록)을 신청을 하여야 한다. ① 신규사업자: 사업개시일로부터 20일 이내 사업자등록 ② 사업장이 하나인 사업자가 추가로 사업장을 개설하면서 추가 사업장의 사업 개시일이 속하는 과세기간부터 사업자 단위 과세사업자로 적용받으려는 경우: 추가 사업장의 사업 개시일로부터 20일 이내(추가 사업장의 사업 개시일이 속하는 과세기간 이내로 한정한다) 신청 ③ 당초 사업장단위등록사업자: 적용받으려는 과세기간 개시 20일 전까지 사업자 변경등록
변경	변경사유 발생시 변경신청	변경사유 발생시 지체 없이 사업자등록에 대한 정정 신고
적용제외	① 주된 사업장의 이동이 빈번한 때 ② 사업내용 변경 또는 그 밖에 사정변경으로 총괄 납부가 부적당하게 된 때	규정 없음
포기[3]	각 사업장에서 납부하고자 하는 과세기간 개시 20일 전에 주된 사업장 관할 세무서장에게 포기신고(➡ 승인규정 없음)	해당 과세기간 개시 20일 전에 포기신고 (➡ 승인규정 없음)

*¹ ① 주사업장 총괄납부사업자가 예정 또는 확정신고를 함에 있어 주사업장 관할세무서장에게 종된 사업장분을 합산신고하고 종된 사업장 관할세무서장에게는 신고하지 아니한 경우에 종된 사업장분은 무신고가 된다. 다만, 각 사업장별로 작성한 신고서를 관할세무서장 외의 세무서장에게 제출한 경우에는 무신고로 보지 아니한다.
② 수정신고 또는 경정청구 사유가 발생한 때에는 그 사유가 발생한 사업장 관할 세무서장에게 수정신고서 또는 경정청구서를 제출하고 세액을 추가납부 하여야 한다.
③ 주사업장 총괄납부사업자가 확정신고를 하지 아니하거나 확정신고의 내용에 오류 또는 탈루가 있는 때에는 각 사업장 관할 세무서장이 과세표준과 납부세액 또는 환급세액을 경정한다.

*² 이에 따라 신청한 경우 **신청일이 속하는 과세기간부터** 총괄하여 납부한다.

*³ ① 주사업장 총괄 납부를 적용하지 아니하게 되거나 포기한 경우에 주된 사업장 관할 세무서장은 지체 없이 그 내용을 해당 사업자와 주된 사업장 외의 사업장 관할 세무서장에게 통지하여야 한다.
② 이에 따라 포기한 경우에는 그 적용하지 않게 된 날 또는 포기한 날이 속하는 과세기간의 **다음 과세기간부터** 각 사업장별로 신고 · 납부하거나 주사업장 총괄납부를 하여야 한다.

핵심정리

■ 주사업장 총괄 납부의 변경

주사업장 총괄납부사업자는 다음의 사유가 발생한 경우에는 다음의 각 구분에 따른 관할세무서장에게 사업자의 인적사항, 변경사유 등이 적힌 주사업장 총괄 납부 변경신청서를 제출(국세정보통신망에 의한 제출을 포함한다)하여야 한다. 이 경우 ①과 ③에 따라 신청서를 받은 종된 사업장의 관할세무서장은 주된 사업장의 관할세무서장에게 그 신청서를 지체 없이 보내야 한다.

구 분	내 용
① 종된 사업장을 신설하는 경우	그 신설하는 종된 사업장 관할세무서장
② 종된 사업장을 주된 사업장으로 변경하려는 경우	주된 사업장으로 변경하려는 사업장 관할 세무서장
③ 사업자등록 정정 사유에 해당하는 경우	그 정정사유가 발생한 사업장 관할 세무서장 (법인의 대표자를 변경하는 경우에는 주된 사업장 관할 세무서장)
④ 일부 종된 사업장을 총괄납부대상 사업장에서 제외하려는 경우	주된 사업장 관할세무서장
⑤ 기존의 사업장을 총괄납부대상 사업장에 추가하려는 경우	주된 사업장 관할세무서장

* 위에 따라 주사업장 총괄납부 변경신청서를 제출하였을 때에는 그 **변경신청서를 제출한 날이 속하는 과세기간부터** 총괄하여 납부한다.

6 사업자등록

1. 개요 및 사업자등록 절차

구분		내용
개요		① 사업자등록 신청자는 「부가가치세법」상의 사업자이어야만 가능하다. ② 사업자는 사업장마다 사업개시일부터 20일 이내에 사업장 관할 세무서장에게 사업자등록을 신청하여야 한다. 다만, 신규로 사업을 시작하려는 자는 사업개시일 이전이라도 사업자등록을 신청할 수 있다. ③ 사업자는 사업자등록의 신청을 사업장 관할 세무서장이 아닌 다른 세무서장에게도 할 수 있다. 이 경우 사업장 관할 세무서장에게 사업자등록을 신청한 것으로 본다.
등록신청	사업장단위 (원칙)	사업장마다 사업개시일부터 20일 이내 관할 세무서장에게 신청하여야 한다. * 단, 신규사업자는 사업개시전이라도 등록이 가능하다.
	사업자단위 (예외)	적용받으려는 과세기간 개시 20일 전까지 사업자의 본점 또는 주사무소 관할 세무서장에게 변경등록을 신청하여야 한다. * 단, 신규사업자는 사업개시일부터 20일 이내 사업자단위로 사업자등록을 신청할 수 있다.
등록증 발급	발급	① 신청을 받은 사업장 관할 세무서장은 사업자의 인적사항과 그 밖에 필요한 사항을 적은 사업자등록증을 신청일로부터 2일 이내(토요일 및 일요일, 공휴일 및 대체공휴일, 근로자의 날에 해당하는 날은 산정에서 제외함)에 신청자에게 발급하여야 한다. ② 다만, 사업장시설이나 사업현황을 확인하기 위하여 국세청장이 필요하다고 인정하는 경우에는 발급기한을 5일 이내에서 연장하고 조사한 사실에 따라 사업자등록증을 발급할 수 있다. ③ 등록번호는 사업장마다 관할 세무서장이 부여한다. 다만, 사업자 단위로 등록신청을 한 경우에는 사업자 단위 과세 적용 사업장에 한 개의 등록번호를 부여한다.
	보정	사업장 관할 세무서장은 사업자등록의 신청 내용을 보정할 필요가 있다고 인정될 때에는 10일 이내의 기간을 정하여 보정을 요구할 수 있다. * 보정기간은 사업자등록증 발급기간에 산입×
	직권등록	사업자가 사업자등록을 하지 아니하는 경우에는 사업장 관할 세무서장이 조사하여 등록할 수 있다.
	거부	사업개시일 이전에 사업자등록의 신청을 받은 사업장 관할 세무서장은 신청자가 사업을 사실상 시작하지 아니할 것이라고 인정될 때에는 등록을 거부할 수 있다.

구분	내용
등록정정	① 정정사유가 발생한 경우에는 지체 없이 세무서장에게 신고하여야 한다. ② 정정신고를 받은 세무서장은 다음의 기한 이내에 사업자등록증을 정정하여 재발급하여야 한다. │ 정정사유 │ 재발급 기한 │ │ • 상호를 변경하는 경우 • 통신판매업자가 사이버몰의 명칭·인터넷 도메인이름을 변경하는 경우 │ 신청일 당일 │ │ • 법인 또는 「법인으로 보는 단체」 외의 단체로서 기획재정부령으로 정하는 단체(1거주자로 보는 단체)가 대표자를 변경하는 경우 • 사업의 종류에 변동이 있는 경우 • 사업장을 이전하는 경우 • 상속으로 사업자의 명의가 변경되는 경우(➡증여×) • 공동사업자의 구성원 또는 출자지분이 변경되는 경우 • 임대인, 임대차 목적물 및 그 면적, 보증금, 임차료 또는 임대차기간이 변경되거나 새로 상가건물을 임차한 경우(상가건물 임대차보호법에 따른 상가건물의 임차인이 사업자등록 정정신고를 하려는 경우, 임차인이 확정일자를 신청하려는 경우 및 확정일자를 받은 임차인에게 변경 등이 있는 경우로 한정) • 사업자 단위 과세 사업자가 사업자 단위 과세 적용 사업장을 변경하는 경우 • 사업자 단위 과세 사업자가 종된 사업장을 신설하거나 이전하는 경우 • 사업자 단위 과세 사업자가 종된 사업장의 사업을 휴업하거나 폐업하는 경우 │ 2일 이내 │ ③ 사업장과 주소지가 동일한 사업자가 사업자등록 신청서 또는 사업자등록 정정신고서를 제출하면서 「주민등록법」에 따른 주소가 변경되면 사업장의 주소도 변경되는 것에 동의한 경우에는 사업자가 「주민등록법」에 따른 전입신고를 하면 사업자등록 정정신고서를 제출한 것으로 본다.
휴·폐업 신고	① 사업자등록을 한 사업자가 휴업 또는 폐업을 하거나 사실상 사업을 시작하지 않게 되는 경우에는 지체 없이 휴업(폐업)신고서를 관할 세무서장이나 그 밖에 신고인의 편의에 따라 선택한 세무서장에게 제출(국세정보통신망에 의한 제출을 포함한다)해야 한다. ② 휴업을 하는 날은 사업장별로 그 사업을 실질적으로 휴업한 날(실질적으로 휴업한 날이 분명하지 아니한 경우에는 휴업신고서의 접수일)로 한다. ③ 휴업신고서에 적힌 휴업기간을 산정할 때에는 계절적인 사업의 경우 그 계절이 아닌 기간은 휴업기간으로 본다. ④ 폐업을 하는 사업자가 부가가치세 확정신고서에 폐업 연월일과 그 사유를 적고 사업자등록증을 첨부하여 제출하는 경우에는 폐업신고서를 제출한 것으로 본다. ⑤ 법인이 합병할 때에는 합병 후 존속하는 법인(신설합병의 경우에는 합병으로 설립된 법인) 또는 합병 후 소멸하는 법인(소멸법인)이 법인합병신고서에 사업자등록증을 첨부하여 소멸법인의 폐업 사실을 소멸법인의 관할 세무서장에게 신고하여야 한다.
등록갱신	관할 세무서장은 부가가치세의 업무를 효율적으로 처리하기 위하여 필요하다고 인정되면 사업자등록증을 갱신하여 발급할 수 있다.

등록말소	다음 어느 하나에 해당하는 경우에는 지체 없이 사업자등록을 말소하여야 한다. ① 사업자가 폐업하는 경우 ② 사업개시 전 사업자등록을 하고 사실상 사업을 시작하지 아니하게 되는 경우
기타 관련사항	① 면세사업자는 「부가가치세법」상 사업자가 아니므로 사업자등록·신고·납부 등 「부가가치세법」상의 협력의무가 없다. 그 대신 「법인세법」 또는 「소득세법」상의 협력의무를 진다. ② 「소득세법」 또는 「법인세법」에 따라 사업자등록을 한 부가가치세 면세사업자가 추가로 과세사업을 경영하려는 경우 **사업자등록 정정신고서를 제출하면 사업자등록에 따른 등록신청을 한 것으로 본다.** ③ 「부가가치세법」에 따라 사업자등록을 한 사업자는 그 사업에 관하여 「소득세법」 또는 「법인세법」에 따른 등록을 한 것으로 본다. ④ 개별소비세 또는 교통·에너지·환경세의 납세의무가 있는 사업자가 「개별소비세법」 또는 「교통·에너지·환경세법」에 따라 개업·휴업·폐업·변경·사업자 단위 과세 사업자 신고 및 양수·상속·합병 신고를 한 경우에는 해당 각 구분에 따른 등록신청 또는 신고를 한 것으로 본다. ⑤ 사업자등록의 신청을 사업장 관할 세무서장이 아닌 다른 세무서장에게도 할 수 있다. 이 경우 사업장 관할 세무서장에게 사업자등록을 신청한 것으로 본다. ⑥ 사업자등록을 한 사업자(사업자 단위 과세 사업자를 포함함)는 휴업 또는 폐업을 하거나 등록사항이 변경되면 지체 없이 사업장 관할 세무서장에게 신고하여야 한다.

2. 미등록 시 불이익

구 분	내 용
매입세액불공제	**사업자등록 신청일 전의 매입세액은 매출세액에서 공제하지 아니한다.** 다만, 공급시기가 속하는 과세기간이 끝난 후 20일 이내에 등록을 신청한 경우 **등록신청일부터 공급시기가 속하는 과세기간 기산일까지 역산한 기간 내의 매입세액은 공제**한다.
미등록가산세	미등록기간(사업개시일부터 등록을 신청한 날의 직전일까지)의 공급가액×1%

제 3 절 과세거래

1 과세거래

1. 개요

구분	내용		
과세 거래의 종류 및 요건	종류	요건	
	① 재화의 공급	공급자가 반드시 사업자이어야 한다.	
	② 용역의 공급	공급자가 반드시 사업자이어야 한다.	
	③ 재화의 수입	무조건 과세거래에 해당한다. ➡ 주의: 수입자의 사업자 여부를 불문함.	
	④ 용역의 수입	과세거래가 아니다.	
과세 대상에 해당하지 않는 경우	구 분	과세대상에 해당하지 않는 것	
	손해 배상금 등	각종 원인에 의하여 사업자가 받는 다음에 예시하는 손해배상금 등은 과세대상이 되지 아니한다. ① 소유재화의 파손·훼손·도난 등으로 인하여 가해자로부터 받는 손해배상금 ② 도급공사 및 납품계약서상 그 기일의 지연으로 인하여 발주자가 받는 지체상금 ③ 공급받을 자의 해약으로 인하여 공급할 자가 재화 또는 용역의 공급 없이 받는 위약금 또는 이와 유사한 손해배상금 ④ 대여한 재화의 망실에 대하여 받는 변상금(집행 1-0-4)	
	특별회비 등	협회 등 단체가 재화의 공급 또는 용역의 제공에 따른 대가관계 없이 회원으로부터 받는 협회비·찬조비 및 특별회비 등은 과세대상이 아니다.	
	골프장 입회금 등	골프장·테니스장 경영자가 동 장소이용자로부터 받는 입회금으로서 일정기간 거치 후 반환하지 아니하는 입회금은 과세대상이 된다. 다만, 일정기간 거치 후 반환하는 입회금은 그러하지 아니한다(집행 4-0-2).	
	유가증권 등	수표·어음·상품권·주식·채권 등은 과세대상이 아니다.	

제3절 과세거래

핵심정리

■ 과세대상 여부 판정 사례

과세대상에 해당되는 것	과세대상에 해당되지 아니하는 것
사업자가 과세사업에 사용하다 매각하는 「개별소비세법」에 따른 자동차	소유재화의 파손·훼손·도난 등으로 인하여 가해자로부터 받는 손해배상금
골프장·테니스장 경영자가 동 장소 이용자로부터 받는 입회금으로서 일정기간이 지난 후 반환하지 아니하는 입회금	도급공사 및 납품계약서상 납품기일의 지연으로 인하여 발주자가 받는 지체상금
학원(면세사업)을 운영하는 자가 독립된 사업으로 다른 학원운영자에게 자기의 상호, 상표 등을 사용하게 하거나 자체개발한 교육프로그램, 학원경영 노하우를 제공하고 받는 대가	공급받을 자의 해약으로 인하여 공급자가 재화 또는 용역의 공급 없이 받는 위약금 또는 이와 유사한 손해배상금
부동산임대업자가 임대차기간 만료 후 명도소송을 통하여 임차인으로부터 실질적인 임대용역의 대가로 받는 손해배상금 또는 부당이득금	협회 등 단체가 재화의 공급 또는 용역의 제공에 따른 대가 관계없이 회원으로부터 받는 협회비·찬조비 및 특별회비
재산적 가치가 있는 물건으로 거래되는 화폐, 물, 흙, 퇴비, 원석	대여한 재화의 망실에 따라 받는 변상금
공동사업자 구성원이 각각 독립적으로 사업을 영위하기 위하여 공동사업용 건물의 분할등기(출자지분의 현물반환)로 소유권이 이전되는 건축물	수표·어음·상품권 등의 화폐대용증권, 주식·채권 등의 유가증권
과세사업에 사용하던 건축물을 양도하고 받는 대가	재화 또는 용역에 대한 대가 관계없이 받는 이주보상비 및 영업손실보상금
과세사업에 사용하던 전세권을 양도하고 받는 대가(당초 전세보증금을 초과하여 받는 금액)	외상매출채권의 양도
과세사업과 관련하여 연구 중인 신제품 개발에 관한 권리를 양도하고 받는 대가	공동사업에 출자한 후 받게 되는 투자원금과 이익금
온라인 게임에 필요한 사이버 화폐인 게임머니를 계속적·반복적으로 판매하는 것	「소득세법 시행령」에 따라 소득세가 과세되지 아니하는 농·어민의 농가부업은 「부가가치세법 시행령」에 따라 사업을 구분할 때에 독립된 사업으로 보지 아니 한다. 다만, 「소득세법 시행령」에 따른 민박, 음식물 판매, 특산물 제조, 전통차 제조 및 그 밖에 이와 유사한 활동은 독립된 사업으로 본다.

2. 재화의 공급

(1) 재화의 개념

구분	내용		
재화	재산 가치가 있는 물건 및 권리		
	물건	상품, 제품, 원료, 기계, 건물 등 모든 유체물	
		전기, 가스, 열 등 관리할 수 있는 자연력	
	권리	광업권, 특허권, 저작권 등 위 물건 외에 재산적 가치가 있는 모든 것	
화폐대용증권 · 유가증권	수표·어음·상품권 등의 **화폐대용증권**이나 주식·채권 등의 **유가증권**은 재화에 해당하지 **않으므로** 과세대상이 아니다.		
출자지분(주식) 에 대한 과세	구 분		재화 여부
	① 출자지분을 타인에게 양도		재화의 공급 아님(➡과세대상이 아님)
	② 출자지분을 현금으로 반환		재화의 공급 아님(➡과세대상이 아님)
	③ 출자지분을 현물로 반환		재화의 공급에 해당함(➡과세대상임)
물품증권	창고증권, 화물상환증, 선하증권 등의 물품증권은 재화에 해당하므로 과세대상이 된다. 다만, **다음에 해당하는 것은 재화의 공급으로 보지 아니한다.** ① 보세구역에 있는 조달청 창고에 보관된 물품에 대하여 조달청장이 발행하는 창고증권의 양도로서 **임치물의 반환이 수반되지 아니하는 것**(창고증권을 가진 사업자가 보세구역의 다른 사업자에게 인도하기 위하여 조달청 창고에서 임치물을 넘겨받는 경우를 포함) ② 보세구역에 있는 런던금속거래소의 지정창고에 보관된 물품에 대하여 같은 거래소의 지정창고가 발행하는 창고증권의 양도로서 **임치물의 반환이 수반되지 아니하는 것**(창고증권을 가진 사업자가 보세구역의 다른 사업자에게 인도하기 위하여 지정창고에서 임치물을 넘겨받는 경우를 포함)		

(2) 재화의 공급(실질적 공급): 계약상·법률상의 모든 원인에 따라 재화를 인도하거나 양도하는 것

1) 계약상 원인

구 분	내 용
매매계약	현금판매, 외상판매, 할부판매, 장기할부판매, 조건부 및 기한부 판매, 위탁판매와 그 밖의 매매계약에 따라 재화를 인도하거나 양도하는 것 ㉠ 사업자가 위탁가공을 위하여 원자재를 국외의 수탁가공 사업자에게 대가없이 반출하는 것(**영세율이 적용되는 것은 제외**)은 재화의 공급으로 보지 아니한다. ㉡ 위탁매매 또는 대리인에 의한 매매를 할 때에는 **위탁자·본인이 직접 재화를 공급하거나 공급받은 것으로 본다.** 다만, 위탁자·본인을 알 수 없는 경우에는 수탁자·대리인에게 재화를 공급하거나 수탁자·대리인으로부터 재화를 공급받은 것으로 본다.5)
가공계약	자기가 주요자재의 전부 또는 일부를 부담하고 상대방으로부터 인도받은 재화를 가공하여 새로운 재화를 만드는 가공계약에 따라 재화를 인도하는 것 <table><tr><th>유 형</th><th>재화·용역의 구분</th></tr><tr><td>주요자재의 전부 또는 일부를 부담하는 경우</td><td>재화의 공급으로 본다.</td></tr><tr><td>주요자재를 전혀 부담하지 않는 경우</td><td>용역의 공급으로 본다.</td></tr><tr><td>건설업, 음식·숙박업의 경우</td><td>자재부담 여부와 관계없이 항상 용역의 공급으로 본다.</td></tr></table>
교환계약	재화의 인도 대가로서 다른 재화를 인도받거나 용역을 제공받는 교환계약에 따라 재화를 인도하거나 양도하는 것 (예 재화의 소비대차)
현물출자	현물출자와 그 밖의 계약상 원인에 따라 재화를 인도하거나 양도하는 것6)

---

5) 대법원 판례에 따르면 부가가치세법상 **위탁매매에 관한 재화의 공급자 간주규정은 준위탁매매인에 의한 용역의 공급에도 유추 적용**된다. 여기서 준위탁매매인이란 자기명의로써 타인의 계산으로 매매 이외의 주선의 인수를 영업으로 하는 자 중 운송주선인이 아닌 자(예 출판·광고의 주선 보험계약의 주선 등)를 말한다. 위탁매매인과는 주선 인수의 목적에 대한 차이만을 가지므로 상법은 위탁매매에 관한 규정을 준용하도록 하였다.
6) 부가가치세가 과세되는 재화·용역의 공급에는 다음의 거래가 포함된다.
   ① 소비대차: 당사자 일방(대주)이 금전 기타 대체물의 소유권을 상대방(차주)에게 이전할 것을 약정하고 상대방은 그와 같은 종류, 품질 및 수량으로 반환할 것을 약정함으로써 성립하는 계약. 사업자 간에 재화를 차용하여 사용·소비하고 동종 또는 이종의 재화로 반환하는 것.
   ② 기부채납: 국가 또는 지방자치단체가 부동산 등의 소유권을 무상으로 받아들이는 것을 말하며, 기부는 「민법」상의 증여와 같고, 채납은 승낙에 해당함. 기부채납의 대가로 일정기간 동안 재산권에 대한 무상사용·수익권을 얻는 경우에는 재화와 용역의 교환거래이다.
   ③ 대물변제. 다만, 조세를 물납하는 경우에는 재화의 공급으로 보지 아니한다.

2) 법률상 원인

구 분	내 용
공매 · 경매 · 수용	① 「국세징수법」에 따른 공매(수의계약에 따라 매각하는 것을 포함)에 따라 재화를 인도하거나 양도하는 것 ② 「민사집행법」에 따른 경매(강제경매, 담보권 실행을 위한 경매, 민법 · 상법 등 그 밖의 법률에 따른 경매를 포함)에 따라 재화를 인도하거나 양도하는 것 ③ 「도시 및 주거환경정비법」, 「공익사업을 위한 토지 등의 취득 및 보상에 관한 법률」 등에 따른 수용절차에서 수용대상 재화의 소유자가 수용된 재화에 대한 대가를 받는 경우 ④ 「도시 및 주거환경정비법」에 따른 사업시행자의 매도청구에 따라 재화를 인도하거나 양도하는 것 (신설)

* 법률상 원인에 의해 재화를 인도 · 양도하는 경우에는 재화의 공급으로 보지 아니한다.

3. 재화 공급의 특례(간주공급)

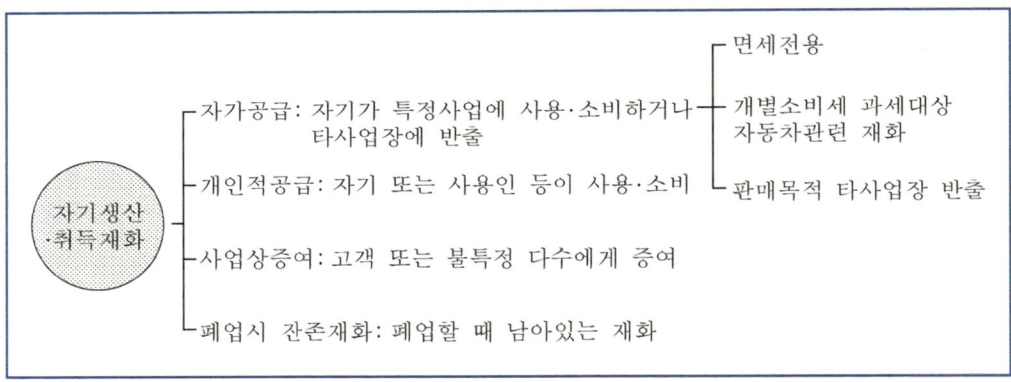

(1) 자가공급: 사업자가 자기의 사업과 관련하여 생산하거나 취득한 재화를 자기의 사업을 위하여 직접 사용하거나 소비하는 경우로서, 다음 3가지의 경우

재화의 공급으로 보는 경우	제 외
1) 면세전용: 자기생산 · 취득재화를 자기의 면세사업을 위하여 직접 사용하거나 소비하는 것	매입세액이 불공제된 재화

---

7) 개별소비세 과세대상 자동차(비영업용 소형승용자동차):

2) 개별소비세 과세대상 자동차7) 관련 재화: 　① 사업자가 자기생산·취득재화를 매입세액이 공제되지 아니하는 개별소비세 과세대상 자동차로 사용·소비하거나 그 자동차의 유지를 위하여 사용·소비하는 것 　② 운수업, 자동차 판매업, 자동차 임대업, 운전학원업, 기계경비업무를 하는 경비업(출동차량에 한정하여 적용한다) 및 이와 유사한 업종의 사업을 경영하는 사업자가 자기생산·취득재화 중 개별소비세가 과세되는 자동차와 그 자동차의 유지를 위한 재화를 해당 업종에 직접 영업으로 사용하지 아니하고 다른 용도로 사용하는 것	매입세액이 불공제된 재화
3) 판매목적 타사업장반출: 사업장이 둘 이상인 사업자가 자기의 사업과 관련하여 생산 또는 취득한 재화를 판매할 목적으로 자기의 다른 사업장에 반출하는 것	① 사업자가 사업자단위과세 사업자로 적용을 받는 과세기간에 자기의 다른 사업장에 반출하는 경우 ② 사업자가 주사업장 총괄 납부의 적용을 받는 과세기간에 자기의 다른 사업장에 반출하는 경우 (단, 세금계산서를 발급한 경우는 제외) * 판매목적 타사업장반출의 간주공급은 **매입세액 공제여부와는 무관**하다.

* 자기생산·취득재화: 자기생산·취득재화란 사업자가 자기의 과세사업과 관련하여 생산하거나 취득한 재화로서 다음 어느 하나에 해당하는 재화를 말한다.
　① 부가가치세법 및 다른 법률에 따른 매입세액이 공제된 재화
　② 사업의 포괄양도로 취득한 재화로서 사업양도자가 매입세액을 공제받은 재화
　③ 내국신용장 또는 구매확인서에 의하여 재화를 공급하는 것 등으로서 국내거래지만 수출에 해당하여 영(零)퍼센트의 세율을 적용받는 재화
* 재화의 자가공급에 해당되지 아니하는 경우
　① 자기의 다른 사업장에서 원료·자재 등으로 사용하거나 소비하기 위하여 반출하는 경우
　② 자기사업상의 기술개발을 위하여 시험용으로 사용하거나 소비하는 경우
　③ 수선비 등에 대체하여 사용하거나 소비하는 경우
　④ 사후무료 서비스제공을 위하여 사용하거나 소비하는 경우
　⑤ 불량품 교환 또는 광고선전을 위한 상품진열 등의 목적으로 자기의 다른 사업장으로 반출하는 경우
　⑥ 건설업을 영위하는 사업자가 자기의 사업과 관련하여 생산 또는 취득한 재화를 자기의 해외건설공사에서 건설용 자재로 사용하거나 소비할 목적으로 국외로 반출하는 경우

---

① 정원 8명 이하의 승용자동차(배기량이 1,000cc 이하의 것으로서 길이가 3.6미터 이하이고 폭이 1.6미터 이하인 것은 제외)
② 정원 8명 이하의 전기승용자동차(길이가 3.6미터 이하이고 폭이 1.6미터 이하인 것은 제외)
③ 캠핑용자동차(캠핑용 트레일러를 포함)
④ 이륜자동차(내연기관을 원동기로 하는 것은 그 총배기량이 125cc를 초과하는 것으로 한정하며, 내연기관 외의 것을 원동기로 하는 것은 그 정격출력이 1킬로와트를 초과하는 것으로 한정)

(2) 개인적 공급

재화의 공급으로 보는 경우	제 외
사업자가 자기생산·취득재화를 사업과 직접적인 관계없이 자기의 개인적인 목적이나 그 밖의 다른 목적을 위하여 사용·소비하거나 그 사용인 또는 그 밖의 자가 사용·소비하는 것으로서 사업자가 그 대가를 받지 아니하거나 시가보다 낮은 대가를 받는 경우	① 매입세액이 불공제된 재화 ② 사업자가 자기의 사업과 관련하여 실비변상적이거나 복지후생적인 목적으로 자기의 사용인에게 재화를 무상으로 공급하는 것으로서 다음 어느 하나에 해당하는 경우 　㉠ 사업을 위해 착용하는 작업복, 작업모 및 작업화를 제공하는 경우 　㉡ 직장 연예 및 직장 문화와 관련된 재화를 제공하는 경우 　㉢ 다음의 어느 하나에 해당하는 재화를 제공하는 경우. 이 경우 각각 사용인 1명당 연간 10만원을 한도로 하며, 10만원을 초과하는 경우 해당 초과액에 대해서는 재화의 공급으로 본다. 　　가. 경조사와 관련된 재화 　　나. 설날·추석, 창립기념일 및 생일 등과 관련된 재화

(3) 사업상 증여

재화의 공급으로 보는 경우	제 외
사업자가 자기생산·취득재화를 자기의 고객이나 불특정 다수에게 증여하는 경우 * 증여하는 재화의 대가가 주된 거래인 재화의 공급에 대한 대가에 포함되는 경우는 제외함.	① 매입세액이 불공제된 재화 ② 사업을 위하여 대가를 받지 아니하고 다른 사업자에게 인도하거나 양도하는 견본품 ③ 자기사업의 광고선전 목적으로 불특정 다수인에게 광고선전용 재화로서 무상으로 배포하는 경우 　* 직매장·대리점을 통하여 배포하는 경우를 포함함. ④ 기증품 등 부수재화 　사업자가 자기의 제품 또는 상품을 구입하는 자에게 구입당시 그 구입액의 비율에 따라 증여하는 기증품(➡주된 재화의 공급에 포함되므로 재화의 공급으로 보지 아니함.) 　* 다만, 당사자 간의 약정에 따라 일정기간의 판매비율에 따라 장려금품으로 공급하는 재화는 재화의 공급에 해당함. ⑤ 특별재난지역에 공급하는 물품 ⑥ 자기적립마일리지 등으로만 전부를 결제 받고 공급하는 재화

(4) 폐업시 잔존재화

재화의 공급으로 보는 경우	제 외
사업자가 폐업할 때 자기생산·취득재화 중 남아 있는 재화 * 사업 개시일 이전에 사업자등록을 신청한 자가 사실상 사업을 시작하지 아니하게 되는 경우 포함함.	매입세액이 불공제된 재화

> **핵심정리**
>
> ■ 폐업시 잔존재화로서 과세하지 아니하는 경우
>
> 다음의 경우에는 폐업시 재고재화로서 과세하지 아니한다.
> ① 사업자가 사업의 종류를 변경한 경우 변경 전 사업에 대한 잔존재화
> ② 동일 사업장내에서 2 이상의 사업을 겸영하는 사업자가 그 중 일부 사업을 폐지하는 경우 해당 폐지한 사업과 관련된 재고재화
> ③ 개인사업자 2인이 공동사업을 영위할 목적으로 한 사업자의 사업장을 다른 사업자의 사업장에 통합하여 공동명의로 사업을 영위하는 경우에 통합으로 인하여 폐지된 사업장의 재고재화
> ④ 폐업일 현재 수입신고(통관)되지 아니한 미도착재화
> ⑤ 사업자가 직매장을 폐지하고 자기의 다른 사업장으로 이전하는 경우 해당 직매장의 재고재화

4. 재화의 공급으로 보지 않는 경우

구 분	내 용
담보제공	재화를 담보로 제공하는 것으로서 질권·저당권·양도담보의 목적으로 동산·부동산·부동산상의 권리를 제공하는 것
사업의 포괄양도	사업의 포괄양도: 사업장별로 그 사업에 관한 모든 권리와 의무를 포괄적으로 승계시키는 것

	구 분	내 용
	포괄양도로 보는 경우	① 사업에 관한 권리와 의무 중 다음의 것을 포함하지 아니하고 승계시킨 경우 　㉠ 미수금에 관한 것 　㉡ 미지급금에 관한 것 　㉢ 해당 사업과 직접 관련이 없는 토지·건물 등에 관한 것 ② 양수자가 승계 받은 사업 외에 새로운 사업의 종류를 추가하거나 사업의 종류를 변경한 경우 ③ 「법인세법」에 따른 과세이연요건을 갖춘 적격분할의 경우
	포괄양도로 보지 않는 경우	대리납부제도에 따라 그 사업을 포괄 양수받는 자가 대가를 지급하는 때에 그 대가를 받은 자로부터 부가가치세를 징수하여 그 대가를 지급하는 날이 속하는 달의 다음달 25일까지 사업장 관할 세무서장에게 납부한 경우

구 분	내 용
조세의 물납	법률(「상속세 및 증여세법」, 「지방세법(재산세)」)에 따라 조세를 물납하는 것
위탁가공을 위한 원자재 반출	사업자가 위탁가공을 위하여 원자재를 국외의 수탁가공 사업자에게 대가 없이 반출하는 것(영세율이 적용되는 것은 제외한다)
신탁재산	① 「자본시장과 금융투자업에 관한 법률」에 따른 집합투자기구의 집합투자업자가 다른 집합투자업자에게 위탁자의 지위를 이전하는 경우 ② 신탁재산의 실질적인 소유권이 위탁자가 아닌 제3자에게 있는 경우 등 위탁자의 지위 이전에도 불구하고 신탁재산에 대한 실질적인 소유권의 변동이 있다고 보기 어려운 경우 ③ 위탁자로부터 수탁자에게 신탁재산을 이전하는 경우 ④ 신탁의 종료로 인하여 수탁자로부터 위탁자에게 신탁재산을 이전하는 경우 ⑤ 수탁자가 변경되어 새로운 수탁자에게 신탁재산을 이전하는 경우

5. 용역의 공급

(1) 용역의 개념과 범위

구 분	내 용
용역	재화 외에 재산 가치가 있는 모든 역무와 그 밖의 행위
용역의 범위	용역은 재화 외에 재산 가치가 있는 다음의 사업에 해당하는 모든 역무와 그 밖의 행위로 한다. ① **건설업** ② **숙박 및 음식점업** ③ **부동산업**. 다만, 다음의 사업은 제외한다. 　㉠ 전·답·과수원·목장용지·임야 또는 염전 임대업 　㉡ 「공익사업을 위한 토지 등의 취득 및 보상에 관한 법률」에 따른 공익사업과 관련해 지역권·지상권(지하 또는 공중에 설정된 권리를 포함한다)을 설정하거나 대여하는 사업 ④ **운수 및 창고업, 정보통신업**(출판업과 영상·오디오 기록물 제작 및 배급업은 제외한다), **금융 및 보험업, 전문·과학 및 기술 서비스업, 사업시설관리, 사업지원 및 임대 서비스업, 교육 서비스업** 등

* 건설업과 부동산업 중 다음의 사업은 재화를 공급하는 사업으로 본다.
　① 부동산 매매(주거용 또는 비거주용 건축물 및 그 밖의 건축물을 자영건설하여 분양·판매하는 경우를 포함) 또는 그 중개를 **사업목적으로 나타내어** 부동산을 판매하는 사업[8]
　② 사업상 목적으로 1과세기간 중에 1회 이상 부동산을 취득하고 2회 이상 판매하는 사업[9]

---

[8] 부동산 매매 또는 그 중개를 사업목적으로 나타내는 경우란 사업자등록, 정관, 법인등기부등본, 분양공고문, 광고지, 부동산중개업소 확인, 기타사실에 의하여 독립된 사업으로 부동산매매업을 영위함이 객관적으로 확인되는 경우를 말하는 것으로 그 자체가 사업이라 할 수 있으므로 **부동산의 취득 또는 판매 회수 등에 관계없이** 부동산매매업을 영위하는 것으로 본다.
[9] 사업상의 목적으로 1과세기간(1.1~6.30 또는 7.1~12.31) 중에 1회 이상 부동산을 취득하고 2회 이상 판매하는 경우에는 **사업목적이 외부로 나타나지 않는 경우이나**, 영리목적의 유무에 불구하고 1과세기간 중 1회 이상 취득하고 2회 이상 판매하는 경우에는 사실상 계속·반복적인 공급행위로서 부동산 매매업을 영위하는 것으로 본다.

(2) 용역의 공급과 범위

구 분	내 용
용역의 공급	계약상 또는 법률상의 모든 원인에 따른 것으로서 ① 역무를 제공하거나 ② 시설물, 권리 등 재화를 사용하게 하는 것
용역 공급의 범위	① 건설업의 경우 건설업자가 건설자재의 전부 또는 일부를 부담하는 것 ② 자기가 **주요자재를 전혀 부담하지 아니하고** 상대방으로부터 인도받은 재화를 **단순히 가공만 해주는 것** ③ 산업상·상업상 또는 과학상의 지식·경험 또는 숙련에 관한 정보(Know-How)를 제공하는 것 ④ 광업권자가 광업권을 대여하고 그 대가로 분철료를 받는 것 ⑤ 사업자가 지방자치단체로부터 놀이시설 및 노상주차장 등에 대한 유지·보수 등의 포괄적인 관리·운영을 위탁받아 자기책임과 계산 하에 해당 시설의 이용자로부터 사용료를 받는 경우(부기통 11-0-2, 지방자치단체의 놀이시설물 등의 포괄적 위탁 관리·운영)

	구 분	내 용
용역 공급의 특례	용역의 자가공급	사업자가 자신의 용역을 자기의 사업을 위하여 대가를 받지 아니하고 공급함으로써 다른 사업자와의 과세형평이 침해되는 경우에는 자기에게 용역을 공급하는 것으로 본다. 이 경우 그 용역의 범위는 대통령령으로 정한다.(➡ 현재 시행령규정이 없으므로 용역의 자가공급에 대해서는 과세하지 않고 있음)
	용역의 무상공급	① 원칙: 사업자가 대가를 받지 아니하고 타인에게 용역을 공급하는 것은 **용역의 공급으로 보지 아니한다.** ② 예외: 사업자가 **특수관계인에게 사업용부동산의 임대용역을 무상으로 공급하는 것은 용역의 공급으로 본다.** 다만, 사업용 부동산의 임대용역 중 다음에 해당하는 것을 제외한 것으로 한다. ㉠ 「산업교육진흥 및 산학연협력촉진에 관한 법률」에 따라 설립된 산학협력단과 대학 간 사업용 부동산의 임대용역 ㉡ 「공공주택 특별법」에 따른 공공주택사업자[10]와 부동산투자회사 간 사업용 부동산의 임대용역
	근로의 제공	고용관계에 따라 근로를 제공하는 것은 **용역의 공급으로 보지 아니한다.**

---

[10] 「공공주택 특별법」에 따른 공공주택사업자란 다음에 해당하는 자를 말한다.
① 국가 또는 지방자치단체
② 「한국토지주택공사법」에 따른 한국토지주택공사
③ 「지방공기업법」에 따라 주택사업을 목적으로 설립된 지방공사
④ 「공공기관의 운영에 관한 법률」에 따른 공공기관 중 대통령령으로 정하는 기관

세부사항 — 용역의 자가공급으로 보아 과세하지 아니하는 사례

① 사업자가 자기의 사업과 관련하여 사업장 내에서 그 사용인에게 음식용역을 무상으로 제공하는 경우
② 사업자가 사용인의 직무상 부상 또는 질병을 무상으로 치료하는 경우
③ 사업장이 각각 다른 수 개의 사업을 겸영하는 사업자가 그 중 한 사업장에 관련된 용역을 자기의 다른 사업장에 공급하는 경우
④ 외국법인의 국내지점이 그 외국법인의 국내 다른 지점에 부동산임대용역을 제공하고 지점별 내부관리 목적 등으로 임대료를 받는 경우

세부사항 — 조출료·체선료에 대한 과세여부

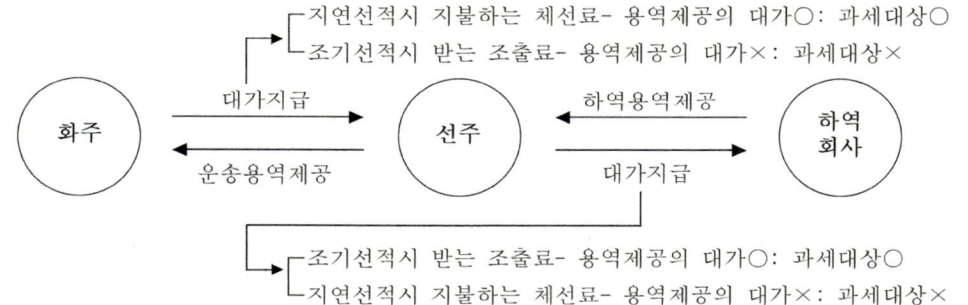

① 선주와 하역회사간의 계약에 따라 하역회사가 조기선적을 하고 선주로부터 받는 조출료는 하역용역의 제공에 따른 대가이므로 하역용역대가에 포함하나, 지연선적으로 인하여 선주에게 지급하는 체선료는 과세대상이 아니다.

② 선주와 화주와의 계약에 따라 화주가 조기선적을 하고 선주로부터 받는 조출료는 용역제공에 대한 대가가 아니므로 과세대상이 아니나, 선주가 지연선적으로 인하여 화주로부터 받는 체선료는 항행용역의 제공에 따른 대가이므로 항행용역 대가에 포함된다.

③ 화주와 선주 간에 용선계약을 체결하고 화주와 하역회사 간에는 본선하역에 대한 계약이 체결되어 있는 경우 화주가 선주로부터 받은 조출료의 일부 또는 전부를 하역회사에 지불하는 경우, 하역회사가 받는 동 조출료는 하역용역의 제공에 대한 대가에 포함된다.

6. 재화의 수입

재화의 수입은 다음에 해당하는 물품을 국내에 반입하는 것(보세구역[11])을 거치는 것은 보세구역에서 반입하는 것을 말함)으로 한다.
① 외국으로부터 국내에 도착한 물품(외국 선박에 의하여 공해에서 채집되거나 잡힌 수산물을 포함)으로서 **수입신고가 수리되기 전의 것**
② 수출신고가 수리된 물품(수출신고가 수리된 물품으로서 선적되지 아니한 물품을 보세구역에서 반입하는 경우는 제외함)

핵심정리

■ 보세구역에 대한 부가가치세 적용

구 분	적 용
① 외국에서 보세구역으로 재화를 반입하는 것	재화의 수입 ×
② 동일한 보세구역 내에서 재화를 공급하거나 용역을 제공하는 것	재화·용역의 (국내)공급 ○
③ 보세구역 외의 장소에서 보세구역으로 재화 또는 용역을 공급하는 것	재화·용역의 (국내)공급 ○
④ 외국물품을 보세구역에서 보세구역 밖의 국내로 반입하는 것	재화의 수입 ○ + 재화의 (국내)공급 ○ ㉠ 공급가액 중 관세가 과세되는 부분: 세관장이 부가가치세를 거래징수하고 수입세금계산서를 발급 ㉡ 공급가액 − (관세의 과세가격 + 관세 + 개별소비세·주세·교육세·교통·에너지·환경세 및 농어촌특별세): 재화를 공급하는 사업자가 부가가치세를 거래징수하고 세금계산서를 발급

---

11) 보세구역이란 ① 관세법에 따른 보세구역 ② 자유무역지역의 지정 및 운영에 관한 법률에 따른 자유무역지역을 말한다.

2 부수재화 및 부수용역의 공급

1. 주된 공급(거래)에 부수되는 재화·용역의 공급

구 분	내 용
개요	주된 재화 또는 용역의 공급에 부수되어 공급되는 것으로서 다음에 해당하는 재화 또는 용역의 공급은 **주된 재화 또는 용역의 공급에 포함되는 것으로 본다.**(➡독립된 거래 ×)
종류	<table><tr><th>구 분</th><th>내 용</th></tr><tr><td>① 대가관계</td><td>해당 대가가 주된 재화 또는 용역의 공급에 대한 **대가에 통상적으로 포함**되어 공급되는 재화 또는 용역</td></tr><tr><td>② 공급관계</td><td>거래의 관행으로 보아 통상적으로 주된 재화 또는 용역의 공급에 **부수하여 공급**되는 것으로 인정되는 재화 또는 용역</td></tr></table>
부수 재화·용역의 과세여부	과세·면세 여부, 재화·용역의 구분, 공급시기: 주된 재화 또는 용역의 공급에 따른다. <table><tr><th>주된 재화·용역</th><th>부수 재화·용역</th><th>부수 재화·용역의 과세여부</th></tr><tr><td rowspan="2">과세</td><td>과세</td><td rowspan="2">과세</td></tr><tr><td>면세</td></tr><tr><td rowspan="2">면세</td><td>과세</td><td rowspan="2">면세</td></tr><tr><td>면세</td></tr></table>

2. 주된 사업에 부수되는 재화·용역의 공급

구 분	내 용
개요	① 원칙: 주된 사업에 부수되는 다음에 해당하는 재화 또는 용역의 공급은 **별도의 공급**으로 보되, 과세 및 면세 여부 등은 주된 사업의 과세 및 면세 여부 등을 따른다.(➡독립된 거래 ○) ② 예외: 다만, 주된 사업과 관련하여 **일시·우발적**으로 공급되는 재화·용역이 면세대상인 경우에는 주된 사업의 과세·면세 여부에 관계없이 면세를 적용한다.
종류	<table><tr><th>구 분</th><th>내 용</th></tr><tr><td>㉠ 일시·우발적 공급</td><td>주된 사업과 관련하여 **우연히** 또는 **일시적**으로 공급되는 재화 또는 용역</td></tr><tr><td>㉡ 부산물</td><td>주된 사업과 관련하여 주된 재화의 생산 과정이나 용역의 제공 과정에서 **필연적**으로 생기는 재화(➡용역×)</td></tr></table>
부수 재화·용역의 과세여부	① 일시·우발적 공급의 경우 <table><tr><th>주된 재화·용역</th><th>부수 재화·용역</th><th>부수 재화·용역의 과세여부</th></tr><tr><td rowspan="2">과세</td><td>과세</td><td>과세</td></tr><tr><td>면세</td><td>**면세(예외)**</td></tr><tr><td rowspan="2">면세</td><td>과세</td><td rowspan="2">면세</td></tr><tr><td>면세</td></tr></table> ② 부산물의 경우 <table><tr><th>주된 재화·용역</th><th>부수 재화·용역</th><th>부수 재화·용역의 과세여부</th></tr><tr><td rowspan="2">과세</td><td>과세</td><td rowspan="2">과세</td></tr><tr><td>면세</td></tr><tr><td rowspan="2">면세</td><td>과세</td><td rowspan="2">면세</td></tr><tr><td>면세</td></tr></table>

③ 재화 또는 용역의 공급시기

1. 재화의 공급시기

(1) 일반적인 경우

구 분	공급시기
① 재화의 이동이 필요한 경우	재화가 인도되는 때
② 재화의 이동이 필요하지 아니한 경우	재화가 이용가능하게 되는 때
③ 위 규정을 적용할 수 없는 경우	재화의 공급이 확정되는 때

(2) 거래형태별 구체적인 공급시기

1) 인도·이용가능하게 되는 때

구 분	공급시기
① 현금·외상·(단기)할부판매	재화가 인도되거나 이용가능하게 되는 때
② 상품권 등을 판매하고 그 후 그 상품권 등이 현물과 교환되는 경우	재화가 실제로 **인도되는 때** (➡상품권이 판매 되는 때×)
③ 재화의 공급으로 보는 가공의 경우	가공된 **재화를 인도하는 때** (➡재화의 가공이 완료된 때×)

2) 대가의 각 부분을 받기로 한 때

구 분	공급시기
① 장기할부판매12)의 경우	대가의 각 부분을 받기로 한 때
② 완성도기준지급조건부로 재화를 공급하는 경우	대가의 각 부분을 받기로 한 때 * 다만, 재화가 인도되거나 이용가능하게 되는 날 이후에 받기로 한 대가의 부분에 대해서는 재화가 인도되거나 이용가능하게 되는 날을 공급시기로 본다.
③ 중간지급조건부13)로 재화를 공급하는 경우	
④ 전력 그 밖에 공급단위를 구획할 수 없는 재화를 계속적으로 공급하는 경우	대가의 각 부분을 받기로 한 때

3) 간주공급의 경우

구 분		공급시기
① 자가공급	면세전용	재화를 사용하거나 소비하는 때
	개별소비세 과세대상 자동차 관련 재화	
	판매목적 타사업장반출	재화를 반출하는 때
② 개인적 공급		재화를 사용하거나 소비하는 때
③ 사업상 증여		재화를 증여하는 때
④ 폐업시 잔존재화		폐업일

4) 재화의 수출·입

구 분	공급시기
① 내국물품의 외국반출, 중계무역 방식의 수출, 「관세법」에 따른 수입신고 수리 전의 물품으로서 보세구역에 보관하는 물품의 외국으로의 반출	수출재화의 선(기)적일
② 원양어업, 위탁판매수출	수출재화의 공급가액이 확정되는 때
③ 외국인도수출, 위탁가공무역 방식의 수출, 원료를 대가 없이 국외 수탁가공 사업자에게 반출하여 가공한 재화를 양도하는 경우로서 그 원료의 반출	외국에서 해당 재화가 인도되는 때
④ 사업자가 보세구역 안에서 보세구역 밖의 국내에 재화를 공급하는 경우가 재화의 수입에 해당할 때	수입신고 수리일

---

12) 장기할부판매란 재화를 공급하고 그 대가를 월부, 연부 또는 그 밖의 할부의 방법에 따라 받는 것 중 다음의 요건을 모두 갖춘 것을 말한다.
   ① **2회 이상으로 분할**하여 대가를 받는 것
   ② 해당 재화의 **인도일의 다음 날부터 최종 할부금 지급기일까지의 기간이 1년 이상**인 것
13) 중간지급조건부로 재화를 공급하는 경우란 다음의 어느 하나에 해당하는 경우를 말한다.
   ① 계약금을 받기로 한 날의 다음 날부터 재화를 인도하는 날 또는 재화를 이용가능하게 하는 날까지의 기간이 **6개월 이상**인 경우로서 그 기간 이내에 **계약금 외의 대가를 분할하여 받는 경우**
   ② 「국고금 관리법」에 따라 경비를 미리 지급받는 경우
   ③ 「지방재정법」에 따라 선금급을 지급받는 경우

5) 기타의 경우

구 분	공급시기
① 위탁판매 또는 대리인에 의한 매매의 경우	수탁자 또는 대리인의 공급을 기준으로 하여 공급시기의 규정을 적용 * 다만, 위탁자 또는 본인을 알 수 없는 경우에는 위탁자와 수탁자 또는 본인과 대리인 사이에도 별개의 공급이 이루어진 것으로 보아 공급시기의 규정을 적용한다.
② 납세의무가 있는 사업자가 여신전문금융업법에 따라 등록한 시설대여업자로부터 시설 등을 임차하고 그 시설 등을 공급자 또는 세관장으로부터 직접 인도받은 경우	사업자가 공급자로부터 재화를 직접 공급받거나 외국으로부터 재화를 직접 수입한 것으로 보아 공급시기의 규정을 적용한다.
③ 반환조건부 판매, 동의조건부 판매, 그 밖의 조건부 판매 및 기한부 판매14)의 경우	그 조건이 성취되거나 기한이 지나 판매가 확정되는 때
④ 무인판매기를 이용하여 재화를 공급하는 경우	해당 사업자가 무인판매기에서 현금을 꺼내는 때
⑤ 사업자가 폐업 전에 공급한 재화의 공급시기가 폐업일 이후에 도래하는 경우	폐업일
⑥ 조달청 창고 또는 거래소의 지정창고에 보관된 임치물의 반환이 수반되어 재화를 공급하는 경우	창고증권을 소지한 사업자가 해당 조달청 창고 또는 거래소의 지정창고에서 실물을 넘겨받은 후 보세구역의 다른 사업자에게 해당 재화를 인도하는 경우: 해당 재화를 인도하는 때
	해당 재화를 실물로 넘겨받는 것이 재화의 수입에 해당하는 경우: 수입신고 수리일
	국내로부터 조달청 창고 또는 거래소의 지정창고에 임치된 임치물이 국내로 반입되는 경우: 반입신고 수리일
⑦ 재화의 수입시기	재화의 수입시기는 「관세법」에 따른 수입신고가 수리된 때로 한다.

---

14) 기한부판매: 시용판매와 유사한 판매방식으로서 계약 또는 상관습에 의하여 상대편이 일정기간 내에 반품 또는 거절하는 의사표시를 하지 아니하는 한 판매가 실현되는 것으로 보는 판매방식을 말한다.

2. 용역의 공급시기

(1) 일반적인 경우

용역이 공급되는 시기는 다음의 어느 하나에 해당하는 때로 한다.
① 역무의 제공이 완료되는 때
② 시설물, 권리 등 재화가 사용되는 때

(2) 거래형태별 구체적인 공급시기

1) 대가의 각 부분을 받기로 한 때

구 분	공급시기
① 장기할부조건부[15] 또는 그 밖의 조건부로 용역을 공급하는 경우	대가의 각 부분을 받기로 한 때
② 완성도기준지급조건부로 용역을 공급하는 경우	대가의 각 부분을 받기로 한 때 * 단, 역무의 제공이 완료되는 날 이후 받기로 한 대가의 부분에 대해서는 역무의 제공이 완료되는 날을 그 용역의 공급시기로 본다.
③ 중간지급조건부로 용역을 공급하는 경우	
④ 공급단위를 구획할 수 없는 용역을 계속적으로 공급하는 경우(예 부동산임대용역, 기계경비용역 등)	대가의 각 부분을 받기로 한 때

---

[15] 장기할부조건부로 용역을 공급하는 경우는 용역을 공급하고 그 대가를 월부, 연부 또는 그 밖의 할부의 방법에 따라 받는 것 중 다음의 요건을 모두 갖춘 것을 말한다.
① 2회 이상으로 분할하여 대가를 받는 것
② 해당 용역의 제공이 완료되는 날의 다음 날부터 최종 할부금 지급기일까지의 기간이 1년 이상인 것

2) 예정신고기간 또는 과세기간의 종료일

구 분		공급시기
① 부동산 임대용역을 공급하는 경우로서 다음에 해당하는 경우	**간주임대료**	예정신고기간 또는 과세기간의 종료일
	사업자가 둘 이상의 과세기간에 걸쳐 부동산 임대용역을 공급하고 그 대가를 **선불 또는 후불**로 받는 경우	
② 일정한 용역16)을 둘 이상의 과세기간에 걸쳐 계속적으로 제공하고 그 대가를 **선불**로 받는 경우		

3) 기타의 경우

구 분	공급시기
① 역무의 제공이 완료되는 때 또는 대가를 받기로 한 때를 공급시기로 볼 수 없는 경우	역무의 제공이 완료되고 그 공급가액이 확정되는 때
② 폐업 전에 공급한 용역의 공급시기가 폐업일 이후에 도래하는 경우	폐업일

---

16) 일정한 용역이란 다음에 해당하는 용역을 말한다.
   ① 헬스클럽장 등 스포츠센터를 운영하는 사업자가 연회비를 미리 받고 회원들에게 시설을 이용하게 하는 것
   ② 사업자가 다른 사업자와 상표권 사용계약을 할 때 사용대가 전액을 일시불로 받고 상표권을 사용하게 하는 것
   ③ 「노인복지법」에 따른 노인복지시설(유료인 경우에만 해당)을 설치·운영하는 사업자가 그 시설을 분양받은 자로부터 입주 후 수영장·헬스클럽장 등을 이용하는 대가를 입주 전에 미리 받고 시설 내 수영장·헬스클럽장 등을 이용하게 하는 것
   ④ 그 밖에 위와 유사한 용역

3. 재화 및 용역의 공급시기 특례 ➡ 선발급세금계산서

다음의 경우에는 원칙적인 재화 또는 용역의 공급시기에도 불구하고 **세금계산서 등을 발급한 때**를 재화 또는 용역의 **공급시기**로 본다.

구 분	공급시기
1) 대가의 전부 또는 일부를 받은 경우	사업자가 재화 또는 용역의 **공급시기**가 되기 전에 재화 또는 용역에 대한 **대가의 전부 또는 일부**를 받고 그 받은 대가에 대하여 세금계산서 또는 영수증을 발급하면 그 **세금계산서 등을 발급하는 때**를 각각 그 재화 또는 용역의 공급시기로 본다.
2) 세금계산서 발급일부터 7일 이내에 대가를 받은 경우	사업자가 재화 또는 용역의 **공급시기**가 되기 전에 **세금계산서를 발급**하고 그 세금계산서 발급일부터 7일 이내에 **대가를 받으면** 해당 세금계산서를 발급한 때를 재화 또는 용역의 공급시기로 본다.
3) 발급일부터 7일이 지난 후 대가를 받더라도 일정 요건을 충족한 경우	**다음 어느 하나에 해당하는 경우**에는 재화 또는 용역을 공급하는 사업자가 그 재화 또는 용역의 공급시기가 되기 전에 세금계산서를 발급하고 그 **세금계산서 발급일부터 7일이 지난 후 대가를 받더라도** 해당 세금계산서를 발급한 때를 재화 또는 용역의 공급시기로 본다. ① 거래 당사자 간의 계약서·약정서 등에 **대금 청구시기**(세금계산서 발급일을 말한다)와 **지급시기**를 따로 적고, 대금 청구시기와 지급시기 사이의 기간이 30일 이내인 경우 ② 재화 또는 용역의 공급시기가 세금계산서 발급일이 속하는 과세기간 내(공급받는 자가 조기환급을 받은 경우에는 세금계산서 발급일부터 30일 이내)에 도래하는 경우
4) 대가의 수령여부와 관계없는 경우	사업자가 다음의 공급시기가 되기 전에 세금계산서 또는 영수증을 발급하는 경우에는 그 발급한 때를 각각 그 재화 또는 용역의 공급시기로 본다. ① **장기할부판매**로 재화를 공급하거나 장기할부조건부로 용역을 공급하는 경우의 공급시기 ② 전력이나 그 밖에 **공급단위를 구획할 수 없는 재화**를 계속적으로 공급하는 경우의 공급시기 ③ 그 **공급단위를 구획할 수 없는 용역**을 계속적으로 공급하는 경우의 공급시기

4 재화 또는 용역의 공급장소

구 분		공급 장소
1) 재화	재화의 이동이 필요한 경우	**재화의 이동이 시작되는 장소**
	재화의 이동이 필요하지 아니한 경우	**재화가 공급되는 시기에 그 재화가 있는 장소**
2) 용역	일반적인 경우	**역무가 제공되거나** 시설물·권리 등 **재화가 사용되는 장소**
	사업자가 비거주자·외국법인인 국제운송용역	**여객이 탑승하거나 화물이 적재되는 장소**
	전자적 용역의 경우	용역을 공급받는 자의 사업장 소재지, 주소지 또는 거소지

> **핵심정리**
>
> ■ 국제운송용역에 대한 부가가치세 과세여부
> ① 사업자가 거주자 또는 내국법인인 경우: 선박·항공기 등에서 제공되는 국제운송용역
>   (➡영세율 적용)
> ② 사업자가 비거주자 또는 외국법인인 경우: 국내에서 탑승하는 여객이나 화물에 대하여 과세
>   (➡상호면세국일 경우: 영세율적용, 상호면세국이 아닐 경우: 10%세율 적용)

제 4 절　영세율과 면세

1 영세율과 면세의 개념과 원리

구분	영세율	면세
개념	특정한 재화·용역의 공급에 대하여 0의 세율(0%)을 적용하는 제도	특정한 재화·용역의 공급에 대하여 부가가치세 납세의무를 면제하는 제도
성격	영세율이 적용되면 매출세액은 0이 되고 이전 단계에서 거래징수 당한 매입세액은 전액 환급받게 되어 부가가치세의 부담이 완전히 제거됨(완전면세제도).	면세가 적용되면 부가가치세가 면제되어 매출세액을 부담하지 않지만 해당 재화·용역과 관련하여 이전 단계에서 거래징수 당한 매입세액도 환급받지 못하게 되어 부가가치세의 부담이 부분적으로만 제거됨(부분면세제도).
취지	소비지국 과세원칙의 실현, 수출지원	부가가치세 역진성의 완화, 최종소비자의 세부담 완화
적용범위	수출, 외화획득사업 등	기초생활 필수품 등
사업자의 협력의무	① 0%의 세율이 적용될 뿐 일반과세자(10% 세율 적용자)와 같이 부가가치세 **납세의무자에 해당**함. ② 따라서 **부가가치세법상의 각종 협력의무**(사업자등록, 세금계산서 발급, 세금계산서합계표제출, 과세표준신고 등)**를 이행**하여야 함.	① 부가가치세법상 **납세의무자가 아님**. ② 따라서 부가가치세법상의 각종 협력의무는 부담하지 않음. ③ 다만, 부가가치세법상 대리납부의무와 소득세법·법인세법에 의한 사업자등록, 계산서 발급, 계산서합계표제출, 매입처별 세금계산서합계표제출 등의 협력의무를 부담함.

2 영세율

1. 적용대상자

① 거주자·내국법인: 과세사업자(➡간이과세자○, 면세사업자×)
② 비거주자·외국법인: **상호면세주의**에 따름.

핵심정리

■ 과세사업자

사업자		영세율 적용여부
과세사업자	일반과세자	○
	간이과세자	○ * 단, 매입세액 환급은 불가능 함
면세사업자		× * 단, 면세포기시 영세율적용이 가능함

2. 적용대상거래

구 분			세금계산서 발급 여부
1) 재화의 수출	본래의 수출	① 직수출	×[1]
		② 대행위탁수출 * 다만, 수출대행수수료: 세금계산서(10%)발행	
		③ 중계무역 방식의 수출 등 * 다만, 원료를 대가 없이 국외의 수탁가공사업자에게 반출하여 가공한 재화를 양도하는 경우 그 원료의 반출: 세금계산서(0%)발행	
	국내 거래	④ 내국신용장·구매확인서에 의한 공급	○
		⑤ 한국국제협력단 등에 공급	○
		⑥ 수탁가공무역에 의한 수출에 사용될 재화의 공급	×
2) 용역의 국외공급		① 공급받는 자가 국내에 사업장이 없는 비거주자 또는 외국법인인 경우	×
		② 위 외의 경우	○
3) 외국항행 용역의 공급		① 공급받는 자가 국내에 사업장이 없는 비거주자 또는 외국법인인 경우 ② 항공기의 외국항행용역 및 「항공법」에 따른 상업서류 송달용역	×
		③ 위 외의 경우	○
4) 기타 외화획득 재화·용역의 공급		① 수출재화 임가공용역	○
		② 국내에서 비거주자·외국법인에게 공급하는 재화·용역	×
		③ 외국을 항행하는 선박·항공기·원양어선에 공급하는 재화 또는 용역	×[2]
		④ 외교공관 등에 재화·용역을 공급하는 경우	×
		⑤ 그 밖의 외화 획득 재화 또는 용역	×

[1] 영세율 적용대상 거래 중 수출하는 재화에 대해서는 원칙적으로 세금계산서 발급의무가 면제된다.
[2] 공급받는 자가 국내에 사업장이 없는 비거주자·외국법인인 경우에 한하여 세금계산서 발급의무가 면제된다.

(1) 재화의 수출

구분	내 용
개요	유·무상 거래에 관계없이 재화의 공급이 수출에 해당하면 그 재화의 공급에 대하여 영의 세율(0%)을 적용한다.
적용 대상	1) **내국물품**(대한민국 선박에 의하여 채집되거나 잡힌 수산물을 포함)**을 외국으로 반출하는 것** 　① 직수출: 자기 명의로 내국물품을 외국으로 반출 　　* 사업자가 재화를 국외로 무상으로 반출하는 경우에는 영의 세율을 적용한다. 다만, 자기사업을 위하여 대가를 받지 아니하고 국외의 사업자에게 견본품을 반출하는 경우에는 재화의 공급으로 보지 아니한다(부가통 21-31-4). 　② 대행위탁수출: 수출품생산업자17)가 수출업자18)와 수출대행계약을 체결하여 수출품생산업자의 내국물품을 수출업자의 명의로 외국으로 반출 　　* **수출품생산업자의 수출: 영세율적용, 수출업자의 대행수수료: 10% 세율 적용** 2) **국내의 사업장에서 계약과 대가수령 등 거래가 이루어지는 것으로서 다음에 해당하는 것** 　① 중계무역 방식의 수출: 수출할 것을 목적으로 물품 등을 수입하여 「관세법」에 따른 보세구역 및 보세구역 외 장치의 허가를 받은 장소 또는 「자유무역지역의 지정 및 운영에 관한 법률」에 따른 자유무역지역 외의 국내에 반입하지 아니하는 방식의 수출 　② 위탁판매수출: 물품 등을 무환(無換)으로 수출하여 해당 물품이 판매된 범위에서 대금을 결제하는 계약에 의한 수출 　③ 외국인도수출: 수출대금은 국내에서 영수(領收)하지만 국내에서 통관되지 아니한 수출물품 등을 외국으로 인도하거나 제공하는 수출 　④ 위탁가공무역 방식의 수출: 가공임(加工賃)을 지급하는 조건으로 외국에서 가공(제조, 조립, 재성, 개조를 포함)할 원료의 전부 또는 일부를 거래 상대방에게 수출하거나 외국에서 조달하여 가공한 후 가공물품 등을 외국으로 인도하는 방식의 수출 　⑤ 원료를 대가 없이 국외의 수탁가공 사업자에게 반출하여 가공한 재화를 **양도하는 경우에** 그 원료의 반출 　⑥ 「관세법」에 따른 수입신고 수리 전의 물품으로서 보세구역에 보관하는 물품의 외국으로의 반출 3) **국내거래지만 수출에 포함하는 재화의 공급** 　(➡취지: 수출과 관련되는 재화의 가격경쟁력을 높이기 위해) 　① 사업자가 **내국신용장 또는 구매확인서**에 의하여 공급하는 재화(금지금은 제외) 　② 사업자가 한국국제협력단·한국국제보건의료재단·대한적십자사에 공급하는 재화 　　(한국국제협력단 등이 목적사업을 위하여 **외국에 무상으로 반출하는 재화에 한함**) 　③ **수탁가공무역에 의한 수출에 사용될 재화로서 아래의 요건을 모두 충족한 경우** 　　㉠ 국외의 비거주자 등(비거주자 또는 외국법인)과 **직접 계약**에 따라 공급할 것 　　㉡ 대금을 **외국환은행에서 원화로 받을 것** 　　㉢ 비거주자 등이 **지정하는 국내의 다른 사업자에게 인도**할 것 　　㉣ 국내의 다른 사업자가 비거주자등과 계약에 따라 인도받은 재화를 **그대로 반출**하거나 **제조·가공한 후 반출**할 것

---

17) 수출품생산업자: 실제로 수출품을 생산하여 자기계산하에 외국으로 반출하는 자를 말한다.
18) 수출업자: 「대외무역법」에 따라 수출입자로 신고되어 있는 자를 말한다.

핵심정리

■ 내국신용장·구매확인서에 의한 재화의 국내공급

구 분	내 용
내국신용장	사업자가 국내에서 수출용 원자재, 수출용 완제품 또는 수출재화임가공용역을 공급받으려는 경우에 해당 사업자의 신청에 따라 외국환은행의 장이 개설하는 신용장
구매확인서	「대외무역법」에 따라 외국환은행의 장이나 전자무역기반사업자가 내국신용장에 준하여 발급하는 확인서
영세율 적용요건	재화 또는 용역을 공급한 후 공급시기가 속하는 과세기간이 끝난 후 **25일**(그 날이 공휴일 또는 토요일인 경우에는 바로 다음 영업일을 말한다)**이내**에 내국신용장이 개설되었거나 구매확인서가 발급된 경우
적용례	① 외국으로 반출되지 아니하는 재화의 공급과 관련하여 개설된 내국신용장(주한미국군 군납계약서 등)에 의한 재화 또는 용역의 공급은 영세율이 적용되지 아니한다. 　* 이유: 수출과 관련된 내국신용장이 아니므로 ② 내국신용장 또는 구매확인서에 의하여 정당하게 공급된 경우에는 해당 재화를 수출용도에 사용하였는지의 여부에 관계없이 영세율이 적용된다. 　* 이유: 납품 이후 해당 재화를 수출용도에 사용하였는지 여부를 확인할 수 없음. ③ 수탁자가 자기 명의로 내국신용장을 개설 받아 위탁자의 재화를 공급하는 경우에는 위탁자가 영세율을 적용받으며, 이 때 영세율 붙임서류는 수탁자 명의의 내국신용장 사본이다. ④ 과세기간을 달리하여 공급시기 이전에 발급받은 구매확인서 또는 내국신용장에 의하여 해당 과세기간 중에 재화를 공급하는 경우 영세율이 적용된다.

> **핵심정리**

■ 내국신용장과 관세환급금(부기통 21-31-9)

① 내국신용장에 의하여 재화를 수출업자 또는 수출품생산업자에게 공급하고 해당 수출업자 또는 수출품생산업자로부터 그 대가의 일부로 받는 관세환급금은 영의 세율을 적용한다.
  * 이유: 간접환급은 납품대금의 일부에 해당함.
② 다만, 수출업자 또는 내국신용장에 의하여 완제품을 수출업자에게 공급한 자가 세관장으로부터 직접 받는 관세환급금과 수출품생산업자가 수출대행업자로부터 받는 관세환급금은 대가 관계가 없으므로 과세하지 아니한다.
  * 이유: 직접환급은 대가관계가 없음.

■ 무상수출의 영세율 적용(부집행 21-31-5)

재화의 외국 반출에 따른 외환결제가 이루어지지 않는 무상수출도 재화의 수출에 해당되어 영세율이 적용되나, 다음의 사례는 재화의 공급에 해당되지 아니한다.
① 국외사업자에게 견본품을 반출하는 경우
② 위탁가공무역방식으로 원자재 등을 무환으로 외국에 반출하는 경우(단, 원료를 대가 없이 국외의 수탁가공사업자에게 반출하여 가공한 재화를 양도하는 경우에 그 원료의 반출에 대하여 영세율이 적용되는 경우 제외)
③ 당초 반출한 재화의 하자로 인하여 반품된 재화를 수리하여 재수출하거나 동일제품으로 교환하여 재수출하는 경우
④ 수입업자가 수입 또는 판매된 재화의 하자로 인하여 수리할 목적으로 외국에 반출하는 경우
⑤ 외국사업자 소유의 전시물을 무환으로 수입하여 전시한 후 반환하기 위하여 외국에 반출하는 경우
⑥ 수입업자가 재화의 수입과 관련된 반환조건의 수입재화 용기를 반환하기 위하여 외국에 반출하는 경우

■ 영세율 적용대상 수출로 보는 사례(부집행 21-31-6)

① 사업자가 휴대품 등을 반출하면서 「관세법」에 따른 간이수출신고 없이 해당 재화를 국외에 판매하는 경우 그 사실이 객관적인 증빙자료에 의하여 확인되는 경우에는 영세율이 적용된다.
② 사업자가 국내 인터넷쇼핑몰을 통하여 비거주자로부터 과세재화를 주문받아 소포우편 또는 인편으로 수출하는 경우 영세율이 적용된다.
③ 사업자가 국내에서 기계장치 등을 구입하여 외국에 소재하는 현지법인에게 현물출자 하는 재화는 영세율이 적용된다.

■ 영세율 적용 금액(부집행 21-31-4)

① 사업자가 재화를 수출하고 수출금액과 신용장상의 금액과의 차액을 별도로 지급받는 경우 그 금액에 대하여도 영세율이 적용된다.
  * 이유: 실질이 수출에 대한 대가에 해당하므로
② 내국신용장에 의하여 재화를 공급하고 그 대가의 일부(관세환급금 등)를 내국신용장에 포함하지 아니하고 별도로 받는 경우 해당 금액이 대가의 일부로 확인되는 때에는 영세율이 적용된다.
  * 이유: 실질이 수출품 납품에 대한 대가에 해당하므로

(2) 용역의 국외공급

구분	내 용
개요	① 국외에서 공급하는 용역에는 원칙적으로 우리나라의 과세권이 미치지 않는다. ② 다만, 속인주의에 의하여 용역을 공급하는 사업자의 **사업장이 국내인 경우에 한하여** 국외에서 공급하는 용역에 대해서도 과세하는데, 이 경우 영세율을 적용한다.
요건	① 용역의 공급자: **사업장이 국내인 거주자 또는 내국법인** ② 제공 장소: **국외**(➡거래상대방이나 대금결제방법 등은 관계없음)

적용
대상
	① 국외에 있는 부동산의 임대용역은 부가가치세가 과세되지 아니한다.
	   * 부동산 임대용역의 사업장은 부동산의 등기부상 소재지이므로
	② 사업자가 국외에서 건설공사를 도급받은 사업자로부터 해당 건설공사를 재도급 받아 국외에서 건설용역을 제공하고 그 대가를 원도급자인 국내사업자로부터 받는 경우에는 영의 세율을 적용한다.
	   * 건설업의 사업장이 법인은 등기부상 소재지, 개인은 업무총괄소이므로

(3) 외국항행(국제운송)용역의 공급

구분	내 용
개요	외국항행용역이란 선박 또는 항공기에 의하여 여객이나 화물을 **국내에서 국외로, 국외에서 국내로, 국외에서 국외로 수송하는 것**으로서, **외국항행사업자가 자기의 사업에 부수하여 공급하는 다음의 재화 또는 용역을 포함한다.** * 국내에서 국내로 수송하는 것은 외국항행용역에 포함되지 않으므로 10% 세율을 적용함.
적용 대상	① 다른 외국항행사업자가 운용하는 선박 또는 항공기의 **탑승권을 판매하거나 화물운송계약을 체결하는 것** ② 외국을 항행하는 선박 또는 항공기 **내에서 승객에게 공급하는 것** ③ 자기의 승객만이 **전용하는 버스를 탑승하게 하는 것** ④ 자기의 승객만이 **전용하는 호텔에 투숙하게 하는 것** ⑤ 운송주선업자가 국제복합운송계약에 의하여 화주로부터 화물을 인수하고 자기 책임과 계산으로 타인의 선박 또는 항공기 등의 운송수단을 이용하여 화물을 운송하고 화주로부터 운임을 받는 국제운송용역 ⑥ 「항공법」에 따른 상업서류 송달용역

(4) 외화획득재화·용역의 공급

구분	내용
	1) 수출재화 임가공용역 ① 수출업자와의 직접 도급계약 　**수출업자와 직접 도급계약에 의하여** 수출재화를 임가공하는 수출재화임가공용역(수출재화염색임가공 포함)(➡수출업자와 직접 도급계약에 의하여 수출재화의 반제품을 임가공하는 용역은 직접 도급계약을 체결한 사업자 자신이 임가공을 하지 않았더라도 영세율을 적용받을 수 있다.) 　　* 단, 사업자가 부가가치세를 별도로 적은 세금계산서를 발급한 경우는 제외한다. ② 내국신용장·구매확인서에 의한 공급 　**내국신용장·구매확인서에 의하여 공급**하는 수출재화임가공용역(수출재화염색임가공 포함)
적용 대상	**2) 국내에서 비거주자 또는 외국법인에게 공급하는 재화·용역**

구분		요건
개요		국내에서 국내사업장이 없는 비거주자(국내에 거소를 둔 개인, 외교공관 등의 소속 직원, 우리나라에 상주하는 국제연합군 또는 미합중국군대의 군인 또는 군무원은 제외한다) 또는 외국법인에게 공급하는 일정한 재화·용역으로서 법정 요건을 충족한 경우에는 영세율을 적용한다(부가법 24조 1항 3호, 부가령 33조 2항).
요 건	비거주자·외국법인의 국내사업장이 없는 경우	그 대금을 외국환은행에서 원화로 받거나 기획재정부령으로 정하는 방법*으로 받을 것
	비거주자·외국법인의 국내사업장이 있는 경우	① 국내에서 국외의 비거주자 또는 외국법인과 직접 계약하여 공급하는 재화 또는 용역 ② 그 대금을 해당 국외 비거주자 또는 외국법인으로부터 외국환은행에서 원화로 받거나 기획재정부령으로 정하는 방법*[19]으로 받을 것
영세율 적용대상 재화·용역		① 재화: 비거주자 또는 외국법인이 지정하는 국내사업자에게 인도되는 재화로서 해당 사업자의 과세사업에 사용되는 재화 ② 용역: 전문, 과학 및 기술 서비스업(수의업(獸醫業), 제조업 회사본부 및 기타 산업 회사본부는 제외한다), 사업지원 및 임대서비스업 중 무형재산권 임대업, 통신업, 컨테이너수리업, 보세구역 내의 보관 및 창고업, 「해운법」에 따른 해운대리점업, 해운중개업 및 선박관리업, 정보통신업 중 뉴스제공업, 영상·오디오 기록물 제작 및 배급업(영화관 운영업과 비디오물 감상실 운영업은 제외한다), 소프트웨어 개발업, 컴퓨터 프로그래밍, 시스템 통합관리업, 자료처리, 호스팅, 포털 및 기타 인터넷 정보매개서비스업, 기타 정보 서비스업, 상품중개업 및 전자상거래 소매중개업, 사업시설관리 및 사업지원 서비스업(조경 관리 및 유지 서비스업, 여행사 및 기타 여행보조 서비스업은 제외한다), 「자

	본시장과 금융투자업에 관한 법률」에 따른 투자자문업, 교육 서비스업(교육지원 서비스업으로 한정한다), 보건업(임상시험용역을 공급하는 경우로 한정한다), 보세운송용역

* 다만, 전문서비스업과 사업시설관리 및 사업지원 서비스업, 투자자문업에 해당하는 용역의 경우에는 해당 국가에서 우리나라의 거주자 또는 내국법인에 대하여 동일하게 면세하는 경우(우리나라의 부가가치세 또는 이와 유사한 성질의 조세가 없거나 면세하는 경우를 말한다)에 한정한다.

3) 외국을 항행하는 선박 등에 공급하는 재화 또는 용역

외국을 항행하는 선박 및 항공기 또는 원양어선에 공급하는 재화 또는 용역.
* 단, 사업자가 부가가치세를 별도로 적은 세금계산서를 발급한 경우는 제외한다.

4) 외교공관 등에 재화 또는 용역을 공급하는 경우

① 우리나라에 상주하는 **외교공관, 영사기관**(명예영사관원을 장으로 하는 영사기관은 제외), **국제연합과 이에 준하는 국제기구**(우리나라가 당사국인 조약과 그 밖의 국내법령에 따라 특권과 면제를 부여받을 수 있는 경우만 해당) 등에 공급하는 재화 또는 용역
② 우리나라에 상주하는 국제연합군, 미합중국군대(「대한민국과 아메리카합중국간의 상호방위조약 제4조에 의한 시설과 구역 및 대한민국에서의 합중국 군대의 지위에 관한 협정」에 따른 공인 조달기관(公認 調達機關)을 포함한다)에 공급하는 재화 또는 용역
③ 외교공관 등의 소속 직원으로서 해당 국가로부터 공무원 신분을 부여받은 자 또는 외교부장관으로부터 이에 준하는 신분임을 확인받은 자 중 내국인이 아닌 자에게 국세청장이 정하는 바에 따라 관할 세무서장으로부터 외교관면세점으로 지정받은 사업장(「개별소비세법 시행령」에 따라 지정받은 판매장을 포함한다)에서 외교부장관이 발행하는 외교관 면세카드를 제시받아 다음 어느 하나에 해당하는 재화 또는 용역을 공급하는 경우로서 외교관면세 판매기록표에 의하여 외교관등에게 공급한 것이 확인되는 경우
  ㉠ 음식·숙박 용역
  ㉡ 「주세법」에 따른 주류
  ㉢ 전력
  ㉣ 외교부장관의 승인을 받아 구입하는 자동차

5) 그 밖의 외화 획득 재화 또는 용역

① 종합여행업자가 외국인 관광객에게 공급하는 관광알선용역. 다만, 그 대가를 다음 중 어느 하나의 방법으로 받는 경우로 한정한다.
  ㉠ 외국환은행에서 원화로 받는 것
  ㉡ 외화 현금으로 받은 것 중 국세청장이 정하는 관광알선수수료명세표와 외화매입증명서에 의하여 외국인 관광객과의 거래임이 확인되는 것
② 다음 어느 하나에 해당하는 사업자가 국내에서 공급하는 재화 또는 용역. 다만, 그 대가를 외화로 받고 그 외화를 외국환은행에서 원화로 환전하는 경우에 한정한다.
  ㉠ 「개별소비세법」에 따른 지정을 받아 외국인전용판매장을 경영하는 자
  ㉡ 「조세특례제한법」에 따른 주한외국군인 및 외국인선원 전용 유흥음식점업을 경영하는 자

3. 영세율 첨부서류의 제출

구분	내 용
개요	① 영세율 첨부서류 제출의무: 영세율이 적용되는 재화 또는 용역을 공급하는 사업자는 **예정신고 및 확정신고를 할 때** 예정신고서 및 확정신고서에 수출실적명세서 등 영세율첨부 서류를 첨부하여 제출하여야한다. ② 미제출시 무신고: 영세율 첨부서류를 제출하지 아니한 부분에 대하여는 예정신고 및 확정신고로 보지 아니한다. ③ 영세율과세표준 신고불성실가산세 부과: 영세율 적용대상 과세표준을 예정신고 또는 확정신고시에 신고를 하지 아니한 경우, 신고한 과세표준이 신고하여야 할 과세표준에 미달한 경우 또는 영세율 첨부서류를 제출하지 아니한 경우(제출하여야 할 2가지 서류 중 1가지 서류를 제출하지 아니한 경우를 포함)에도 **해당 과세표준이 영세율 적용대상임이 확인되는 때에는 영의 세율을 적용**한다. 다만, 이 경우에는 **영세율과세표준 신고불성실가산세**(무신고·과소신고·초과환급신고가산세)**를 적용한다.** * 영세율과세표준 신고불성실가산세: 영세율과세표준×0.5% ④ 영세율이 적용되는 경우에는 부가가치세 확정신고서에 영세율 첨부서류를 첨부하여 제출하여야 한다. 다만, 부가가치세 예정신고 및 조기환급에 따른 신고를 할 때 이미 제출한 서류는 제외한다. ⑤ 「개별소비세법」에 따른 수출면세의 적용을 받기 위하여 위 ④에서 정하는 서류를 관할 세무서장에게 이미 제출한 경우에는 기획재정부령으로 정하는 영세율 첨부서류 제출명세서로 영세율 첨부서류를 대신할 수 있다.

---

19) 기획재정부령으로 정하는 방법이란 다음 어느 하나에 해당하는 방법을 말한다.
   ① 국외의 비거주자 또는 외국법인으로부터 외화를 직접 송금받아 외국환은행에 매각하는 방법
   ② 국내사업장이 없는 비거주자 또는 외국법인에 재화 또는 용역을 공급하고 그 대가를 해당 비거주자 또는 외국법인에 지급할 금액에서 빼는 방법
   ③ 국내사업장이 없는 비거주자 또는 외국법인에 재화 또는 용역을 공급하고 그 대가를 국외에서 발급된 신용카드로 결제하는 방법
   ④ 국내사업장이 없는 비거주자 또는 외국법인에 재화 또는 용역을 공급하고 그 대가로서 국외 금융기관이 발행한 개인수표를 받아 외국환은행에 매각하는 방법
   ⑤ 국내사업장이 없는 비거주자 또는 외국법인에 재화 또는 용역을 공급하고 그 대가로서 외화를 외국환은행을 통하여 직접 송금받아 외화예금 계좌에 예치하는 방법(외국환은행이 발급한 외화입금증명서에 따라 외화 입금사실이 확인되는 경우에 한정한다)

세부사항 영세율 첨부서류

구분	영세율적용대상	법령에 의한 첨부서류	국세청장 지정서류
수출재화	직접수출	• 수출실적명세서(전자계산조직에 의하여 처리된 테이프 또는 디스켓포함) • 휴대반출시: 간이수출신고수리필증 • 소포우편 수출의 경우: 소포수령증	
	대행수출	• 수출실적명세서(전자계산조직에 의하여 처리된 테이프 또는 디스켓포함) • 휴대반출시: 간이수출신고수리필증 • 소포우편 수출의 경우: 소포수령증	수출대행계약서 사본과 수출신고필증 또는 수출대금입금증명서 사본 * 단, 수출신고필증상 위탁자 표시된 경우: 신고필증만 제출하여도 됨
	중계무역·위탁가공·외국인도·위탁판매수출	수출계약서 사본 또는 외국환은행이 발행하는 외화입금증명서	
	내국신용장·구매확인서에 의한 공급	내국신용장 사본이나 구매확인서 사본 또는 수출대금입금증명서	관세환급금 등 명세서 (내국신용장에 불포함분)
	한국국제협력단에 해외반출용 재화 공급	한국국제협력단 발행 공급사실 증명서류	
	수탁가공무역수출용 반출 재화	수출재화를 입증하는 서류 및 외화입금증명서	
국외에서 제공하는 용역		외화입금증명서 또는 용역공급계약서	장기 해외건설공사의 경우 최초 신고시에는 공사도급계약서 사본을 제출하고, 그 이후 신고기간에는 외화획득명세서 제출
선박 또는 항공기의 외국항행용역	항공기에 의한 외국항행용역	공급가액확정명세서	다른 외국항행사업의 탑승권·화물운송계약 체결하는 경우: 공급자와 공급받는 자간의 송장집계표
	선박에 의한 외국항행용역	외화입금증명서	•「선박에 의한 운송용역 공급가액 일람표」 • 다른 외국항행사업의 탑승권·화물운송계약 체결하는 경우: 공급자와 공급받는 자간의 송장집계표
	국제복합운송계약에 의한 외국항행용역		항공기·선박에 의한 외국항행용역이라는 것을 입증하는 서류
	국내에서 비거주자·외국법인에게 공급하는 재화 및 일부 용역	• 외화입금증명서 • 상호면세적용 사실을 입증 할 수 있는 관계 증명서류(전문서비스업, 사업시설관리 및 사업지원 서비스업, 투자자문업에 한함) • 정보통신망을 통해 정보통신업	• 용역공급계약서 사본 • 외화매입증명서 또는 외국환매각증명서는 외화입금증명서에 갈음 • 직접 외화가 입금되지 아니한 경우:「외화획득명세서」에 외화획득사실 증명서류 첨부

기타 외화 획득 재화 또는 용역		중 뉴스 제공업, 영상·오디오 기록물 제작 및 배급업(영화관 운영업과 비디오물 감상실 운영업은 제외), 소프트웨어 개발업, 컴퓨터 프로그래밍, 시스템 통합관리업, 자료처리, 호스팅, 포털 및 기타 인터넷 정보매개서비스업, 기타 정보서비스업에 해당하는 용역을 국내사업장이 없는 비거주자 등에게 제공하였음을 증명하는 서류(채널 이름, URL주소, 개설시기 등) (신설)	
	수출재화 임가공용역	• 임가공계약서 사본 * 수출재화 임가공용역을 수출업자와 동일장소에서 제공하는 경우 제외함 • 납품사실증명서(수출업자와 직접 도급한 분에 한함) 또는 수출대금 입금증명서	
	내국신용장 또는 구매확인서에 의한 수출재화 임가공용역	내국신용장 또는 구매확인서 사본 또는 수출대금입금증명서	
	외국항행 선박·항공기 등에 공급하는 재화·용역	선(기)적완료증명서 * 다만, 전기통신사업에 있어서는 용역공급기록표	• 외국선박·항공기에 공급하는 재화: 세관장 발행 선(기)적 허가서 • 외국선박·항공기에 공급하는 하역용역: 세관장에게 제출한 작업신고 및 교통허가서 또는 작업보고필증이나 선박회사 대금명세서 • 외국선박·항공기에 공급하는 하역용역 이외의 용역의 경우: 세관장 발행 승선허가증 사본
	외국정부기관 등에 공급하는 재화·용역	수출(군납)대금입금증명서 또는 군납완료증명서, 정부기관 등이 발급하는 납품, 용역공급 사실을 증명하는 서류 * 다만, 전력 등 계속 공급하는 경우 재화공급기록표, 전기통신사업법에 있어서는 용역공급기록표	외국환입금증명서
	미군주둔지역 관광특구 내 사업자가 공급하는 재화	외화입금증명서 또는 외화매입증명서	

제4절 영세율과 면세

외국인전용판매장에서 공급하는 재화·용역	외화입금증명서 또는 외화매입증명서	
외교관 등에게 공급하는 재화·용역	외교관면세판매기록표	
차관자금에 의하여 공급하는 재화·용역	외화입금증명서 또는 시행청 발급 차관사업증명서	

③ 면세

1. 재화·용역의 공급에 대한 면세

구 분	내 용
1) 기초생활 필수품	① 미가공식료품❶(식용 농·축·수·임산물·소금 포함)(➡국산·외국산 모두 면세) ② 국내생산 미가공 비식용 농·축·수·임산물(➡국산만 면세) ③ 수돗물(➡생수·전기·가스·통신은 과세) ④ 연탄·무연탄(➡유연탄·갈탄·착화탄은 과세) ⑤ 여성용 생리처리 위생용품 및 영유아용 기저귀와 분유 ⑥ 여객운송용역(시내·시외버스·시외일반고속버스·지하철·차도선형여객선 등) 　다만, 다음 어느 하나에 해당하는 여객운송용역으로서 대통령령으로 정하는 것은 제외한다. 　㉠ 항공기, 시외우등고속버스, 전세버스, 택시, 특수자동차, 특종선박(特種船舶) 또는 고속철도에 의한 여객운송용역 　㉡ 삭도, 유람선 등 관광 또는 유흥 목적의 운송수단에 의한 여객운송용역 　㉢ 자동차대여사업, 수중익선, 에어쿠션선, 자동차운송겸용 여객선, 항해시속 20노트 이상의 여객선 　　* 관광 사업을 목적으로 운영하는 「철도의 건설 및 철도시설 유지관리에 관한 법률」에 따른 일반철도에 의한 여객운송 용역(「철도사업법」에 따라 철도사업자가 국토교통부장관에게 신고한 여객 운임·요금을 초과해 용역의 대가를 받는 경우로 한정한다) ⑦ 주택과 이에 부수되는 토지의 임대용역❷(➡사업용건물과 그 부수토지의 임대용역은 과세) ⑧ 「주택법」에 따른 관리규약에 따라 관리주체 또는 입주자대표회의가 제공하는 복리시설인 공동주택 어린이집의 임대 용역
2) 의료· 보건관련	의료. 보건용역(수의사의 용역을 포함)❸과 혈액

3) 교육· 문화관련	① 교육용역❹ ② 도서(도서대여 및 실내 도서열람용역 포함)❺ · 신문 및 인터넷신문 · 잡지 · 관보 · 뉴스통신 · 방송(➡광고는 과세) (개정) ③ 예술창작품, 예술행사, 문화행사 또는 아마추어 운동경기(➡창작품의 모방 · 골동품 · 영리목적 · 프로운동경기는 과세) ④ 도서관, 과학관, 박물관, 미술관, 동물원, 식물원, 민속문화 자원을 소개하는 장소, 전쟁기념관 등에 입장하게 하는 것(➡오락 및 유흥시설과 함께 있는 동물원 · 식물원 및 해양수족관을 포함하지 아니함)	
4) 부가가치 생산요소	① 금융 · 보험용역❻ ② 토지의 공급(➡건물의 공급은 과세) ③ 저술가 · 작곡가나 그 밖의 자가 직업상 제공하는 일정한 인적용역❼	

5) 조세정책
· 공익목적
	① 우표 · 인지 · 증지 · 복권 · 공중전화(➡수집용 우표는 과세)
	② 담배(판매가격이 20개비당 200원 이하 또는 군용담배 등 특수용담배)
	③ 종교 · 자선 · 학술 · 구호 · 그 밖의 공익을 목적으로 하는 단체가 그 고유의 사업목적을 위하여 실비(實費) 또는 무상으로 공급하는 재화 또는 용역
	    * 「저작권법」에 따라 문화체육관광부장관이 지정한 보상금수령단체로서 기획재정부령으로 정하는 단체인 사업자가 저작권자를 위하여 실비 또는 무상으로 공급하는 보상금 수령 관련 용역
	④ 국가 · 지방자치단체 · 지방자치단체조합이 공급하는 재화 · 용역❽ 다만, 다음의 재화 또는 용역을 제외한다.
	  ㉠ 「우정사업 운영에 관한 특례법」에 따른 우정사업조직이 제공하는 다음의 용역
	    ⓐ 「우편법」의 소포우편물을 방문접수하여 배달하는 용역
	    ⓑ 「우편법」에 따른 선택적 우편역무 중 기획재정부령으로 정하는 우편주문판매를 대행하는 용역
	  ㉡ 「철도의 건설 및 철도시설 유지관리에 관한 법률」에 따른 고속철도에 의한 여객운송용역
	  ㉢ 부동산임대업, 도매 및 소매업, 음식점업 · 숙박업, 골프장 및 스키장 운영업, 기타 스포츠시설 운영업. 다만, 다음의 어느 하나에 해당하는 경우는 제외한다.
	    ⓐ 국방부 또는 「국군조직법」에 따른 국군이 군인, 군무원, 그 밖에 이들의 직계존속 · 비속 등 기획재정부령으로 정하는 사람에게 제공하는 소매업, 음식점업 · 숙박업, 기타 스포츠시설 운영업(골프 연습장 운영업은 제외한다)관련 재화 또는 용역
	    ⓑ 국가, 지방자치단체 또는 지방자치단체조합이 그 소속 직원의 복리후생을 위하여 구내에서 식당을 직접 경영하여 음식을 공급하는 용역
	    ⓒ 국가 또는 지방자치단체가 「사회기반시설에 대한 민간투자법」에 따른 사업시행자로부터 BTO · BTL 방식에 따라 사회기반시설 또는 사회기반시설의 건설용역을 기부채납 받고 그 대가로 부여하는 시설관리운영권
	  ㉣ 다음에 해당하는 의료보건 용역
	    ⓐ 부가가치세 과세대상인 미용 · 성형목적 등의 진료용역
	    ⓑ 수의사의 진료용역 중 부가가치세 과세대상인 애완동물 등의 진료용역
	⑤ 국가 · 지방자치단체 · 지방자치단체조합 · 공익단체에 무상으로 공급하는 재화 · 용역	

(1) 미가공식료품: 가공되지 아니하거나 탈곡·정미·정맥·제분·정육·건조·냉동·염장·포장이나 그 밖에 원생산물 **본래의 성질이 변하지 아니하는 정도의 1차 가공**을 거쳐 식용으로 제공하는 것

구 분	내 용
범위	① 소금(천일염 및 재제(再製)소금을 말함) (➡맛소금, 공업용소금, 설탕은 과세) ② 원생산물 본래의 성질이 변하지 아니하는 정도로 1차 가공을 하는 과정에서 필수적으로 발생하는 부산물 ③ 미가공식료품을 단순히 혼합한 것 ④ 쌀에 식품첨가물 등을 첨가 또는 코팅하거나 버섯균 등을 배양한 것 ⑤ 데친 채소류, 김치, 두부, 젓갈류, 간장, 된장, 고추장 등 단순 가공식료품

세부사항	① 조미료·향신료(고추·후추 등) 등을 가미하여 가공처리한 맛 김, 볶거나 조미한 멸치, 조미하며 건조한 쥐치포 등의 어포류, 생크림·유당·카제인·우유향 등을 배합하여 제조한 가공우유 등 식료품에 대하여는 과세한다.
	* 다만, 어류 등의 신선도 유지·저장·운반 등을 위하여 화학물질 등을 첨가하는 때에는 면세함.
	② 데친 채소류·김치·단무지·장아찌·젓갈류·게장·두부·메주·간장·된장·고추장
	  ㉠ 제조시설을 갖추고 판매목적으로 독립된 거래단위로 관입·병입 또는 이와 유사한 형태로 포장하여 2024년 1월 1일부터 공급하는 것: 과세 (개정)
	  ㉡ 단순하게 운반편의를 위하여 일시적으로 관입·병입 등의 포장을 하는 경우: 면세

(2) 주택과 이에 부수되는 토지의 임대 용역: 면세대상인 주택과 이에 부수되는 토지의 임대는 상시주거용(사업을 위한 주거용의 경우는 제외)으로 사용하는 건물(주택)과 이에 부수되는 토지로서 다음의 각 면적 중 넓은 면적을 초과하지 아니하는 토지의 임대로 하며, 이를 초과하는 부분은 과세대상 토지의 임대로 봄.

1) 일반적인 주택임대

구분	내 용
주택	면세

주택부수토지	Min(㉠, ㉡)(➡기준면적을 초과하는 부분은 과세대상 토지의 임대로 봄)
	㉠ 총 토지면적
	㉡ 한도: Max(ⓐ, ⓑ)
	  ⓐ 주택의 연면적(지하층의 면적·지상층의 주차용으로 사용되는 면적·주민공동시설의 면적은 제외)
	  ⓑ 주택이 정착된 면적×5배(도시지역 밖의 토지: 10배)

2) 겸용주택(주택+사업용 건물)의 임대

구 분	건 물	부수토지
주택면적 > 사업용 건물면적	전부 주택으로 봄 (➡주택+사업용 건물: 면세)	① 주택 부수토지(면세): Min(㉠, ㉡) 　㉠ 주택토지면적: 총 토지면적 　㉡ 한도: Max(ⓐ, ⓑ) 　　ⓐ 총 건물의 연면적 　　ⓑ 건물이 정착된 면적×5배(도시지역 밖: 10배) ② 사업용 건물 부수토지(과세): 위의 범위 초과부분 　(총 토지면적−주택 부수토지)
주택면적 ≤ 사업용 건물면적	주택만 주택으로 봄 (➡주택: 면세, 　사업용 건물: 과세)	① 주택 부수토지(면세): Min(㉠, ㉡) 　㉠ 주택토지면적: 총토지면적 $\times \dfrac{주택연면적}{건물연면적}$ 　㉡ 한도: Max(ⓐ, ⓑ) 　　ⓐ 주택의 연면적 　　ⓑ 주택정착면적*×5배(도시지역 밖: 10배) ② 사업용 건물 부수토지(과세): 위의 범위 초과부분 　(총 토지면적−주택 부수토지)

* 주택정착면적 = 건물정착면적 $\times \dfrac{주택연면적}{건물연면적}$
* **부동산을 2인 이상의 임차인에게 임대한 경우**: 임차인별로 주택면적이 사업용 건물의 면적보다 큰 때에는 그 전부를 주택의 임대로 봄.
* 건축물관리대장에 적힌 목적물의 용도와 임차인의 실제 사용용도가 다른 경우에는 실제 사용용도를 기준으로 면세를 결정함.

핵심정리

■ 부동산의 공급 · 임대에 대한 과세 · 면세여부

구 분	건 물	토 지
공급	과세 * 단, 국민주택: 면세*	면세
임대	사업용 건물: 과세 주택: 면세	사업용건물 부수토지: 과세 주택 부수토지: 면세 * 전 · 답 · 과수원 · 목장용지 · 임야 또는 　염전 임대업: 과세제외

* 국민주택규모[주거전용면적이 85㎡ 이하인 주택(수도권을 제외한 도시지역이 아닌 읍 또는 면 지역은 100㎡ 이하인 주택)] 초과분은 과세한다.

(3) 의료보건용역의 범위

면세대상	과세대상
① 「의료법」에 따른 의사, 치과의사, 한의사, 조산사, 간호사, 접골사, 안마사가 제공하는 용역	① 「국민건강보험법」에 따라 요양급여의 대상에서 제외되는 **미용·성형목적의 다음의 진료용역** ㉠ 쌍꺼풀수술, 코성형수술, 유방확대·축소술(유방암 수술에 따른 유방 재건술은 제외), 지방흡인술, 주름살제거술, 안면윤곽술, 치아성형(치아미백, 라미네이트와 잇몸성형술을 말함) 등 성형수술(성형수술로 인한 후유증 치료, 선천성 기형의 재건수술과 종양 제거에 따른 재건수술은 제외) ㉡ 악안면 교정술(치아교정치료가 선행되는 악안면 교정술은 제외) ㉢ 색소모반·주근깨·흑색점·기미 치료술, 여드름 치료술, 제모술, 탈모치료술, 모발이식술, 문신술 및 문신제거술, 피어싱, 지방융해술, 피부재생술, 피부미백술, 항노화치료술 및 모공축소술
② 「약사법」에 규정하는 약사가 제공하는 **의약품의 조제용역**	② **조제하지 않은 의약품의 판매**
③ 「수의사법」에 따른 수의사가 제공하는 가축·수산동물·**장애인 보조견**·「국민기초생활 보장법」에 따른 수급자가 기르는 동물의 진료용역 등	③ **애완견 진료용역**
④ 장의업자가 제공하는 장의용역 ⑤ 「장사 등에 관한 법률」의 규정에 따라 사설묘지, 사설화장시설, 사설봉안시설 또는 사설자연장지를 설치·관리 또는 조성하는 자가 제공하는 묘지분양, 화장, 유골 안치, 자연장지분양 및 관리업 관련 용역 ⑥ 지방자치단체로부터 「장사 등에 관한 법률」에 따른 공설묘지, 공설화장시설, 공설봉안시설 또는 공설자연장지의 관리를 위탁받은 자가 제공하는 묘지분양, 화장, 유골 안치, 자연장지분양 및 관리업 관련 용역 ⑦ 응급환자이송업자가 제공하는 응급환자이송용역 ⑧ 「감염병의 예방 및 관리에 관한 법률」에 따라 소독업의 신고를 한 사업자가 공급하는 소독용역	

⑨ 「산업안전보건법」에 따라 보건관리전문기관으로 지정된 자가 공급하는 보건관리용역 및 작업환경측정기관이 공급하는 작업환경측정용역
⑩ 「노인장기요양보험법」에 따른 장기요양기관이 같은 법에 따라 장기요양인정을 받은 자에게 제공하는 신체활동·가사활동의 지원 또는 간병 등의 용역
⑪ 산후조리원에서 분만 직후의 임산부나 영유아에게 제공하는 급식·요양 등의 용역
⑫ 「사회적기업 육성법」에 따라 인증받은 사회적기업 또는 「협동조합기본법」에 따라 설립인가를 받은 사회적 협동조합이 직접 제공하는 간병·산후조리·보육 용역

(4) 교육용역

면세대상	과세대상
① 주무관청의 허가·인가를 받거나 주무관청에 등록·신고된 학교, 학원, 강습소, 훈련원, 교습소 ② 「청소년활동진흥법」에 따른 청소년수련시설, 「산업교육진흥 및 산학연협력촉진에 관한 법률」에 따른 산학협력단, 「사회적기업 육성법」에 따라 인증받은 사회적기업, 「박물관 및 미술관 진흥법」에 따라 등록한 박물관, 미술관, 「과학관의 설립·운영 및 육성에 관한 법률」에 따라 등록한 과학관, 「협동조합기본법」에 따라 설립인가를 받은 사회적협동조합 등의 시설에서 학생·수강생·훈련생·교습생·청강생에게 지식·기술 등을 가르치는 것	다음의 학원에서 가르치는 교육용역 ① 무허가시설에서의 교육용역 ② 무도학원·자동차운전학원

* 면세하는 교육용역은 주무관청의 허가·인가 또는 승인을 얻어 설립하거나 주무관청에 등록 또는 신고한 학원·강습소 등 및 「청소년활동진흥법」에 따른 청소년수련시설에서 지식·기술 등을 가르치는 것을 말하며, 그 지식 또는 기술의 내용은 관계없음. 이 경우 부가가치세가 면제되는 교육용역의 공급에 통상적으로 부수되는 용역의 공급은 면세용역의 공급에 포함됨.
* 교육용역 제공시 필요한 교재·실습자재 그 밖의 교육용구의 대가를 수강료 등에 포함하여 받거나, 별도로 받는 때에는 주된 용역인 교육용역에 부수되는 재화 또는 용역으로서 면세함.

(5) 면세대상 도서에 포함여부

면세대상	과세대상
도서에 **부수하여** 그 도서의 내용을 담은 음반·녹음테이프·비디오테이프를 첨부하여 통상 **하나의 공급단위로 하는 것**과 **전자출판물**	① 「음악산업진흥에 관한 법률」, 「영화 및 비디오물의 진흥에 관한 법률」 및 「게임산업진흥에 관한 법률」의 적용을 받는 것 ② 뉴스통신사업을 경영하는 법인이 특정회원을 대상으로 하는 금융정보 등 특정한 정보를 제공하는 경우

(6) 금융·보험용역에 포함여부

면세대상	과세대상
① 「은행법」에 따른 은행업무 및 부수업무 　[예] 전자상거래와 관련한 지급대행, 지방자치단체의 금고대행 등 ② 집합투자업, 신탁업, 투자매매업과 투자중개업, 일반사무관리회사업(집합투자기구 또는 집합투자업자에게 제공하는 용역으로 한정한다), 투자일임업, 단기금융업, 종합금융투자사업자의 사업(기업에 대한 신용공여 업무로 한정한다), 환전업, 상호저축은행업, 신용보증기금업, 보증업, 보험업, 여신전문금융업 및 그 밖의 금전대부업 ③ 기관전용 사모집합투자기구에 기관전용 사모집합투자기구 집합투자재산의 운용 및 보관·관리, 기관전용 사모집합투자기구 지분의 판매 또는 환매 등 용역을 공급하는 업무(기관전용 사모집합투자기구의 업무집행사원이 제공하는 용역으로 한정한다) ④ 금융·보험업 외의 사업을 하는 자가 주된 사업에 부수하여 금융·보험 용역과 같거나 유사한 용역을 제공하는 경우 ⑤ 시설대여업자가 제공하는 시설대여용역 ⑥ 한국예탁결제원·한국거래소의 업무 ⑦ 「보험업법」에 따른 손해사정용역, 보험조사 및 보고용역	① 복권·입장권·상품권·지급형주화·금지금에 관한 대행용역 ② 기업합병·기업매수의 중개·주선·대리·신용정보서비스 및 은행업에 관련된 전산시스템과 소프트웨어의 판매·대여 용역 ③ 부동산 임대용역 ④ 감가상각자산의 대여용역(시설대여업자가 자동차를 대여하고 정비용역을 함께 제공하는 경우는 포함한다) ⑤ 「은행법」에 따른 보호예수 ⑥ 집합투자업자·신탁업자·투자일임업자·창업기획자·한국벤처투자가 투자자 또는 위탁자로부터 자금 등을 모아서 부동산, 실물자산 등에 운용하는 경우 ⑦ 「보험업법」에 따른 보험계리용역, 「근로자퇴직연금보장법」에 따른 연금계리용역

(7) 인적용역 등의 면세 범위

면세대상	과세대상

① 개인이 물적 시설 없이 근로자를 고용하지 아니하고 독립된 자격으로 용역을 공급하고 대가를 받는 다음의 인적 용역
   ⓐ 저술·서화·도안·조각·작곡·음악·무용·만화·삽화·만담·배우·성우·가수 또는 이와 유사한 용역
   ⓑ 연예에 관한 감독·각색·연출·촬영·녹음·장치·조명 또는 이와 유사한 용역
   ⓒ 건축 감독·학술 용역 또는 이와 유사한 용역
   ⓓ 음악·재단·무용(사교무용을 포함한다)·요리·바둑의 교수 또는 이와 유사한 용역
   ⓔ 직업운동가·역사·기수·운동지도가(심판을 포함한다) 또는 이와 유사한 용역
   ⓕ 접대부·댄서 또는 이와 유사한 용역
   ⓖ 보험가입자의 모집, 저축의 장려 또는 집금(集金) 등을 하고 실적에 따라 보험회사 또는 금융기관으로부터 모집수당·장려수당·집금수당 또는 이와 유사한 성질의 대가를 받는 용역과 서적·음반 등의 외판원이 판매실적에 따라 대가를 받는 용역
   ⓗ 저작자가 저작권에 의하여 사용료를 받는 용역
   ⓘ 교정·번역·고증·속기·필경(筆耕)·타자·음반취입 또는 이와 유사한 용역
   ⓙ 고용관계 없는 사람이 다수인에게 강연을 하고 강연료·강사료 등의 대가를 받는 용역
   ⓚ 라디오·텔레비전 방송 등을 통하여 해설·계몽 또는 연기를 하거나 심사를 하고 사례금 또는 이와 유사한 성질의 대가를 받는 용역
   ⓛ 작명·관상·점술 또는 이와 유사한 용역
   ⓜ 개인이 일의 성과에 따라 수당이나 이와 유사한 성질의 대가를 받는 용역
② 개인, 법인 또는 법인격 없는 사단·재단, 그 밖의 단체가 독립된 자격으로 용역을 공급하고 대가를 받는 다음의 인적 용역
   ⓐ 「형사소송법」 및 「군사법원법」 등에 따른 국선변호인의 국선변호, 「국세기본법」에 따른 국선대리인의 국선대리 및 기획재정부령으로 정하는 법률구조
	① 공인회계사·세무사 등이 제공하는 전문용역
	② 새로운 사업의 타당성 조사, 실시설계 또는 이들을 포함한 종합계획을 작성하는 용역(면세되는 학술·기술연구용역에 해당하지 아니함)
	③ 출판사에 삽화용역을 제공하는 개인이 계속적·반복적으로 사업에만 이용되는 건축물·기계장치 등의 사업설비(임차한 것을 포함)를 갖추고 출판사에 제공하는 삽화용역
	④ 사업자가 발주자의 사업장 내에서 발주자로부터 공장기계시설 및 자재를 제공받아 자기의 책임 하에 제조하여 주고 대가를 받는 경우
	⑤ 노동력을 확보하고 계약에 의하여 타사업체에 수요인력을 수시로 제공하는 사업(➡ 인력공급업에 해당함)

ⓑ 기획재정부령으로 정하는 학술연구용역과 기술연구용역 ⓒ 직업소개소가 제공하는 용역 및 상담소 등을 경영하는 자가 공급하는 용역으로서 인생 상담, 직업재활상담 및 그 밖에 이와 유사한 상담(결혼상담은 제외한다)과 중소기업상담회사가 제공하는 창업상담용역 ⓓ 「장애인 복지법」에 따른 장애인 보조견 훈련용역 ⓔ 「가사근로자의 고용개선 등에 관한 법률」에 따른 가사서비스 제공기관이 가사서비스 이용자에게 제공하는 가사서비스	

(8) 지방자치단체 등으로부터 위탁을 받은 시설의 관리운영

면세대상	과세대상
국가·지방자치단체가 **직접** 관리 또는 운영하는 공원의 이용자로부터 받는 입장료	공원안의 시설물인 유희기장이나 수영장 등의 관리를 **위임받은 사업자**가 그 시설의 이용자로부터 받는 입장료 및 사용료

2. 재화의 수입에 대한 면세

① 외국으로부터 국가, 지방자치단체 또는 지방자치단체조합에 기증되는 재화
② 도서, 신문 및 잡지
③ 담배(판매가격이 20개비당 200원 이하 또는 군용담배 등 특수용 담배)
④ 미가공식료품(식용으로 제공되는 농·축·수·임산물을 포함).
  * 다만, 관세가 감면되지 아니하는 커피두·코코아두 등의 수입(2023년 12월 31일까지 수입하는 물품은 제외함)에 대하여는 면세하지 아니함. (개정)
    ➡ 비교: 부가가치세를 과세한 커피두 등이 미가공의 상태로 국내에서 공급하는 때에는 면세함.
⑤ 이사, 이민 또는 상속으로 인하여 수입하는 재화로서 관세가 면제되거나 「관세법」에 따른 간이세율이 적용되는 재화
⑥ 여행자의 휴대품, 별송물품 및 우송물품으로서 관세가 면제되거나 「관세법」에 따른 간이세율이 적용되는 재화
⑦ 거주자가 받는 소액물품으로서 관세가 면제되는 재화
⑧ 종교의식, 자선, 구호, 그 밖의 공익을 목적으로 외국으로부터 종교단체·자선단체 또는 구호단체에 기증되는 재화로서 관세가 면제되는 것
⑨ 수입하는 상품의 견본과 광고용 물품으로서 관세가 면제되는 재화
⑩ 국내에서 열리는 박람회, 국제경기대회, 전시회, 품평회, 영화제 또는 이와 유사한 행사에 출품하기 위하여 무상으로 수입하는 물품으로서 관세가 면제되는 재화
⑪ 조약·국제법규 또는 국제관습에 따라 관세가 면제되는 재화로서 대통령령으로 정하는 것
⑫ 학술연구단체, 교육기관, 한국교육방송공사법에 따른 한국교육방송공사 또는 문화단체가 과학용·교육용·문화용으로 수입하는 재화로서 관세가 감면되는 것. 다만, 관세가 경감되는 경우에는 경감되는 부분으로 한정하여 적용한다.
⑬ 수출된 후 다시 수입하는 재화로서 관세가 감면되는 것 중 대통령령으로 정하는 것. 다만, 관세가 경감되는 경우에는 경감되는 비율만큼만 면제한다.
⑭ 다시 수출하는 조건으로 일시 수입하는 재화로서 관세가 감면되는 것 중 대통령령으로 정하는 것. 다만, 관세가 경감되는 경우에는 경감되는 비율만큼만 면제한다.
⑮ 위의 재화 외에 관세가 무세이거나 감면되는 재화로서 대통령령으로 정하는 것*. 다만, 관세가 경감되는 경우에는 경감되는 비율만큼만 면제한다.

* ㉠ 수입신고한 물품으로서 수입신고 수리 전(前)에 변질 또는 손상된 것
  ㉡ 관세법이외 법령(조세특례제한법은 제외한다)에 따라 관세가 감면되는 물품

3. 면세포기

구 분	내 용
개요	① 면세포기란 부가가치세가 면제되는 재화 또는 용역을 공급하는 자가 면세적용을 받지 아니하고 부가가치세 과세적용을 받는 것을 말한다. ② 면세를 포기하려는 사업자는 면세포기신고서를 관할 세무서장에게 제출(국세정보통신망에 의한 제출을 포함한다)하여야 한다. 이 경우 지체 없이 사업자등록을 하여야 한다.
취지	누적효과 및 환수효과의 제거
면세포기대상	다음에 해당하는 경우에만 면세를 포기할 수 있으므로 이외에는 면세를 포기할 수 없다. ① 영세율이 적용되는 재화·용역 ② 학술 및 기술의 연구와 발표를 주된 목적으로 하는 학술연구단체·기술연구단체가 그 연구와 관련하여 실비 또는 무상으로 공급하는 재화 또는 용역
면세포기절차	① 부가가치세의 면제를 받지 아니하려는 사업자는 면세포기신고서를 관할 세무서장에게 제출(국세정보통신망에 의한 제출을 포함)하여야 한다.(➡신고기한×, 승인×) ② 면세포기를 신고한 사업자는 신고한 날부터 3년간 부가가치세를 면제받지 못한다. ③ 면세포기를 신고한 사업자가 위의 기간이 지난 뒤 부가가치세를 면제받으려면 면세적용신고서를 제출하여야 하며, 면세적용신고서를 제출하지 아니하면 계속하여 면세를 포기한 것으로 본다.
면세포기 범위·효력	① 면세 사업자가 면세포기신고를 한 때에는 사업자등록을 한 이후의 거래분부터 면세포기의 효력이 발생한다. ② 면세되는 2 이상의 사업 또는 종목을 영위하는 사업자는 면세포기대상이 되는 재화·용역의 공급 중에서 면세포기 하고자 하는 재화·용역의 공급만을 구분하여 면세포기 할 수 있다. ③ 영세율 적용대상이 되는 것만을 면세포기 한 사업자가 면세되는 재화·용역을 국내에 공급하는 때에는 면세포기의 효력이 없다. ④ 면세포기신고를 한 사업자가 사업장을 이전한 경우 등 사업자등록정정사유가 발생한 때에는 해당 사유의 정정신고 여부에 관계없이 면세포기의 효력이 있다. ⑤ 면세포기신고를 한 사업자가 사업을 포괄적으로 양도하는 경우 면세포기의 효력은 사업을 양수한 사업자에게 승계된다.

* ① 누적효과: 면세제도의 적용으로 면세제도를 적용하지 않았을 때보다 오히려 부가가치세가 증가하는 현상
② 환수효과: 영세율 또는 면세제도의 적용으로 감면받았던 부가가치세가 국고에 다시 귀속(환수)되는 현상

제 5 절 거래징수와 세금계산서

구 분	내 용
거래징수	사업자가 재화·용역을 공급하는 경우에는 공급가액에 10%의 세율을 적용하여 계산한 부가가치세를 재화·용역을 공급받는 자로부터 징수하는 것
세금 계산서	거래징수의무자인 사업자가 재화 또는 용역을 공급하는 때에 그에 대한 부가가치세를 거래상대방으로부터 징수한 사실을 증명하기 위하여 발급하는 계산서를 말하며, 재화의 수입시 세관장이 수입자로부터 부가가치세를 징수하고 발급하는 수입세금계산서를 포함한다.
세금계산서의 기능	① 거래징수하였음을 증명하는 증빙서류 ② 영수증 ③ 거래대금 청구서 ④ 송장(사업자가 공급한 물품을 품목에 표시) ⑤ 과세자료 * 주의: 계약서로서의 기능은 없음

1 세금계산서

1. 세금계산서의 발급

구 분	내 용
세금계산서 발급·교부	재화 또는 용역을 공급하는 사업자는 재화 또는 용역을 공급하는 때에 **공급자 보관용**(매출세금계산서) **1매**와 **공급받는 자 보관용**(매입세금계산서) **1매**를 각각 작성하고 그 중 공급받는 자 보관용(매입세금계산서) 1매를 공급받는 자에게 교부한다.
세금계산서 합계표의 제출	① 사업자는 세금계산서 또는 수입세금계산서를 발급하였거나 발급받은 경우에는 **매출처별 세금계산서합계표**와 **매입처별 세금계산서합계표**를 해당 예정신고 또는 확정신고를 할 때 함께 제출하여야 한다. ② 세금계산서를 발급받은 국가, 지방자치단체, 지방자치단체조합, 면세사업자 등 그 밖에 대통령령으로 정하는 자[20]는 매입처별 세금계산서합계표를 해당 과세기간이 끝난 후 25일 이내에 납세지 관할 세무서장에게 제출하여야 한다.
세금계산서 발급의무자	재화 또는 용역을 공급하고 세금계산서를 공급받는 자에게 발급하여야 하는 자는 **사업자등록이 된 사업자로서 일반과세자 및 일정 규모 이상인 간이과세자**이므로 미등록사업자, 폐업자, 소규모 간이과세자(신규 사업개시자 포함), 면세사업자는 세금계산서를 발급할 수 없다. | 발급의무자			종 류
---	---	---	---
사업자	과세 사업자	일반과세자(10%, 영세율사업자)	세금계산서(종이, 전자)
		간이 과세자 — 직전연도 공급대가 합계액 ≧ 4,800만원	세금계산서
		간이 과세자 — 직전연도 공급대가 합계액 < 4,800만원, 신규 사업개시자	영수증
	면세사업자		계산서(종이, 전자)
세관장			수입세금계산서·계산서	
필요적 기재사항	① 공급하는 사업자의 등록번호와 성명 또는 명칭 ② 공급받는 자의 등록번호. 다만, **공급받는 자가 사업자가 아니거나 등록한 사업자가 아닌 경우에는 대통령령으로 정하는 고유번호 또는 공급받는 자의 주민등록번호** ③ 공급가액과 부가가치세액 ④ 작성 연월일(➡공급 연월일×)

---

20) "대통령령으로 정하는 자"란 다음의 자를 말한다
  ① 부가가치세가 면제되는 사업자 중 소득세 또는 법인세의 납세의무가 있는 자(「조세특례제한법」에 따라 소득세 또는 법인세가 면제되는 자를 포함한다)
  ② 「민법」에 따라 설립된 법인
  ③ 특별법에 따라 설립된 법인
  ④ 각급학교 기성회, 후원회 또는 이와 유사한 단체
  ⑤ 「법인세법」에 따른 외국법인연락사무소

2. 전자세금계산서

법인사업자와 공급가액이 일정한 규모 이상인 개인사업자는 세금계산서를 발급하려는 경우 전자세금계산서[21]를 발급하여야 한다.

구 분	내 용
발급의무자	① 법인: 모든 법인사업자 ② 개인: 직전 연도(➡ 과세기간×)의 사업장별 재화·용역의 공급가액(면세공급가액을 포함한다)의 합계액이 1억원(2024.7.1. 이후부터는 8천만원)* 이상인 개인사업자 (개정) * 2023년에 공급된 사업장별 재화 및 용역의 공급가액(면세공급가액을 포함)의 합계액을 기준으로 판단하여 2024년 7월 1일 이후 재화 또는 용역을 공급하는 경우부터 적용함. * 그 이후 직전 연도의 사업장별 재화 및 용역의 공급가액이 1억원(또는 8천만원) 미만이 된 개인사업자를 포함함. (개정)
전자세금계산서 발급기간 (개인에 한함)	① 전자세금계산서 의무발급 개인사업자는 사업장별 재화·용역의 공급가액의 합계액이 1억원(2024.7.1. 이후부터는 8천만원)* 이상인 해의 다음 해 제2기 과세기간이 시작하는 날부터 전자세금계산서를 발급해야 한다. (개정) ② 다만, 사업장별 재화와 용역의 공급가액의 합계액이 수정신고 또는 결정·경정으로 1억원(2024.7.1. 이후부터는 8천만원)* 이상이 된 경우에는 수정신고 등을 한 날이 속하는 과세기간의 다음 과세기간이 시작하는 날부터 전자세금계산서를 발급해야 한다. (개정) * 2023년에 공급된 사업장별 재화 및 용역의 공급가액(면세공급가액을 포함)의 합계액을 기준으로 판단하여 2024년 7월 1일 이후 재화 또는 용역을 공급하는 경우부터 적용함.
발급명세의 전송	전자세금계산서를 발급하였을 때에는 발급일의 다음 날까지 전자세금계산서 발급명세를 국세청장에게 전송하여야 한다.
발급·전송시 혜택	① 매출·매입처별세금계산서합계표 제출의무 면제: 전자세금계산서 발급명세를 해당 재화·용역의 공급시기가 속하는 예정신고기간·과세기간 마지막 날의 다음 달 11일까지 국세청장에게 전송한 경우 ② 세금계산서 보존의무 면제: 전자세금계산서를 전송한 경우 ③ 세액공제: 직전 연도의 사업장별 재화 및 용역의 공급가액(부가가치세 면세공급가액을 포함한다)의 합계액이 3억원 미만인 개인사업자가 전자세금계산서를 발급하여 전송기한까지 국세청장에게 전송한 경우에는 전자세금계산서 발급 건수 당 200원을 곱하여 계산한 금액을 해당 과세기간의 부가가치세 납부세액에서 공제할 수 있다.(공제한도: 연간 100만원) (개정)

---

[21] 전자세금계산서란 재화·용역을 공급한 사업자가 전사적 기업자원관리설비(ERP), 전자세금계산서 발급시스템 등 공인인증을 통하여 전자적 방법(온라인)으로 세금계산서를 발급하고, 그 전자세금계산서 발급명세를 국세청장에게 전송하는 제도를 말한다.

구분	내용
전송관련 가산세	① 세금계산서 전송기한(발급일의 다음 날)이 지난 후 재화 또는 용역의 공급시기가 속하는 과세기간에 대한 확정신고기한까지 국세청장에게 전자세금계산서 발급명세를 전송하는 경우(지연전송): 그 공급가액×0.3% ② 세금계산서 전송기한(발급일의 다음 날)이 지난 후 재화 또는 용역의 공급시기가 속하는 과세기간에 대한 확정신고기한까지 국세청장에게 전자세금계산서 발급명세를 전송하지 아니한 경우(미전송): 그 공급가액×0.5%
기타사항	① 관할 세무서장은 개인사업자가 전자세금계산서 의무발급 개인사업자에 해당하는 경우에는 전자세금계산서를 발급해야 하는 날이 시작되기 1개월 전까지 그 사실을 해당 개인사업자에게 통지하여야 한다. ② 개인사업자가 전자세금계산서를 발급해야 하는 날이 시작되기 1개월 전까지 통지를 받지 못한 경우에는 통지서를 수령한 날이 속하는 달의 다음 다음 달 1일부터 전자세금계산서를 발급하여야 한다. ③ 전자세금계산서를 발급하여야 하는 사업자가 아닌 개인사업자도 전자세금계산서를 발급하고 전자세금계산서 발급명세를 전송할 수 있다. ④ 전자세금계산서가 재화 또는 용역을 공급받는 자가 지정하는 수신함에 입력되거나 전자세금계산서 발급 시스템에 입력된 때에 재화 또는 용역을 공급받는 자가 그 전자세금계산서를 수신한 것으로 본다. ⑤ 재화 또는 용역을 공급받는 자가 전자세금계산서를 발급받을 수신함을 가지고 있지 아니하거나 지정하지 아니한 경우 또는 수신함이 적용될 수 없는 시스템을 사용하는 경우에는 국세청장이 구축한 전자세금계산서 발급 시스템을 수신함으로 지정한 것으로 본다.

3. 매입자발행세금계산서

구분	내용
개요	**부가가치세 납세의무자로 등록한 사업자로서 세금계산서 발급의무가 있는 사업자가** 재화 또는 용역을 공급하고 세금계산서 발급시기에 세금계산서를 발급하지 아니한 경우(사업자의 부도·폐업, 공급 계약의 해제·변경 또는 그 밖에 대통령령으로 정하는 사유가 발생한 경우로서 사업자가 수정세금계산서 또는 수정전자세금계산서를 발급하지 아니한 경우를 포함한다) 그 재화 또는 용역을 공급받은 자는 대통령령이 정하는 바에 따라 관할 세무서장의 확인을 받아 세금계산서를 발행할 수 있는데 이를 매입자발행세금계산서라 한다.
거래사실 확인신청	매입자발행세금계산서를 발행하려는 자는 해당 재화 또는 용역의 공급시기가 속하는 과세기간의 종료일부터 **6개월 이내**에 거래사실확인신청서에 거래사실을 객관적으로 입증할 수 있는 서류를 첨부하여 신청인의 관할세무서장에게 거래사실의 확인을 신청하여야 한다.

확인신청대상	거래사실의 확인신청 대상이 되는 거래는 **거래건당 공급대가가 5만원 이상**인 경우로 한다. (개정)
보정요구	신청을 받은 관할세무서장은 신청서에 재화 또는 용역을 공급한 자(공급자)의 인적사항이 부정확하거나 신청서 기재방식에 흠이 있는 경우에는 신청일부터 **7일 이내**에 일정한 기간을 정하여 보정요구를 할 수 있다.
확인거부 결정	신청인이 보정기간 이내에 보정요구에 응하지 아니하거나 다음의 어느 하나에 해당하는 경우에는 신청인 관할 세무서장은 거래사실의 확인을 거부하는 결정을 하여야 한다. ① 거래사실 확인의 신청기간을 넘긴 것이 명백한 경우 ② 신청서의 내용으로 보아 거래 당시 미등록사업자 또는 휴·폐업자와 거래한 것이 명백한 경우
송부	신청인 관할세무서장은 거래사실의 확인을 거부하는 결정을 하지 아니한 신청에 대하여는 거래사실확인신청서가 제출된 날(보정을 요구한 때에는 보정이 된 날)부터 **7일 이내**에 신청서와 제출된 증빙서류를 공급자의 관할세무서장에게 송부하여야 한다.
거래사실 여부 확인	신청서를 송부받은 공급자 관할세무서장은 신청인의 신청내용, 제출된 증빙자료를 검토하여 거래사실여부를 확인하여야 한다. 이 경우 **거래사실의 존재 및 그 내용에 대한 입증 책임은 신청인에게 있다.**
통지	① 공급자 관할세무서장은 **신청일의 다음 달 말일까지** 거래사실여부를 확인한 후 거래사실 확인에 대한 통지를 공급자와 신청인 관할세무서장에게 하여야 한다. 다만, 공급자의 부도, 일시 부재 등 불가피한 사유가 있는 경우에는 거래사실 확인기간을 20일 이내의 범위에서 연장할 수 있다. ② 신청인 관할세무서장은 공급자 관할세무서장으로부터 통지를 받은 후 즉시 신청인에게 그 확인결과를 통지하여야 한다.
세금계산서 발행·교부	① 신청인 관할세무서장으로부터 거래사실 확인 통지를 받은 신청인은 공급자 **관할세무서장이 확인한 거래일자(➡통지받은 날짜×)를 작성일자로 하여** 매입자발행세금계산서를 발행하여 공급자에게 교부하여야 한다. * 세금계산서 교부의무가 있는 일반과세자로부터 재화를 공급받은 간이과세자도 공급하는 자가 세금계산서를 발급하지 아니한 경우 매입자발행세금계산서를 발급할 수 있다. ② 다만, 신청인 및 공급자가 관할세무서장으로부터 통지를 받은 때에는 신청인이 매입자발행세금계산서를 공급자에게 교부한 것으로 본다.
매입세액공제	매입자발행세금계산서를 공급자에게 교부하였거나 교부한 것으로 보는 경우 신청인은 「부가가치세법」에 따른 예정신고 및 확정신고 또는 「국세기본법」에 따른 경정청구를 할 때 매입자발행세금계산서합계표를 제출한 경우에는 매입자발행세금계산서에 기재된 매입세액을 부가가치세법에 따라 해당 재화 또는 용역의 공급시기에 해당하는 과세기간의 매출세액 또는 납부세액에서 **매입세액으로 공제받을 수 있다.**

4. 수입세금계산서

구 분	내 용
개요	① **세관장은** 수입되는 재화에 대하여 부가가치세를 징수할 때(재화의 수입에 대한 부가가치세 납부의 유예규정에 따라 부가가치세의 납부가 유예되는 때를 포함한다)에는 수입된 재화에 대한 **수입세금계산서를 수입하는 자에게 발급**하여야 한다. ② 수입세금계산서는 세금계산서 발급에 관한 규정을 준용하여 발급한다. 이 경우 재화의 수입에 대한 부가가치세 납부의 유예 규정에 따라 부가가치세 납부가 유예되는 때에는 수입세금계산서에 부가가치세 납부유예 표시를 하여 발급한다. ③ 여러 개의 사업장이 있는 사업자가 재화를 수입하는 경우 수입신고필증상 적혀 있는 사업장과 해당 재화를 사용·소비할 사업장이 서로 다른 때에는 수입재화를 실지로 사용·소비할 사업장명으로 세금계산서를 발급받을 수 있다. ④ 세금계산서를 교부한 세관장은 사업자 규정을 적용하여 **매출처별 세금계산서 합계표**를 사업장 관할 세무서장에게 제출하여야 한다. ⑤ 사업자가 자기의 사업과 관련된 재화의 수입에 따른 수입세금계산서를 수입일이 속하는 과세기간 경과 후에 발급받은 때에는 수입세금계산서를 발급받은 날이 속하는 과세기간의 매출세액에서 공제받을 수 있다.
발급	1) 세관장은 다음 어느 하나에 해당하는 경우에는 수입하는 자에게 수정수입세금계산서를 발급하여야 한다. 　① 「관세법」에 따라 세관장이 과세표준 또는 세액을 결정 또는 경정하기 전에 수입하는 자가 대통령령으로 정하는 바에 따라 수정신고 등을 하는 경우(아래 ③에 따라 수정신고하는 경우는 제외한다) (개정) 　② 「관세법」에 따라 세관장이 과세표준 또는 세액을 결정 또는 경정하는 경우(수입하는 자가 해당 재화의 수입과 관련하여 다음 어느 하나에 해당하지 아니하는 경우로 한정한다) (개정) 　　㉠ 「관세법」에 따른 관세포탈죄(미수범의 경우를 포함한다), 가격조작죄, 허위신고죄를 위반하여 고발되거나 통고처분을 받은 경우 　　㉡ 「관세법」에 따른 부정한 행위 또는 「자유무역협정의 이행을 위한 관세법의 특례에 관한 법률」에 따른 부당한 방법으로 관세의 과세표준 또는 세액을 과소신고한 경우 　　㉢ 수입자가 과세표준 또는 세액을 신고하면서 관세조사 등을 통하여 이미 통지받은 오류를 다음 신고 시에도 반복하는 등 대통령령으로 정하는 중대한 잘못이 있는 경우 　③ 수입하는 자가 세관공무원의 관세조사 등 대통령령으로 정하는 행위가 발생하여 과세표준 또는 세액이 결정 또는 경정될 것을 미리 알고 그 결정·경정 전에 「관세법」에 따라 수정신고하는 경우(해당 재화의 수입과 관련하여 위 ②의 어느 하나에 해당하지 아니하는 경우로 한정한다) (신설) 2) 세관장은 위 1)의 ② 또는 ③의 결정·경정 또는 수정신고에 따라 수정수입세금계산서를 발급한 후 수입하는 자가 위 1)의 ②의 어느 하나에 해당하는 사실을 알게 된 경우에는 이미 발급한 수정수입세금계산서를 그 수정 전으로 되돌리는 내용의 수정수입세금계산서를 발급하여야 한다. (신설)

	3) 세관장은 위 1)의 ②㉠에 해당하여 ② 또는 ③에 따라 수정수입세금계산서를 발급하지 아니하였거나 위 2)에 따라 수정수입세금계산서를 다시 발급한 이후에 수입하는 자가 무죄 취지의 불기소 처분이나 무죄 확정판결을 받은 경우에는 당초 세관장이 결정 또는 경정한 내용이나 수입하는 자가 수정신고한 내용으로 수정수입세금계산서를 발급하여야 한다. (신설)
작성 방법	세관장이 수정한 수입세금계산서를 발급하는 경우에는 부가가치세를 납부받거나 징수 또는 환급한 날을 작성일로 적고 비고란에 최초 수입세금계산서 발급일 등을 덧붙여 적은 후 추가되는 금액은 검은색 글씨로 쓰고, 차감되는 금액은 붉은색 글씨로 쓰거나 음(陰)의 표시를 하여 발급한다.
합계표 제출	수정수입세금계산서를 발급한 세관장은 수정된 매출처별 세금계산서합계표를 해당 세관 소재지를 관할하는 세무서장에게 제출하여야 한다.
발급 신청 및 통지	1) 수입하는 자는 세관장이 수정수입세금계산서를 발급하지 아니하는 경우 「국세기본법」에 따른 국세부과의 제척기간 내에 세관장에게 수정수입세금계산서의 발급을 신청할 수 있다. 2) 신청을 받은 세관장은 신청을 받은 날부터 2개월 이내에 수정수입세금계산서를 발급하거나 발급할 이유가 없다는 뜻을 신청인에게 통지하여야 한다.

5. 세금계산서 발급 시기

구 분	내 용
원칙	세금계산서는 사업자가 재화 또는 용역의 <u>공급시기</u>에 재화 또는 용역을 공급받는 자에게 발급하여야 한다.

예외	**1) 선(先)발행 세금계산서(➡세금계산서 발급시기를 공급시기로 보는 경우)**
	 사업자는 다음과 같은 재화 및 용역의 공급시기 특례에 해당하는 경우에는 재화 또는 용역의 원칙적인 공급시기가 도래하기 <u>전</u>이라도 세금계산서를 발급할 수 있으며, 이 경우 세금계산서 등을 <u>발급한 때</u>를 재화 또는 용역의 공급시기로 본다.
	① 대가를 받은 경우
	② 7일 이내 대가를 받는 경우
	③ 발급일부터 7일이 지난 후 대가를 받더라도 다음의 요건을 충족한 경우:
	   ㉠ 거래 당사자 간의 계약서・약정서 등에 **대금 청구시기**(세금계산서 발급일을 말한다)와 **지급 시기**를 따로 적고, 대금 청구시기와 지급시기 사이의 기간이 30일 이내인 경우
	   ㉡ 재화 또는 용역의 공급시기가 세금계산서 발급일이 속하는 과세기간 내(공급받는 자가 조기 환급을 받은 경우에는 세금계산서 발급일부터 30일 이내)에 도래하는 경우
	④ 장기할부판매 등의 경우
	   ㉠ 장기할부판매로 재화를 공급하거나 장기할부조건부로 용역을 공급하는 경우의 공급시기
	   ㉡ 전력이나 그 밖에 공급단위를 구획할 수 없는 재화를 계속적으로 공급하는 경우의 공급시기
	   ㉢ 공급단위를 구획할 수 없는 용역을 계속적으로 공급하는 경우의 공급시기
	
	2) 월합계 세금계산서(➡원칙적인 공급시기 이후에 세금계산서 발급을 허용하는 경우)
	 다음에 해당하는 경우에는 재화 또는 용역의 공급일이 속하는 달의 **다음 달 10일**(그 날이 공휴일 또는 토요일인 경우에는 바로 다음 영업일을 말한다)까지 세금계산서를 발급할 수 있다.
	
	| 구 분
		사 례 |
		|---|---|
		| ① 거래처별로 1역월의 공급가액을 합계하여 **해당 월의 말일자**를 작성연월일로 하여 세금계산서를 발급하는 경우 | 3월 1일~3월 31일까지의 경우: 3월 31일을 작성연월일로 하여 4월 10일까지 발급 |
		| ② 거래처별로 1역월 이내에서 사업자가 임의로 정한 기간의 공급가액을 합계하여 **그 기간의 종료일자**를 작성연월일로 하여 세금계산서를 발급하는 경우 | 3월 1일~3월 10일, 3월 11일~3월 20일, 3월 21일~3월 31일의 경우: 3월 10일, 3월 20일, 3월 31일을 각각 작성연월일로 하여 4월 10일까지 발급 |
		| ③ 관계 증명서류 등에 따라 실제 거래사실이 확인되는 경우로서 **해당 거래일자**를 작성연월일로 하여 세금계산서를 발급하는 경우 | 3월 15일 매출분 세금계산서 발급누락의 경우: 3월 15일을 작성연월일로 하여 4월 10일까지 발급 |

6. 세금계산서 발급특례

구 분	내 용
① 위탁판매·대리인에 의한 판매의 경우	수탁자 또는 대리인이 재화를 인도할 때에는 **수탁자 또는 대리인이 위탁자 또는 본인의 명의로 세금계산서를 발급**하며, 위탁자 또는 본인이 직접 재화를 인도하는 때에는 위탁자 또는 본인이 세금계산서를 발급할 수 있다. 이 경우 수탁자 또는 대리인의 등록번호를 덧붙여 적어야 한다.
② 위탁매입·대리인에 의한 매입의 경우	공급자가 **위탁자 또는 본인을 공급받는 자로 하여 세금계산서를 발급**한다. 이 경우 수탁자 또는 대리인의 등록번호를 덧붙여 적어야 한다.
③ 위탁자 또는 본인을 알 수 없는 경우	위탁자(본인)는 수탁자(대리인)에게, 수탁자(대리인)는 거래상대방에게 공급한 것으로 보아 세금계산서를 발급한다.
④ 수용으로 인하여 재화가 공급되는 경우	위 ①의 **위탁판매·대리인에 의한 판매의 경우 준용하여** 해당 **사업시행자가** 세금계산서를 발급할 수 있다.
⑤ 용역의 공급에 대한 주선·중개의 경우	위 ①의 위탁판매·대리인에 의한 판매의 경우와 ② 위탁매입·대리인에 의한 매입의 경우를 준용한다.
⑥ 조달물자를 공급하는 경우	「조달사업에 관한 법률」에 따라 물자가 공급되는 경우에는 공급자 또는 세관장이 해당 실수요자에게 직접 세금계산서를 발급하여야 한다. 다만, 물자를 조달할 때에 그 물자의 실수요자를 알 수 없는 경우에는 조달청장에게 세금계산서를 발급하고, 조달청장이 실제로 실수요자에게 그 물자를 인도할 때에는 그 실수요자에게 세금계산서를 발급할 수 있다.
⑦ 한국가스공사가 천연가스를 수입하는 경우	「한국가스공사법」에 따른 한국가스공사가 가스도입판매사업자를 위하여 천연가스(액화한 것을 포함한다)를 직접 수입하는 경우에는 세관장이 해당 가스도입판매사업자에게 직접 세금계산서를 발급할 수 있다.
⑧ 시설대여업자로부터 시설 등을 임차하는 경우	납세의무 있는 사업자가 시설대여업자로부터 시설 등을 임차하고, 그 시설 등을 공급자 또는 세관장으로부터 직접 인도받는 경우에는 공급자 또는 세관장이 그 사업자에게 직접 세금계산서를 발급할 수 있다.
⑨ 전력을 공급받는 명의자와 전력을 실제로 소비하는 자가 서로 다른 경우	전기사업자가 전력을 공급하는 경우로서 전력을 공급받는 명의자와 전력을 실제로 소비하는 자가 서로 다른 경우에 그 전기사업자가 전력을 공급받는 명의자를 공급받는 자로 하여 세금계산서를 발급하고 그 명의자는 발급받은 세금계산서에 적힌 공급가액의 범위에서 전력을 실제로 소비하는 자를 공급받는 자로 하여 세금계산서를 발급하였을 때에는 그 전기사업자가 전력을 실제로 소비하는 자를 공급받는 자로 하여 세금계산서를 발급한 것으로 본다.
⑩ 하치장에서 인도되는 재화	사업자가 하치장으로 반출한 재화를 해당 하치장에서 거래상대자에게 인도하는 경우에 세금계산서는 그 재화를 하치장으로 반출한 사업장을 공급하는 자로 하여 발급하여야 한다(부기통 32-69-3).
⑪ 합병등기일 전 실제 합병한 경우	합병에 따라 소멸하는 법인이 합병계약서에 기재된 합병을 할 날부터 합병등기일까지의 기간에 재화 또는 용역을 공급하거나 공급받는 경우 합병 이후 존속하는 법인 또는 합병으로 신설되는 법인이 세금계산서를 발급하거나 발급받을 수 있다.

7. 수정세금계산서 또는 수정전자세금계산서의 발급

(1) 일반적인 경우

수정발급 사유	내 용
① 처음 공급한 재화가 환입된 경우	**재화가 환입된 날**을 작성일로 적고 비고란에 처음 세금계산서 작성일을 덧붙여 적은 후 붉은색 글씨로 쓰거나 음(陰)의 표시를 하여 발급한다.
② 계약의 해제로 재화 또는 용역이 공급되지 아니한 경우	계약이 해제된 때에 그 작성일은 **계약해제일**로 적고 비고란에 처음 세금계산서 작성일을 덧붙여 적은 후 붉은색 글씨로 쓰거나 음(陰)의 표시를 하여 발급한다.
③ 계약의 해지 등에 따라 공급가액에 추가되거나 차감되는 금액이 발생한 경우	**증감 사유가 발생한 날**을 작성일로 적고 추가되는 금액은 검은색 글씨로 쓰고, 차감되는 금액은 붉은색 글씨로 쓰거나 음(陰)의 표시를 하여 발급한다.
④ 재화·용역을 공급한 후 공급시기가 속하는 과세기간 종료 후 **25일 이내**에 내국신용장이 개설되었거나 구매확인서가 발급된 경우	내국신용장 등이 개설된 때에 그 작성일은 **처음 세금계산서 작성일**을 적고 **비고란에 내국신용장 개설일** 등을 덧붙여 적어 영세율 적용분은 검은색 글씨로 세금계산서를 작성하여 발급하고, 추가하여 처음에 발급한 세금계산서의 내용대로 세금계산서를 붉은색 글씨로 또는 음(陰)의 표시를 하여 작성하고 발급한다.(➡총 2장을 발급)
⑤ 필요적 기재사항 등이 착오로 잘못 적힌 경우*	**처음에 발급한 세금계산서의 내용대로** 세금계산서를 붉은색 글씨로 쓰거나 음(陰)의 표시를 하여 발급하고, 수정하여 발급하는 세금계산서는 검은색 글씨로 작성하여 발급한다.(➡총 2장을 발급)
⑥ 필요적 기재사항 등이 착오 외의 사유로 잘못 적힌 경우*	재화나 용역의 **공급일이 속하는 과세기간에 대한 확정신고기한 다음 날부터 1년 이내에 세금계산서를 작성**하되, **처음에 발급한 세금계산서의 내용대로** 세금계산서를 붉은색 글씨로 쓰거나 음(陰)의 표시를 하여 발급하고, 수정하여 발급하는 세금계산서는 검은색 글씨로 작성하여 발급한다. (➡총 2장을 발급)
⑦ 세율을 잘못 적용하여 발급한 경우*	**처음에 발급한 세금계산서의 내용대로** 세금계산서를 붉은색 글씨로 쓰거나 음(陰)의 표시를 하여 발급하고, 수정하여 발급하는 세금계산서는 검은색 글씨로 작성하여 발급한다.(➡총 2장을 발급)
⑧ 착오로 전자세금계산서를 이중으로 발급한 경우	**처음에 발급한 세금계산서의 내용대로** 음(陰)의 표시를 하여 발급한다.
⑨ 면세 등 발급대상이 아닌 거래 등에 대하여 발급한 경우	**처음에 발급한 세금계산서의 내용대로** 붉은색 글씨로 쓰거나 음(陰)의 표시를 하여 발급한다.

* 다만, 다음 어느 하나에 해당하는 경우로서 과세표준 또는 세액을 경정할 것을 미리 알고 있는 경우는 제외함.
　① 세무조사의 통지를 받은 경우
　② 세무공무원이 과세자료의 수집 또는 민원 등을 처리하기 위하여 현지출장이나 확인업무에 착수한 경우
　③ 세무서장으로부터 과세자료 해명안내 통지를 받은 경우
　④ 그 밖에 위의 규정에 따른 사항과 유사한 경우

(2) 과세유형이 전환 및 폐업의 경우

구 분	내 용
① 일반과세자 → 간이과세자	처음에 발급한 세금계산서 작성일을 수정세금계산서 또는 수정전자세금계산서의 작성일로 적고, 비고란에 사유 발생일을 덧붙여 적은 후 추가되는 금액은 검은색 글씨로 쓰고 차감되는 금액은 붉은색 글씨로 쓰거나 음(陰)의 표시를 하여 수정세금계산서나 수정전자세금계산서를 발급할 수 있다.
② 간이과세자 → 일반과세자	처음에 발급한 세금계산서 작성일을 수정세금계산서 또는 수정전자세금계산서의 작성일로 적고, 비고란에 사유 발생일을 덧붙여 적은 후 추가되는 금액은 검은색 글씨로 쓰고 차감되는 금액은 붉은색 글씨로 쓰거나 음(陰)의 표시를 해야 한다.
③ 폐업한 자	재화 또는 용역의 공급에 대하여 세금계산서를 발급하였으나 수정세금계산서 발급사유가 발생한 때에 공급받는 자 또는 공급자가 폐업한 경우에는 수정세금계산서를 발급할 수 없다. 이 경우 이미 공제받은 매입세액 또는 납부한 매출세액은 납부세액에서 차가감하여야 한다.

8. 세금계산서 발급의무의 면제

(1) 세금계산서 발급이 어렵거나 불필요한 경우
(2) 세금계산서를 발급할 수 없는 경우(세금계산서 발급 금지 업종)
(3) 신용카드매출전표 등을 발급한 경우

(1) 세금계산서 발급이 어렵거나 불필요한 경우

구 분	내 용
최종 소비자 대상 업종	① **택시운송 사업자, 노점 · 행상**을 하는 사람, **무인자동판매기**를 이용하여 재화나 용역을 공급하는 자 ② 전력이나 도시가스를 실제로 소비하는 자(사업자가 아닌 자로 한정)를 위하여 전기사업자 또는 도시가스사업자로부터 전력이나 도시가스를 공급받는 명의자 ③ 도로 및 관련시설 운영용역을 공급하는 자(다만, 공급받는 자로부터 세금계산서 발급을 요구받은 경우는 제외) ④ **소매업** 또는 **미용 · 욕탕 · 유사 서비스업**을 경영하는 자가 공급하는 재화 · 용역(다만, 소매업의 경우에는 공급받는 자가 세금계산서 **발급을 요구하지 아니하는 경우로 한정함**) ⑤ 「전자서명법」에 따른 전자서명인증사업자가 인증서를 발급하는 용역을 제공하는 경우 (다만, 공급받는 자가 사업자로서 세금계산서의 발급을 요구하는 경우는 제외)

재화의 간주공급	**자가공급**(면세전용, 개별소비세 과세대상 자동차 관련 재화), **개인적 공급, 사업상증여, 폐업시 잔존재화**(➡타사업장반출의 경우에는 세금계산서 발급 대상임)
간주 임대료	부동산임대에 따른 **간주임대료**에 대한 부가가치세를 임대인·임차인 중 어느 편이 부담하는지에 관계없이 세금계산서를 발급하거나 발급받을 수 없다.(➡실제 임대료는 세금계산서 발급 대상임)

영세율
적용대상
	① 재화의 수출(➡단, 원료를 대가 없이 국외의 수탁가공 사업자에게 반출하여 가공한 재화를 국내사업자에게 양도하는 경우에 그 원료의 반출, 내국신용장·구매확인서에 의하여 공급하는 재화, 한국국제협력단·한국국제보건의료재단·대한적십자사에 공급하는 재화는 세금계산서 발급 대상임)
	② 용역의 국외공급(공급받는 자가 국내에 사업장이 없는 비거주자 또는 외국법인인 경우)
	③ 외국항행용역의 공급(공급받는 자가 국내에 사업장이 없는 비거주자 또는 외국법인인 경우와 항공기의 외국항행용역 및 상업서류 송달용역으로 한정됨)
	④ 다음의 외화 획득 재화·용역(➡단, 수출재화임가공용역은 세금계산서 발급 대상임)
	   ⊙ 국내에서 국내사업장이 **없는** 비거주자·외국법인에 공급되는 일정한 재화·용역으로서 그 대금을 외국환은행에서 원화로 받거나 기획재정부령으로 정하는 방법으로 받는 것
	   ⓒ 비거주자·외국법인의 국내사업장이 있는 경우에 국내에서 **국외의 비거주자·외국법인과 직접 계약**하여 공급하는 일정한 재화·용역으로서 그 대금을 해당 국외 **비거주자·외국법인으로부터 외국환은행에서 원화로 받거나** 기획재정부령으로 정하는 방법으로 받는 경우
	   ⓒ 외국을 항행하는 선박·항공기·원양어선에 공급하는 재화·용역(공급받는 자가 국내에 사업장이 없는 비거주자·외국법인인 경우로 한정함)
	   ② 우리나라에 상주하는 국제연합군·미합중국군대에 공급하는 재화·용역
	   ◎ 우리나라에 상주하는 외교공관, 영사기관, 국제연합과 이에 준하는 국제기구 등의 외교공관 등에 재화·용역을 공급하는 경우
	   ⊎ 종합여행업자가 외국인 관광객에게 공급하는 관광알선용역. 다만, 외국인 관광객과의 거래임이 확인되는 것으로서 그 대가를 외국환은행에서 원화로 받는 경우로 한정한다.

기타	① 전자적 용역을 공급하는 국외사업자로서 간편사업자등록을 한 사업자가 국내에 공급하는 전자적 용역
	② 그 밖에 국내사업장이 **없는** 비거주자·외국법인에 공급하는 재화·용역. 다만, 다음 어느 하나에 해당하는 경우는 제외한다.
	   ⊙ 국내사업장이 없는 비거주자 또는 외국법인이 해당 외국의 개인사업자 또는 법인사업자임을 증명하는 서류를 제시하고 세금계산서 발급을 요구하는 경우 (신설)
	   ⓒ 「법인세법」에 따른 외국법인연락사무소에 재화 또는 용역을 공급하는 경우 (신설)

핵심정리

■ 간주공급의 경우

구 분			세금계산서 발급
자가 공급	면세전용		×
	개별소비세 과세대상 자동차관련 재화		×
	판매목적 타사업장 반출	원 칙	○
		예외: 주사업장 총괄납부·사업자단위 과세사업자의 경우 → 간주공급×	×
		예외: 주사업장총괄납부사업자가 세금계산서를 발급한 경우 → 간주공급○	○
개인적 공급			×
사업상 증여			×
폐업시 잔존재화			×

핵심정리

■ 영세율 세금계산서를 발급하는 경우

① 내국신용장·구매확인서에 의하여 공급하는 재화
② 수출재화임가공용역
③ 한국국제협력단·한국국제보건의료재단·대한적십자사에 공급하는 재화
④ 용역의 국외공급(공급받는 자가 국내에 사업장이 없는 비거주자·외국법인인 경우는 제외함)
⑤ 외국항행용역의 공급(공급받는 자가 국내에 사업장이 없는 비거주자·외국법인인 경우는 제외함)
⑥ 외국을 항행하는 선박·항공기·원양어선에 공급하는 재화·용역(공급받는 자가 국내에 사업장이 없는 비거주자·외국법인인 경우는 제외함)
⑦ 원료를 대가 없이 국외의 수탁가공 사업자에게 반출하여 가공한 재화를 국내 사업자에게 양도하는 경우에 그 원료의 반출(➡취지: 원료를 대가 없이 국외수탁가공 사업자에게 반출하여 그 원료로 가공된 재화가 국내사업자에게 공급되므로 공급받는 자와 공급자의 거래와 관련된 신고를 검증하기 위하여 반출하는 해당 원료에 대해서는 세금계산서를 발급하도록 함)

(2) 세금계산서를 발급할 수 없는 경우

다음에 해당하는 사업(세금계산서 발급 금지업종)을 경영하는 사업자는 영수증만 발급할 수 있으며, 재화·용역을 공급받는 자가 사업자등록증을 제시하고 세금계산서의 발급을 요구하더라도 세금계산서를 발급할 수 없다.(➡세금계산서를 발급받더라도 매입세액을 공제받지 못함)
① 목욕·이발·미용업
② 여객운송업(전세버스운송사업은 제외)
③ 입장권을 발행하여 경영하는 사업
④ 미용목적 성형수술 등 부가가치세가 과세되는 진료용역을 공급하는 사업
⑤ 부가가치세가 과세되는 수의사가 제공하는 동물의 진료용역(애완견 진료용역)
⑥ 무도학원, 자동차운전학원의 용역을 공급하는 사업
⑦ 전자적 용역을 공급하는 국외사업자로서 간편사업자등록을 한 사업자가 국내에 전자적 용역을 공급하는 사업

  * 다만, 위의 사업자가 감가상각자산 또는 ①~⑥에 따른 역무 외의 역무를 공급하는 경우에 공급받는 사업자가 사업자등록증을 제시하고 세금계산서의 발급을 요구할 때에는 세금계산서를 발급하여야 한다.

(3) 신용카드매출전표 등을 발급한 경우

세금계산서 발급 금지업종 외의 사업을 경영하는 사업자로서 간이과세자 중 직전 연도의 공급대가의 합계액(직전 과세기간에 신규로 사업을 시작한 개인사업자의 경우 12개월로 환산한 금액)이 4천800만원 미만인 자 및 신규 사업개시자에 해당하지 않는 사업자가 신용카드매출전표 등을 발급한 경우에는 매입세액을 이중 공제받는 것을 방지하기 위하여 세금계산서를 발급하지 아니한다.

2 영수증

1. 영수증 발급대상자

구분	내용
개요	다음의 어느 하나에 해당하는 자가 재화·용역을 공급(부가가치세가 면제되는 재화·용역의 공급은 제외)하는 경우에는 재화·용역의 공급시기에 그 공급을 받은 자에게 세금계산서를 발급하는 대신 영수증을 발급하여야 한다.
영수증 발급 대상자	1) 간이과세자 ① 직전 연도의 공급대가의 합계액(직전 과세기간에 신규로 사업을 시작한 개인사업자에 대하여는 그 사업 개시일로부터 그 과세기간 종료일까지의 공급대가를 합한 금액을 12개월로 환산한 금액)이 4,800만원 미만인 자 * 영수증 발급에 관한 규정이 적용되거나 적용되지 아니하게 되는 기간: 1역년(歷年)의 공급대가의 합계액(신규로 사업을 시작한 개인사업자의 경우 환산한 금액)이 4천800만원에 미달하거나 그 이상이 되는 해의 다음 해의 7월 1일부터 그 다음 해의 6월 30일까지로 한다. ② 신규로 사업을 시작하는 개인사업자로서 간이과세자로 하는 최초의 과세기간 중에 있는 자 * 영수증 발급에 관한 규정이 적용되는 기간: 사업 개시일로부터 사업을 시작한 해의 다음 해의 6월 30일까지로 한다. 2) 최종소비자 대상 업종을 영위하는 사업자 주로 사업자가 아닌 자에게 재화·용역을 공급하는 영수증 발급대상 사업자

제5절 거래징수와 세금계산서

핵심정리

■ **영수증 발급대상 사업자**

영수증만 발급할 수 있으며 세금계산서를 발급할 수 없는 경우	영수증을 발급하지만, 재화·용역을 공급받는 자가 사업자등록증을 제시하고 세금계산서의 발급을 요구하면 세금계산서를 발급할 수 있는 경우
① 미용·욕탕·유사 서비스업 ② 여객운송업(전세버스운송사업은 제외) ③ 입장권을 발행하여 경영하는 사업 ④ 미용목적 성형수술 등 부가가치세가 과세(요양급여의 대상에서 제외)되는 진료용역을 공급하는 사업 ⑤ 부가가치세가 과세되는 수의사가 제공하는 동물의 진료용역(애완견 진료용역) ⑥ 무도학원, 자동차운전학원의 용역을 공급하는 사업 ⑦ 전자적 용역을 공급하는 국외사업자로서 간편사업자등록을 한 사업자가 국내에 전자적 용역을 공급하는 사업	① 소매업 ② 음식점업(다과점업을 포함) ③ 숙박업 ④ 여객운송업 중 전세버스운송사업 ⑤ 변호사업, 공인회계사업, 세무사업, 의사업 등 그 밖에 이와 유사한 사업서비스업 및 행정사업 (사업자에게 공급하는 것은 제외) ⑥ 우정사업조직이 소포우편물을 방문접수 하여 배달하는 용역을 공급하는 사업 ⑦ 인증서를 발급하는 사업 ⑧ 주로 사업자가 아닌 소비자에게 재화·용역을 공급하는 사업으로서 기획재정부령으로 정하는 사업[*1] ⑨ 전기사업자가 산업용이 아닌 전력을 공급하는 경우 등 대통령령으로 정하는 경우[*2] ⑩ 영수증만 발급할 수 있으며 세금계산서를 발급할 수 없는 경우에 해당하는 역무를 제공하는 사업자(왼쪽 ①~⑥)가 감가상각자산 또는 왼쪽 ①~⑥ 외의 역무를 공급하는 경우

[*1] ① 기획재정부령으로 정하는 사업이란 다음의 사업을 말한다.
㉠ 도정업과 떡류 제조중 떡방앗간 ㉡ 양복점업, 양장점업 및 양화점업 ㉢ 주거용 건물공급업(주거용 건물을 자영건설 하는 경우를 포함함) ㉣ 운수업과 주차장 운영업 ㉤ 부동산중개업 ㉥ 사회서비스업과 개인서비스업 ㉦ 가사서비스업 ㉧ 도로 및 관련시설 운영업 ㉨ 자동차 제조업 및 자동차 판매업 ㉩ 주거용 건물 수리·보수 및 개량업 ㉪ 그 밖에 위와 유사한 사업으로서 세금계산서를 발급할 수 없거나 발급하는 것이 현저히 곤란한 사업
② 다만, 자동차 제조업 및 자동차 판매업을 경영하는 사업자가 영수증을 발급하였으나, 공급을 받는 사업자가 해당 재화를 공급받은 날이 속하는 과세기간의 다음 달 10일까지 사업자등록증을 제시하고 세금계산서 발급을 요구하는 때에는 세금계산서를 발급하여야 한다. 이 경우 처음에 발급한 영수증은 발급되지 않은 것으로 본다.

[*2] 전기사업자가 산업용이 아닌 전력을 공급하는 경우 등 대통령령으로 정하는 경우란 다음의 어느 하나에 해당하는 경우를 말한다.
① 임시사업장을 개설한 사업자가 그 임시사업장에서 사업자가 아닌 소비자에게 재화·용역을 공급하는 경우
② 전기사업자가 산업용이 아닌 전력을 공급하는 경우
③ 전기통신사업자가 전기통신역무를 제공하는 경우. 다만, 부가통신사업자가 통신판매업자에게 부가통신역무를 제공하는 경우는 제외함.
④ 도시가스사업자가 산업용이 아닌 도시가스를 공급하는 경우
⑤ 집단에너지를 공급하는 사업자가 산업용이 아닌 열 또는 산업용이 아닌 전기를 공급하는 경우
⑥ 방송사업자가 사업자가 아닌 자에게 방송용역을 제공하는 경우
⑦ 인터넷 멀티미디어 방송 제공사업자가 사업자가 아닌 자에게 방송용역을 제공하는 경우

2. 간이과세자의 영수증 발급

구분	내용
간이과세자의 영수증 발급 적용기간	① 계속사업자: 영수증 발급에 관한 규정이 적용되거나 적용되지 아니하게 되는 기간은 1역년(歷年)의 공급대가의 합계액(신규로 사업을 시작한 개인사업자의 경우 환산한 금액)이 4천 800만원에 미달하거나 그 이상이 되는 해의 다음 해의 7월 1일부터 그 다음 해의 6월 30일까지로 한다. ② 신규사업자: 영수증 발급에 관한 규정이 적용되는 기간은 사업개시일로부터 사업을 시작한 해의 다음 해의 6월 30일까지로 한다.
간이과세자의 영수증 발급 적용기간 통지	영수증 발급에 관한 규정이 적용되거나 적용되지 않게 되는 사업자의 관할 세무서장은 해당 기간이 시작되기 20일 전까지 영수증 발급에 관한 규정이 적용되거나 적용되지 않게 되는 사실을 그 사업자에게 통지해야 하고, 사업자등록증을 정정하여 과세기간 개시 당일까지 발급해야 한다.
간이과세자가 영수증을 발급한 경우	간이과세자인 사업자가 영수증 발급 적용기간에 재화 또는 용역을 공급한 경우에는 세금계산서를 발급하지 아니한다.

③ 신용카드매출전표 및 현금영수증

구 분	내 용
신용카드매출전표 등의 발급	영수증 발급대상 사업을 영위하는 사업자가 부가가치세가 과세되는 재화·용역을 공급하고 세금계산서의 발급시기에 발급한 신용카드매출전표, 현금영수증, 직불카드영수증, 선불카드영수증(실제 명의가 확인되는 것으로 한정), 직불전자지급수단 영수증, 선불전자지급수단 영수증(실제 명의가 확인되는 것으로 한정)등은 세금계산서를 발급하는 대신 발급한 영수증으로 본다.

신용카드매출전표 발급 등에 대한 세액공제 (공급자의 혜택)	1) 세액공제대상 다음에 해당하는 사업자가 부가가치세가 과세되는 재화 또는 용역을 공급하고 세금계산서의 발급시기에 신용카드매출전표, 현금영수증 등을 발급하거나 전자적 결제수단에 의하여 대금을 결제 받는 경우에는 일정한 금액을 납부세액에서 공제한다. ① 주로 사업자가 아닌 자에게 재화 또는 용역을 공급하는 사업으로서 영수증 발급 대상 사업을 영위하는 사업자(**법인사업자와 직전 연도의 재화 또는 용역의 공급가액의 합계액이 사업장을 기준으로 10억원을 초과하는 개인사업자는 제외한다**) ② 간이과세자 중 다음의 어느 하나에 해당하는 자 ㉠ 직전 연도의 공급대가의 합계액(직전 과세기간에 신규로 사업을 시작한 개인사업자에 대하여는 그 사업개시일로부터 그 과세기간 종료일까지의 공급대가를 합한 금액을 12개월로 환산한 금액)이 4천800만원 미만인 자 ㉡ 신규로 사업을 시작하는 개인사업자로서 간이과세자로 하는 최초의 과세기간 중에 있는 자 2) 공제금액 및 한도 ① 공제금액: 발급금액·결제금액×1%(2023년 12월 31일까지는 1.3%) ② 한도: 연간 500만원(2023년 12월 31일까지는 1,000만원) 3) 이 경우 공제받는 금액이 그 금액을 차감하기 전의 납부할 세액(가산세 제외)을 초과하면 **그 초과하는 부분은 없는 것으로 본다.**(➡따라서 초과하는 부분은 환급하지 않는다)
매입세액공제 (공급받는 자의 혜택)	1) 사업자가 일반과세자로부터 재화·용역을 공급받고 **부가가치세액이 별도로 구분**되는 신용카드매출전표 등을 발급받은 경우로서 다음의 요건을 모두 충족하는 경우 그 부가가치세액은 공제할 수 있는 매입세액으로 본다. ① 재화·용역의 **공급자**가 세금계산서 발급 금지업종이외의 사업을 경영할 것 ② 재화·용역의 **공급자**가 간이과세자 중 직전 연도의 공급대가의 합계액이 4천800만원 미만인 자 및 신규 사업개시자로서 영수증을 발급하여야 하는 기간에 발급한 신용카드매출전표 등이 아닐 것 ③ 신용카드매출전표 등 **수령명세서를 제출**할 것 ④ 신용카드매출전표 등을 그 거래사실이 속하는 과세기간에 대한 확정신고기한 후 **5년간 보관**할 것 2) 따라서 세금계산서 발급 금지업종 외의 사업을 경영하는 사업자로서, 간이과세자 중 직전 연도의 공급대가의 합계액(직전 과세기간에 신규로 사업을 시작한 개인사업자의 경우 12개월로 환산한 금액)이 4천800만원 미만인 자 및 신규 사업개시자에 해당하지 않는 사업자가 신용카드매출전표 등을 발급한 경우에는 공급받은 사업자가 사업자등록증을 제시하고 세금계산서 발급을 요구하는 때에도 세금계산서를 발급할 수 없다.(➡이중공제 방지)

제 6 절 과세표준과 매출세액

① 계산구조

구 분		과세표준	세율	세액
과세	세금계산서발급분	×××	10%	×××
	매입자발행세금계산서	×××	10%	×××
	신용카드·현금영수증발행분	×××	10%	×××
	기타(정규 영수증외 매출분)	×××	10%	×××
영세	세금계산서발급분	×××	0%	–
	기타	×××	0%	–
예정신고누락분		×××	–	×××
대손세액가감		–	–	×××
매 출 세 액		×××	–	×××

2 과세표준 계산의 일반원칙

1. 재화·용역의 공급에 대한 과세표준

(1) 일반적인 과세표준

재화·용역의 공급에 대한 부가가치세의 과세표준은 해당 과세기간에 공급한 재화·용역의 공급가액을 합한 금액으로 한다.

1) 공급가액

공급가액이란 대금, 요금, 수수료, 그 밖에 어떤 명목이든 상관없이 재화·용역을 공급받는 자로부터 받는 금전적 가치 있는 모든 것을 포함하되, 부가가치세는 포함하지 아니한다.

구 분		공급가액(과세표준)
금전으로 대가를 받는 경우	원(₩)화	그 대가
	외국통화·외국환	① 공급시기가 되기 **전**에 원화로 환가한 경우: 환가한 금액 (➡기준환율 또는 재정환율에 따라 계산한 금액×)
		② 공급시기 **이후**에 외국통화나 그 밖의 외국환상태로 보유하거나 지급받는 경우: 공급시기의 기준환율 또는 재정환율에 따라 계산한 금액(➡따라서 공급시기 이후 환율변동으로 인하여 증감되는 금액은 해당 과세표준에 영향을 주지 않음)
금전외의 대가를 받는 경우		자기가 공급**한** 재화 또는 용역의 시가

2) 공급가액과 공급대가의 구분

구 분	개 념	과세표준
공급가액	부가가치세를 **제외**한 금액	공급가액
공급대가	부가가치세를 **포함**한 금액 (=공급가액+부가가치세)	공급대가×100/110

(2) 거래형태별 과세표준

구 분	공급가액(과세표준)
외상판매 및 할부판매의 경우	공급한 재화의 총가액
장기할부판매의 경우	계약에 따라 받기로 한 대가의 각 부분
완성도기준지급조건부·중간지급조건부로 재화나 용역을 공급하는 경우	계약에 따라 받기로 한 대가의 각 부분
공급단위를 구획할 수 없는 재화나 용역을 계속적으로 공급하는 경우	
둘 이상의 과세기간에 걸쳐 용역을 제공하고 그 대가를 선불로 받는 경우	해당 금액을 계약기간의 개월 수로 나눈 금액의 각 과세대상기간의 합계액 선불로 받은 금액 $\times \dfrac{\text{각 과세대상기간의 월수}^*}{\text{계약기간의 월수}^*}$
마일리지 등[22]으로 대금의 전부 또는 일부를 결제 받은 경우	다음의 금액을 합한 금액 ① 마일리지 등 외의 수단으로 결제 받은 금액 ② 자기적립마일리지 등 외의 마일리지 등으로 결제 받은 부분에 대하여 재화 또는 용역을 공급받는 자 외의 자로부터 보전 받았거나 보전 받을 금액
사업자가 재화 또는 용역을 공급하고 그 대가로 받은 금액에 부가가치세가 포함되어 있는지가 분명하지 아니한 경우	그 대가로 받은 금액에 110분의 100을 곱한 금액 $(\text{대가로 받은 금액}) \times \dfrac{100}{110}$ * 대가에 부가가치세가 포함되어 있는 것으로 봄.
위탁가공무역 방식으로 수출하는 경우	**완성된 제품의 인도가액**
보상판매	신형 제품의 정상 판매가격
기부채납의 경우	해당 기부채납의 근거가 되는 법률에 따라 기부채납 된 가액 (다만, 기부채납 된 가액에 부가가치세가 포함된 경우 그 부가가치세는 제외함)
매립용역을 제공하는 경우	「공유수면 관리 및 매립에 관한 법률」에 따라 산정한 해당 매립공사에 든 총사업비

* 월수의 계산에 관하여는 해당 계약기간의 개시일이 속하는 달이 1개월 미만이면 1개월로 하고, 해당 계약기간의 종료일이 속하는 달이 1개월 미만이면 산입하지 아니 한다(초월산입·말월불산입).

---

[22] 마일리지 등: 재화 또는 용역의 구입실적에 따라 마일리지, 포인트 또는 그 밖에 이와 유사한 형태로 별도의 대가 없이 적립 받은 후 다른 재화 또는 용역 구입 시 결제수단으로 사용할 수 있는 것과 재화 또는 용역의 구입실적에 따라 별도의 대가 없이 교부받으며 전산시스템 등을 통하여 그 밖의 상품권과 구분 관리되는 상품권을 말한다.

(3) 부당행위계산의 부인

특수관계인에 대한 재화 또는 용역(수탁자가 위탁자의 특수관계인에게 공급하는 신탁재산과 관련된 재화 또는 용역을 포함한다)의 공급이 다음 어느 하나에 해당하는 경우로서 조세의 부담을 부당하게 감소시킬 것으로 인정되는 경우에는 공급한 재화 또는 용역의 시가를 공급가액으로 본다.

구 분	공급가액(과세표준)
① 재화의 공급에 대하여 **부당하게 낮은 대가를 받거나 아무런 대가를 받지 아니한 경우**	공급한 재화·용역의 시가
② 용역의 공급에 대하여 **부당하게 낮은 대가를 받는 경우**	
③ 용역의 공급에 대하여 **대가를 받지 아니하는 경우로서 특수관계인에게 사업용 부동산의 임대용역을 공급하는 경우**	

* 자기적립마일리지 등 외의 마일리지 등으로 대금의 전부 또는 일부를 결제 받은 경우로서 다음의 어느 하나에 해당하는 경우: 공급한 재화 또는 용역의 시가
  ① 결제금액을 보전 받지 아니하고 간주공급 대상 자기생산·취득재화를 공급한 경우
  ② 특수관계인으로부터 부당하게 낮은 금액을 보전 받거나 아무런 금액을 받지 아니하여 조세의 부담을 부당하게 감소시킬 것으로 인정되는 경우

핵심정리

■ 무상·저가공급에 대한 부가가치세 과세표준

구 분		특수관계가 있는 경우	특수관계가 없는 경우
재화의 공급	무상공급	시가 (➡부당행위계산부인 또는 간주공급 규정 적용)	시가 (➡간주공급 규정 적용)
	저가공급	시가	거래금액
용역의 공급	무상공급	과세× * 단, 사업용 부동산의 임대용역을 무상 공급하는 경우: 시가	과세×
	저가공급	시가	거래금액

* 고가공급의 경우: 특수관계 여부를 불문하고, 거래금액을 과세표준으로 함.
* 재화의 무상공급일 경우: 특수관계인에 대한 조세부담 부당감소 목적의 경우에는 시가를 과세표준으로 하고, 그 밖의 경우에는 재화의 간주공급 규정(매입세액공제○→간주공급○, 매입세액공제×→간주공급×)을 적용함.

(4) 과세표준(공급가액)에의 포함여부

과세표준에 포함하는 금액	과세표준에 포함하지 않는 금액
① 장기할부판매·할부판매 경우 **이자상당액**	① **매출에누리·매출환입·매출할인**
② **대가의 일부로 받는** 운송보험료·산재보험료 등	② 공급받는 자에게 **도달하기 전에** 파손되거나 훼손·멸실한 재화의 가액
③ **대가의 일부로 받는** 운송비·포장비·하역비 등	③ 재화 또는 용역의 **공급과 직접 관련되지 아니하는** 국고보조금·공공보조금
④ 개별소비세, 교통·에너지·환경세, 주세가 과세되는 재화·용역의 경우 해당 개별소비세, 교통·에너지·환경세 및 주세와 그 교육세 및 농어촌특별세상당액	④ 공급에 대한 대가의 지급이 지체되었음을 이유로 받는 **연체이자**
⑤ 자기적립마일리지 등23) **외의** 마일리지 등으로 결제 받은 부분에 대하여 재화 또는 용역을 공급받는 자 외의 자로부터 보전 받았거나 보전 받을 금액*	⑤ 용역 등의 **대가와 구분하여 수령**하고 해당 **종업원에게 지급한 사실이 확인되는** 종업원 봉사료
	⑥ **반환조건의 용기대금과 포장비용을 공제한 금액**으로 공급하는 경우 그 용기대금과 포장비용
	⑦ 사업자가 용기 또는 포장의 회수를 보장하기 위하여 받는 **보증금**
	⑧ **공급받는 자가 부담한 원자재** 등의 가액

* 마일리지 등으로 결제 받은 부분에 대해 신용카드사 등으로부터 보전 받을 금액(단, 보전금액이 없거나 특수관계인 간 부당행위에 해당하는 경우: 시가)
* 종업원 봉사료: 사업자가 음식·숙박 용역이나 개인서비스 용역을 공급하고 그 대가와 함께 받는 종업원(자유직업소득자를 포함한다)의 봉사료를 세금계산서, 영수증 또는 신용카드매출전표 등에 **그 대가와 구분하여 적은 경우로서 봉사료를 해당 종업원에게 지급한 사실이 확인되는 경우**에는 그 봉사료는 공급가액에 포함하지 아니한다. **다만, 사업자가 그 봉사료를 자기의 수입금액에 계상하는 경우에는 그러하지 아니하다.**
* 반환하기로 한 포장용기 등의 과세표준 계산
  ① 사업자가 용기 또는 포장의 회수를 보장하기 위하여 받는 보증금 등은 과세표준에 포함하지 아니한다.
  ② 반환조건으로 공급한 용기 및 포장을 회수할 수 없어 그 용기대금과 포장비용을 변상금 형식으로 변제받을 때에는 과세표준에 포함한다(통칙 13-48-5).

---

23) 자기적립마일리지 등: 당초 재화·용역을 공급하고 마일리지 등을 적립(다른 사업자를 통하여 적립하여 준 경우를 포함한다)해 준 사업자에게서 구입할 때에만 사용할 수 있는 마일리지 등을 말한다. 다만, 여러 사업자가 적립하여 줄 수 있거나 여러 사업자를 대상으로 사용할 수 있는 마일리지 등의 경우 다음의 요건을 모두 충족한 경우로 한정한다.
  ① 고객별·사업자별로 마일리지 등의 적립 및 사용 실적을 구분하여 관리하는 등의 방법으로 당초 공급자와 이후 공급자가 같다는 사실이 확인될 것
  ② 사업자가 마일리지 등으로 결제 받은 부분에 대하여 재화 또는 용역을 공급받는 자 외의 자로부터 보전 받지 아니할 것

(5) 공급가액(과세표준)에서 공제하지 않는 것

① 거래처와 사전약정에 따라 일정기간의 수금실적 및 판매실적에 따라 거래처에 지급하는 **장려금**
② 재화·용역을 공급한 후 그 공급가액에 대한 **대손금**(➡ 대손세액공제로 차감함)
③ 건설용역 대가의 일부인 **하자보증금과 유보금**
④ 수출대가의 일부로 받는 관세환급금

* 판매장려금의 처리방법
  ① 지급하는 경우: 사업자가 자기재화의 판매촉진을 위하여 거래상대자의 판매실적에 따라 일정률의 장려금품을 지급 또는 공급하는 경우 금전으로 지급하는 장려금은 과세표준에서 공제하지 아니하며, 재화로 공급하는 것은 사업상 증여에 해당하므로 과세한다.
  ② 지급받는 경우: 재화 또는 용역을 공급받는 사업자가 할인받는 금액 또는 지급받는 장려금은 재화 또는 용역의 공급에 대한 대가가 아니므로 과세하지 아니한다.

2. 재화의 수입에 대한 과세표준

1) 재화 수입의 경우

> 과세표준 = 관세의 과세가격+관세+개별소비세+주세+교통·에너지·환경세+교육세+농어촌특별세

2) 사업자가 보세구역 내에 보관된 재화를 다른 사업자에게 공급하고, 그 재화를 공급받은 자가 그 재화를 보세구역으로부터 반입하는 경우

그 재화의 공급가액에서 세관장이 부가가치세를 징수하고 발급한 수입세금계산서에 적힌 공급가액을 뺀 금액으로 한다. 다만, 세관장이 부가가치세를 징수하기 전에 같은 재화에 대한 선하증권이 양도되는 경우에는 선하증권의 양수인으로부터 받은 대가를 공급가액으로 할 수 있다.

> 과세표준 = 재화의 공급가액 − 수입세금계산서에 적힌 공급가액

③ 재화의 공급의제에 대한 과세표준

구 분	과세표준(공급가액)
판매목적 타사업장 반출의 경우	① 원칙: 「소득세법」 또는 「법인세법」에 따른 취득가액 ② 취득가액에 일정액을 더하여 공급하는 경우: 취득가액+일정액을 더한 금액 ③ 개별소비세, 주세, 교통·에너지·환경세가 부과되는 재화: 개별소비세, 주세, 교통·에너지·환경세의 과세표준에 해당 개별소비세, 주세, 교통·에너지·환경세 및 그 교육세, 농어촌특별세를 합계한 금액
위 외의 경우	① 비상각자산의 경우: 시가 ② 감가상각자산의 경우 　㉠ 일반적인 경우 　　취득가액×(1−감가율×경과된 과세기간 수) 　㉡ 면세사업에 일부 전용한 경우 　　취득가액×(1−감가율×경과된 과세기간 수)×전용한 과세기간의 $\frac{면세공급가액}{총공급가액}$ 　* 면세사업에 의한 면세공급가액이 총공급가액 중 5% 미만인 경우: 공급가액이 없는 것으로 봄.

* 판매목적 타사업장반출의 경우: 판매목적 타사업장반출의 경우에는 매입세액의 공제여부에 관계없이 재화의 공급으로 의제되므로 취득가액 또한 매입세액공제 여부와 관계없이 「소득세법」 또는 「법인세법」에 따른 취득가액으로 한다.
* 위 외의 경우: 판매목적 타사업장반출 이외의 경우에는 매입세액 공제를 받은 경우에 한하여 재화의 공급으로 의제되므로 취득가액 또한 매입세액을 공제받은 해당 재화의 가액으로 한다. 따라서 취득세, 건설자금이자 등 매입세액을 공제받지 못한 금액은 취득가액에서 제외한다.
* 감가율: ① 건물·구축물의 경우: 5%(경과된 과세기간의 수가 20을 초과할 때에는 20으로 함)
　　　　② 기타 감가상각자산: 25%(경과된 과세기간의 수가 4를 초과할 때에는 4로 함)
* 경과된 과세기간의 수: 경과된 과세기간의 수를 계산할 때 과세기간의 개시일 후에 감가상각자산을 취득하거나 해당 재화가 공급된 것으로 보게 되는 경우에는 그 과세기간의 개시일에 해당 재화를 취득하거나 해당 재화가 공급된 것으로 본다.

④ 과세표준 계산의 특례

1. 토지와 건물을 일괄공급하는 경우

사업자가 토지(면세대상)와 그 토지에 정착된 건물·구축물(과세대상) 등을 함께 공급하는 경우에는 다음의 가액을 공급가액(건물·구축물의 가액)으로 한다.

(1) 토지·건물 등의 실지거래가액의 구분이 분명한 경우

사업자가 토지와 그 토지에 정착된 건물 또는 구축물 등을 함께 공급하는 경우에는 **건물 또는 구축물 등의 실지거래가액**을 공급가액으로 한다.

(2) 토지·건물 등의 실지거래가액의 구분이 불분명한 경우

다음 어느 하나에 해당하는 경우에는 대통령령으로 정하는 바에 따라 안분계산한 금액을 공급가액으로 한다.

① 실지거래가액 중 토지의 가액과 건물 또는 구축물 등의 가액의 구분이 불분명한 경우
② 사업자가 실지거래가액으로 구분한 토지와 건물 또는 구축물 등의 가액이 대통령령으로 정하는 바에 따라 안분계산한 금액과 30% 이상 차이가 있는 경우*

* 다만, 다음 어느 하나에 해당하는 경우에는 건물등의 실지거래가액을 공급가액으로 한다.
    ㉠ 다른 법령에서 정하는 바에 따라 토지와 건물등의 가액을 구분한 경우
    ㉡ 토지와 건물등을 함께 공급받은 후 건물등을 철거하고 토지만 사용하는 경우

구 분		안분계산방법
〈1순위〉 감정평가가액*이 있는 경우		그 가액에 비례하여 안분 계산한 금액
감정평가가액이 없는 경우	〈2순위〉 기준시가 모두 있는 경우	공급계약일 현재의 기준시가에 따라 계산한 가액에 비례하여 안분 계산한 금액
	어느 하나 또는 모두의 기준시가가 없는 경우	〈3순위〉 장부가액 〈4순위〉 취득가액 * **〈3순위〉, 〈4순위〉의 경우 장부가액 또는 취득가액에 비례하여 안분계산한 후** 기준시가가 있는 자산에 대해서는 그 합계액을 다시 기준시가에 의하여 안분계산한 금액
위의 규정을 적용할 수 없거나 적용하기 곤란한 경우		국세청장이 정하는 바에 따라 안분하여 계산한 금액

* 감정평가가액: 공급시기(중간지급조건부 또는 장기할부판매의 경우는 최초 공급시기)가 속하는 과세기간의 **직전 과세기간 개시일부터 공급시기가 속하는 과세기간의 종료일까지** 감정평가업자가 평가한 감정평가가액을 말한다.

2. 부동산 임대용역을 공급하는 경우

(1) 일반적인 경우

구 분	내 용
개요	사업자가 부동산 임대용역을 공급하는 경우 공급가액=임대료+간주임대료+관리비수입 금액으로 한다.
임대료	① 임대료는 해당 과세기간에 **받기로 한 금액**을 공급가액으로 한다. ② 사업자가 둘 이상의 과세기간에 걸쳐 부동산 임대용역을 공급하고 그 대가를 **선불** 또는 **후불**로 받는 경우에는 **해당 금액을 계약기간의 월수로 나눈 금액의 각 과세대상기간의 합계액**을 공급가액으로 한다. $$공급가액 = 선불·후불로 받는 임대료 \times \frac{각\ 과세대상기간의\ 월수^*}{계약기간의\ 월수^*}$$ * 개월 수의 계산에 관하여는 해당 계약기간의 개시일이 속하는 달이 1개월 미만이면 1개월로 하고, 해당 계약기간의 종료일이 속하는 달이 1개월 미만이면 산입하지 아니함(초월산입·말월불산입)
간주 임대료	사업자가 부동산 임대용역을 공급하고 **전세금 또는 임대보증금을 받는 경우**에는 금전 외의 대가를 받는 것으로 보아 다음 계산식에 따라 계산한 금액을 공급가액으로 한다. $$간주임대료 = 보증금\ 등의\ 적수 \times 정기예금이자율^* \times \frac{1}{365(366)}$$ * 정기예금 이자율은 해당 예정신고기간 또는 과세기간 종료일 현재 계약기간 1년의 정기예금 이자율(현재 2.9%)을 말함.
관리비 수입	사업자가 부동산을 관리해 주는 대가로 받는 보험료·수도료 및 공공요금 등의 관리비는 다음과 같이 처리한다. {{TABLE}}

구 분	공급가액(과세표준)
① 부동산임대료와 관리비 등을 **구분하지 아니하고** 영수하는 경우	관리비 전체 금액
② 부동산임대료와 관리비 등을 **별도로 구분 징수**하는 경우	공급가액으로 보지 않음 (➡ 납입대행에 해당)

(2) 겸용주택을 임대하는 경우

과세되는 부동산 임대용역과 면세되는 주택 임대용역을 함께 공급하는 경우에는 다음과 같이 공급가액을 계산한다.

제6절 과세표준과 매출세액

구 분	내 용
1) 임대료 등의 구분이 분명한 경우	실지귀속에 따라 과세되는 부동산의 임대료 등을 공급가액으로 한다.
2) 임대료 등의 구분이 불분명한 경우	다음을 순차로 적용하여 공급가액을 계산한다. 〈1순위〉 총 임대료의 계산 　총임대료=임대료+간주임대료+관리비수입 〈2순위〉 토지분·건물분 임대료의 안분계산 　① 토지분 임대료 = 총 임대료 × $\dfrac{\text{토지 기준시가}^*}{\text{토지 기준시가}^* + \text{건물 기준시가}^*}$ 　② 건물분 임대료 = 총 임대료 × $\dfrac{\text{건물 기준시가}^*}{\text{토지 기준시가}^* + \text{건물 기준시가}^*}$ * 예정신고기간 또는 과세기간이 끝나는 날 현재의 기준시가에 따름. 〈3순위〉 상가분(과세)·주택(면세)분 임대료의 안분계산 　① 토지임대 공급가액 = 토지분 임대료 × $\dfrac{\text{과세되는 토지임대면적}^*}{\text{총 토지 임대면적}^*}$ 　② 건물임대 공급가액 = 건물분 임대료 × $\dfrac{\text{과세되는 건물임대면적}^*}{\text{총 건물 임대면적}^*}$ * 토지임대면적 및 건물임대면적이 예정신고기간 또는 과세기간 중에 변동된 경우에는 그 예정신고기간 또는 과세기간 중의 해당 면적의 적수에 따라 계산한 면적으로 함. ➡ 공급가액 = 과세대상 토지임대 공급가액 + 과세대상 건물임대 공급가액

> **핵심정리**
>
> ■ 임대료 등의 구분이 불분명한 경우에는 기준시가를 기준으로 하여 다음과 같이 계산한다.
>
> ① 토지분 공급가액: 총 임대료 × $\dfrac{\text{토지 기준시가}}{\text{토지 기준시가}+\text{건물 기준시가}}$ × $\dfrac{\text{과세되는 토지임대면적}}{\text{총 토지임대면적}}$
>
> ② 건물분 공급가액: 총 임대료 × $\dfrac{\text{건물 기준시가}}{\text{토지 기준시가}+\text{건물 기준시가}}$ × $\dfrac{\text{과세되는 건물임대면적}}{\text{총 건물임대면적}}$

5 대손세액

구 분	내 용
공제요건	① 공제대상 매출채권: **부가가치세가 과세되는 재화·용역에 대한 채권** 등으로서 각 과세기간의 과세표준에 반영되어 있는 것 　➡ 주의: 대여금에 대한 매출채권은 공제대상이 아님.

	② 대손사유 　㉠「소득세법」・「법인세법」에 따라 대손금으로 인정되는 경우 　㉡「채무자 회생 및 파산에 관한 법률」에 따른 법원의 회생계획인가 결정에 따라 채무를 출자전환하는 경우. 이 경우 대손되어 회수할 수 없는 금액은 출자전환하는 시점의 출자전환된 매출채권 **장부가액**과 출자전환으로 취득한 주식 또는 출자지분의 **시가**와의 차액으로 한다. ③ 대손확정기한: 부가가치세가 과세되는 재화・용역을 공급한 후 그 **공급일로부터 10년이 지난 날이 속하는 과세기간에 대한 확정신고기한까지** 위 ②의 사유로 확정되는 대손세액(결정 또는 경정으로 증가된 과세표준에 대하여 부가가치세액을 납부한 경우 해당 대손세액을 포함한다)에 한하여 공제한다. ④ 증명서류 제출: **확정신고와 함께** 대손세액공제 신고서와 대손금액이 발생한 사실을 증명하는 서류를 제출하는 경우에만 적용한다.
대손세액	$$대손세액 = 대손금액(부가가치세 포함) \times \frac{10}{110}$$
처리방법	<table><tr><th>구 분</th><th>공급자</th><th>공급받는 자</th></tr><tr><td>매출・매입시</td><td>매출세액으로 납부함</td><td>매입세액으로 공제받음</td></tr><tr><td>대손확정시</td><td>대손이 확정된 날이 속하는 과세기간의 납부할 매출세액에서 뺄 수 있음.</td><td>대손이 확정된 날이 속하는 과세기간의 공제받을 매입세액에서 뺌</td></tr><tr><td>대손금의 회수・변제시</td><td>회수한 날이 속하는 과세기간의 납부할 매출세액에 더함.</td><td>변제한 날이 속하는 과세기간의 공제받을 매입세액에 더함.</td></tr></table>
대손세액 공제의 적용시기	① 대손세액공제는 대손사유별로 그 **대손이 확정되는 날이 속하는 과세기간에 대한 확정신고를 하는 때에** 적용되므로, 예정신고시 대손세액공제를 한 경우에는 과소신고가산세 또는 초과환급신고가산세가 적용된다. ② 대손이 확정된 날이 속하는 과세기간에 대한 부가가치세 확정신고시 대손세액공제를 받지 못한 경우에는 **경정청구에 의해** 대손세액공제가 가능하다. 　➡ 대손이 확정된 날이 속하는 과세기간 이외의 과세기간에는 대손세액공제를 받을 수 없음.
공급받는 자의 대손세액 처리방법	① 재화 또는 용역을 공급받은 사업자가 대손세액에 해당하는 금액의 전부 또는 일부를 매입세액으로 공제받은 경우로서 그 사업자가 폐업하기 전에 재화 또는 용역을 공급하는 자가 대손세액공제를 받은 경우에는 그 재화 또는 용역을 공급받은 사업자는 관련 대손세액에 해당하는 금액을 대손이 확정된 날이 속하는 과세기간에 자신의 매입세액에서 뺀다. ② 공급자가 대손세액을 매출세액에서 차감한 경우 공급자의 관할 세무서장은 대손세액 공제사실을 공급받는 자의 관할 세무서장에게 통지하여야 하며, 그 공급을 받은 사업자가 대손세액에 해당하는 금액을 매입세액에서 빼지 아니한 경우에는 그 사업자의 관할 세무서장이 빼야 할 매입세액을 결정・경정하여야 한다. ③ **다만, 이 경우에는 무신고가산세, 과소신고・초과환급신고가산세, 납부・환급불성실가산세를 부과하지 않는다.**

제 7 절　납부세액의 계산

1 매입세액의 계산구조

계산구조	비 고
세금계산서 수취분 매입세액	매입세액공제 여부에 관계없이 세금계산서 수취분은 일단 여기에 모두 기재한 후, 매입세액불공제 해당액을 아래의 '공제받지 못할 매입세액'에서 차감함.
+ 예정신고누락분	
+ 매입자발행세금계산서	
+ 기타 공제매입세액	· 신용카드매출전표등수령명세서 제출분(➟매입세액불공제분을 제외한 공제대상 매입세액만을 기재함.)
	· 의제매입세액 · 재활용폐자원 등에 대한 매입세액
	· 과세사업전환 매입세액
	· 재고매입세액
	· 변제대손세액
− 공제받지 못할 매입세액	· 불공제매입세액
	· 공통매입세액 중 면세사업분
	· 대손처분받은세액
매 입 세 액	

2 매입세액공제 일반

1. 공제하는 매입세액

　사업자가 재화·용역을 공급받거나 재화를 수입하면서 세금계산서, 매입자발행세금계산서, 신용카드매출전표 등을 수취한 경우에는 매입세액을 매출세액에서 공제한다.

(1) 매입세액 공제시기

공제대상 매입세액	공제시기
① 사업자가 자기의 사업을 위하여 사용하였거나 사용할 목적으로 **공급받은 재화·용역**에 대한 부가가치세액 * 사업의 포괄양도시 양수자 대리납부제도에 따라 양수자가 납부한 부가가치세액을 포함함.	재화·용역을 **공급받는 시기**(➡사용시기×)가 속하는 과세기간
② 사업자가 자기의 사업을 위하여 사용하였거나 사용할 목적으로 **수입하는 재화**의 수입에 대한 부가가치세액	재화의 **수입시기**가 속하는 과세기간

(2) 매입자발행세금계산서

구 분	내 용
개 요	**부가가치세 납세의무자로 등록한 사업자로서 세금계산서 발급의무가 있는 사업자가** 재화 또는 용역을 공급하고 세금계산서 발급시기에 세금계산서를 발급하지 아니한 경우(사업자의 부도·폐업, 공급 계약의 해제·변경 또는 그 밖에 대통령령으로 정하는 사유가 발생한 경우로서 사업자가 수정세금계산서 또는 수정전자세금계산서를 발급하지 아니한 경우를 포함한다) 그 재화 또는 용역을 공급받은 자는 대통령령이 정하는 바에 따라 관할 세무서장의 확인을 받아 세금계산서를 발행할 수 있는데 이를 매입자발행세금계산서라 한다.
세금계산서 발행가능자	**세금계산서 발급의무가 있는 사업자**(➡간이과세자 중 직전 연도의 공급대가의 합계액이 4천 800만원 미만인 자 및 신규 사업개시자, 면세 사업자 제외)**로부터** 재화·용역을 공급받은 모든 사업자(➡일반과세자, 간이과세자, 면세사업자)
발행대상	건당 공급대가가 **5만원 이상**인 거래
발급방법	신청인은 해당 재화 또는 용역의 공급시기가 속하는 과세기간의 종료일부터 6개월 이내에 거래사실확인신청서에 거래사실을 객관적으로 입증할 수 있는 서류를 첨부하여 신청인의 관할세무서장에게 거래사실의 확인을 신청하여야 함.
효 과	매입자발행세금계산서를 공급자에게 교부하였거나 교부한 것으로 보는 경우 신청인은 매입자발행세금계산서에 기재된 부가가치세액을 재화·용역의 공급시기에 해당하는 과세기간의 매출세액·납부세액에서 **매입세액으로 공제받을 수 있다.**

(3) 신용카드매출전표 등 수령분 매입세액

① 사업자가 사업자로부터 재화·용역을 공급받고 부가가치세액이 별도로 구분되는 신용카드매출전표 등을 발급받은 경우로서 다음의 요건을 모두 충족하는 경우 그 부가가치세액은 공제할 수 있는 매입세액으로 본다.
  ㉠ 재화·용역의 **공급자가** 세금계산서 발급 금지업종 이외의 사업을 경영할 것
  ㉡ 재화·용역의 **공급자가** 간이과세자 중 직전 연도의 공급대가의 합계액이 4천800만원 미만인 자 및 신규 사업개시자로서 영수증을 발급하여야 하는 기간에 발급한 신용카드매출전표 등이 아닐 것
  ㉢ 신용카드매출전표 등 **수령명세서를 제출**할 것
  ㉣ 신용카드매출전표 등을 그 거래사실이 속하는 과세기간에 대한 확정신고기한 후 **5년간 보관**할 것
② 따라서 세금계산서 발급 금지업종 외의 사업을 경영하는 사업자로서, 간이과세자 중 직전 연도의 공급대가의 합계액(직전 과세기간에 신규로 사업을 시작한 개인사업자의 경우 12개월로 환산한 금액)이 4천800만원 미만인 자 및 신규 사업개시자에 해당하지 않는 사업자가 신용카드매출전표 등을 발급한 경우에는 공급받은 사업자가 사업자등록증을 제시하고 세금계산서 발급을 요구하는 때에도 세금계산서를 발급할 수 없다.
(➡ 취지: 매입세액의 이중공제 방지)

2. 면세농산물 등의 의제매입세액공제

(1) 개념 및 취지

구 분	내 용
개념	사업자가 면세농산물 등을 원재료로 하여 제조·가공한 재화 또는 창출한 용역의 공급에 대하여 부가가치세가 과세되는 경우(법에 따라 면세를 포기하고 영세율을 적용받는 경우에는 제외한다) 면세농산물 등을 공급받거나 수입할 때 매입세액이 있는 것으로 보아 일정액을 매입세액으로 공제해 주는 제도
취지	중간단계에서 면세를 적용하고 그 후의 거래단계에서 과세함에 따라 발생하는 누적효과 및 환수효과를 완화하여 최종소비자의 세부담을 경감시키기 위한 제도

(2) 공제요건

구 분	내 용
① 적용 대상자	사업자등록을 하고 사업을 영위하는 다음의 사업자 ㉠ 일반과세자: 영세율을 적용받는 사업자를 포함하나, 면세포기에 의해 영세율이 적용되는 사업자는 제외함(➡**업종의 제한 없음**) ㉡ 간이과세자: 적용 배제
② 면세대상 농산물 등의 범위	다음의 농산물 등을 면세로 공급받는 경우 ㉠ 국내·외 생산 미가공식료품(식용 농·축·수·임산물과 소금을 포함) ㉡ 국내생산 비식용 농·축·수·임산물
③ 제조·가공 등에 직접 사용된 경우	면세로 공급받은 농산물 등을 원재료로 하여 재화를 **제조·가공**하거나 용역을 **창출**하여야 한다.
④ 제조·가공 또는 창출된 용역의 공급이 과세되는 경우	제조·가공한 재화 또는 창출한 용역의 **공급이 과세되어야 한다**. 이 경우 10%의 일반세율이 적용되는 경우뿐만 아니라 영세율이 적용되는 경우를 포함하나, **면세를 포기하고 영세율을 적용받는 경우는 과세되는 것으로 보지 아니한다**.
⑤ 서류의 제출	**예정신고 및 확정신고**와 함께 면세농산물 등을 공급받은 사실을 증명하는 다음의 서류를 관할세무서장에게 제출(국세정보통신망에 의한 제출을 포함)하여야 한다. ㉠ 원칙: **의제매입세액공제신고서, 매입처별 계산서합계표**(매입자발행계산서합계표) 또는 **신용카드매출전표 등 수령명세서** ㉡ 예외: **제조업**을 경영하는 사업자가 **농어민**으로부터 면세농산물 등을 **직접** 공급받는 경우: 의제매입세액공제신고서만 제출 가능

(3) 의제매입세액의 계산

구 분	내 용
의제매입세액	면세농산물 등의 매입가액 × 공제율
공제한도	면세농산물등과 관련하여 공급한 과세표준 × 한도율 × 공제율

* 의제매입세액의 공제대상이 되는 면세농산물 등의 매입가액은 **운임 등의 부수비용을 제외한** 매입원가로 한다.
* 수입되는 면세농산물 등에 대하여 의제매입세액을 계산함에 있어서의 그 수입가액은 **관세의 과세가격**으로 한다.
* 과세사업과 면세사업을 겸영하는 사업자의 경우에는 다음과 같이 계산한다.

구 분	계산방법
㉠ 실지귀속이 분명한 경우	실지귀속에 따라 과세사업 공급분만 공제
㉡ 실지귀속이 불분명한 경우	면세농산물 등의 매입가액 × 당기 $\dfrac{\text{과세 공급가액}}{\text{총 공급가액}}$

제7절 납부세액의 계산　103

가. 차기이월 원재료에 대하여는 그 용도가 불분명한 경우로 본다.
나. 의제매입세액의 안분계산은 공통매입세액의 안분계산 규정을 준용하기 때문에 예정신고시에는 일단 예정신고기간의 공급가액을 기준으로 의제매입세액을 계산·공제하고, 확정신고시에 당해 과세기간 전체의 공급가액을 기준으로 다시 계산하여 정산한다.

1) 공제율

구 분			공제율
음식점업	과세유흥장소의 경영자		2/102
	과세유흥장소 외의 음식점을 경영하는 사업자	법인사업자	6/106
		개인사업자	8/108 (과세표준 2억원 이하인 경우에는 2023년 12월 31일까지 9/109)
제조업	과자점업, 도정업, 제분업 및 떡류 제조업 중 떡방앗간을 경영하는 개인사업자		6/106
	위 외의 제조업을 경영하는 개인사업자 및 중소기업		4/104
	중소기업 외 법인사업자		2/102
위 외의 사업			2/102

2) 한도율

구 분		과세표준	한도율	
			일반사업자	음식점업자[*1]
개인사업자		1억원 이하	50%(65%)[*1]	75%
		1억원 초과 ~ 2억원 이하	50%(65%)[*1]	70%
		2억원 초과	40%(55%)[*1]	60%
법인사업자		-	30%(50%)[*2]	

[*1] 개인사업자에 대하여 2023년 12월 31일까지 한시적으로 적용한다.
[*2] 법인사업자에 대하여 2023년 12월 31일까지 한시적으로 적용한다.
* 과세표준: 해당 과세기간에 해당 사업자가 면세농산물등과 관련하여 공급한 과세표준을 말한다.
* 한도율 적용방법
  ㉠ 한도는 확정신고시에만 적용하므로 예정신고나 조기환급신고시 공제받은 의제매입세액을 차감하여 한도액을 계산한다.
  ㉡ 과세표준의 구간별로 누적 계산하지 않는다. 즉, 개인사업자의 공급 과세표준이 1억 5천만원인 경우 한도율은 1억 5천만원×50%가 된다.

(4) 농산물 등의 매입시기가 집중되는 제조업자에 대한 의제매입세액 적용특례

1) 의제매입세액공제액의 계산

다음의 요건을 모두 충족하는 **제조업을 영위하는 사업자**는 제2기 과세기간에 대한 납부세액을 확정신고할 때, 1역년(歷年)에 공급받은 면세농산물 등의 가액에 공제율을 곱한 금액에서 제1기 과세기간에 매입세액으로 공제받은 금액을 차감한 금액을 매입세액으로 공제할 수 있다.

① 제1기 과세기간에 공급받은 면세농산물 등의 가액을 1역년에 공급받은 면세농산물 등의 가액으로 나누어 계산한 비율이 75% 이상이거나 25% 미만일 것
② 해당 과세기간이 속하는 1역년 동안 계속하여 제조업을 영위하였을 것

2) 1역년의 매입세액으로서 공제할 수 있는 금액의 한도

이 경우 1역년의 매입세액으로서 공제할 수 있는 금액의 한도는 1역년에 면세농산물 등과 관련하여 공급한 과세표준의 합계액에 다음의 한도율을 곱하여 계산한 금액에 공제율을 곱한 금액으로 한다.

구 분	과세표준 합계액[1]	한도율
개인사업자	4억원 이하	50%(65%)[2]
개인사업자	4억원 초과	40%(55%)[2]
법인사업자	–	30%(50%)[2]

[1] 과세표준 합계액: 1역년에 면세농산물 등과 관련하여 공급한 과세표준 합계액을 말한다.
[2] 2023년 12월 31일까지 한시적으로 적용한다.

(5) 공제시기 및 사후관리

구 분	내 용
공제시기	매입세액의 공제시기와 마찬가지로, 당해 **면세농산물 등을 공급받거나 수입할 때가 속하는 예정신고 또는 확정신고시 매입세액으로서 공제**된다. (➡제조·가공한 재화 및 창출한 용역에 사용되거나 재화·용역을 공급하는 때×)
사후관리 (세액추징)	의제매입세액으로 공제한 면세농산물 등을 ① 그대로 양도 또는 인도하거나 ② 부가가치세가 면제되는 재화 또는 용역을 공급하는 사업, 그 밖의 목적에 사용·소비할 때에는 양도·인도 또는 면세전용·사용·소비한 날이 속하는 예정 또는 확정신고시 그 **공제한 금액을 납부세액에 가산하거나 환급세액에서 공제하여야 한다.** (➡그대로 판매한 판매가액을 부가가치세의 과세표준에 가산한다×)

3. 과세사업전환 매입세액

구 분	내 용
개 요	사업자가 매입세액이 공제되지 아니한 면세사업을 위한 **감가상각자산**을 과세사업에 사용하거나 소비하는 경우 다음과 같이 계산한 금액을 그 과세사업에 사용하거나 소비하는 날이 속하는 과세기간의 **확정신고시** 매입세액으로 공제할 수 있다.(➡예정신고시 공제×)
과세사업 전환 매입세액	① 일반적인 경우 　매입세액불공제액×(1−감가율×경과된 과세기간 수) ② 과세사업에 일부 전환한 경우 　$\text{매입세액불공제액} \times (1-\text{감가율} \times \text{경과된 과세기간의 수}) \times \text{전환한 과세기간의} \frac{\text{과세공급가액}}{\text{총공급가액}}$ * 감가율: 건물·구축물의 경우 5%, 기타 감가상각자산 25% * 경과된 과세기간 수: 경과된 과세기간의 수를 계산할 때 과세기간 개시일 후에 감가상각자산을 취득하는 경우에는 그 과세기간 개시일에 그 재화를 취득한 것으로 본다. * 과세사업에 일부전환시 과세공급가액이 총공급가액 중 5% **미만**인 경우에는 공제세액이 없는 것으로 본다.
납부세액의 정산	사업자가 해당 과세기간 중 과세사업과 면세사업의 공급가액이 없거나 그 어느 한 사업의 공급가액이 없어 매입가액 비율·예정공급가액 비율·예정사용면적 비율 등으로 공통매입세액을 안분하여 계산한 경우에는 과세사업과 면세사업의 공급가액, 과세사업과 면세사업의 사용면적이 확정되는 과세기간에 대한 납부세액을 확정신고 할 때에 다음의 계산식에 따라 정산한다. 　$\text{불공제매입세액} \times (1-\text{감가율} \times \text{경과된 과세기간수}) \times \frac{\text{공급가액이 확정되는 과세기간의 과세 공급가액}}{\text{총 공급가액}} - \text{이미 공제한 매입세액}$ * 예정사용면적의 비율에 따라 매입세액을 안분계산한 경우에는 확정된 공급가액 비율대신 확정된 실제 사용면적비율에 따라 정산함.
면세비율에 따른 납부세액 재계산	과세사업 전환에 의해 매입세액이 공제된 후 총공급가액에 대한 면세공급가액의 비율 또는 총사용면적에 대한 면세사용면적의 비율과 해당 감가상각자산의 취득일이 속하는 과세기간(그 후의 과세기간에 재계산하였을 때에는 그 재계산한 기간)에 적용되었던 비율 간의 차이가 5% **이상**인 경우에는 납부세액재계산 규정을 준용하여 매입세액을 재계산한다.

③ 매입세액불공제

(1) 사업자등록을 신청하기 전의 매입세액

① 사업자등록을 신청하기 전의 매입세액은 매출세액에서 공제하지 않는다.
② 다만, 공급시기가 속하는 **과세기간이 끝난 후 20일 이내에 등록을 신청한 경우 등록신청일부터 공급시기가 속하는 과세기간 기산일까지 역산한 기간 내의 것은 제외**한다.
(➡ 이 경우 미등록가산세는 적용함)

(2) 사업과 직접 관련이 없는 지출

1) 사업과 직접 관련이 없는 다음의 지출에 대한 매입세액은 매출세액에서 공제하지 않는다.

① 「법인세법」·「소득세법」에 따른 **업무와 관련 없는 지출**
② 「법인세법」에 따른 **공동경비 분담기준 초과금액**

2) 자기의 사업과 관련하여 생산하거나 취득한 재화를 국가·지방자치단체 등에 무상으로 공급하는 경우 해당 재화의 매입세액은 매출세액에서 공제하나, 자기의 사업과 관련 없이 취득한 재화를 국가·지방자치단체 등에 무상으로 공급하는 경우 해당 재화의 매입세액은 공제하지 아니한다.

(3) 세금계산서 미수취·부실기재분

구 분		내 용
불공제 대상	미수취	세금계산서 또는 수입세금계산서를 **발급받지 아니한 경우**의 매입세액
	부실 기재	발급받은 세금계산서 또는 수입세금계산서에 **필요적 기재사항**의 전부 또는 일부가 적히지 아니하였거나 사실과 다르게 적힌 경우의 매입세액(공급가액이 사실과 다르게 적힌 경우에는 실제 공급가액과 사실과 다르게 적힌 금액의 차액에 해당하는 세액을 말함)
매입세액 공제가 허용되는 예외		① 주민번호기재: 사업자등록을 신청한 사업자가 사업자등록증 발급일까지의 거래에 대하여 **해당 사업자 또는 대표자의 주민등록번호**를 적어 발급받은 경우 ② 착오기재: 세금계산서의 필요적 기재사항 중 일부가 **착오**로 사실과 다르게 적혔으나 그 세금계산서에 적힌 나머지 필요적 기재사항 또는 임의적 기재사항으로 보아 거래사실이 **확인**되는 경우 ③ 지연수취: 재화·용역의 공급시기 이후에 발급받은 세금계산서로서 해당 **공급시기가 속하는 과세기간에 대한 확정신고기한까지 발급받은 경우** * 세금계산서발급 특례규정에 따라 공급일이 속하는 달의 다음 달 10일까지 세금계산서를 발급받은 경우를 포함함.

④ 발급받은 전자세금계산서로서 국세청장에게 **전송되지 아니하였으나 발급한 사실이 확인되는 경우**
⑤ 전자세금계산서 외의 세금계산서로서 재화·용역의 공급시기가 속하는 과세기간에 대한 확정신고기한까지 발급받았고, 그 거래사실도 확인되는 경우
⑥ 실제로 재화 또는 용역을 공급하거나 공급받은 사업장이 아닌 사업장을 적은 세금계산서를 발급받았더라도 그 사업장이 총괄하여 납부하거나 사업자 단위 과세 사업자에 해당하는 사업장인 경우로서 그 재화·용역을 실제로 공급한 사업자가 납세지 관할 세무서장에게 해당 과세기간에 대한 납부세액을 신고하고 납부한 경우
⑦ 재화 또는 용역의 공급시기가 속하는 과세기간에 대한 확정신고기한이 지난 후 세금계산서를 발급받았더라도 그 세금계산서의 발급일이 확정신고기한 다음 날부터 1년 이내이고 다음 어느 하나에 해당하는 경우
　㉠ 「국세기본법시행령」에 따른 과세표준수정신고서와 경정청구서를 세금계산서와 함께 제출하는 경우
　㉡ 해당 거래사실이 확인되어 납세지 관할 세무서장 등이 결정 또는 경정하는 경우
⑧ 재화 또는 용역의 공급시기 전에 세금계산서를 발급받았더라도 재화 또는 용역의 공급시기가 그 세금계산서의 발급일로부터 6개월 이내에 도래하고 해당 거래사실이 확인되어 납세지 관할 세무서장 등이 결정 또는 경정하는 경우
⑨ 다음의 경우로서 그 거래사실이 확인되고 거래 당사자가 납세지 관할 세무서장에게 해당 납부세액을 신고하고 납부한 경우
　㉠ 거래의 실질이 위탁매매 또는 대리인에 의한 매매에 해당함에도 불구하고 거래 당사자 간 계약에 따라 위탁매매 또는 대리인에 의한 매매가 아닌 거래로 하여 세금계산서를 발급받은 경우
　㉡ 거래의 실질이 위탁매매 또는 대리인에 의한 매매에 해당하지 않음에도 불구하고 거래 당사자 간 계약에 따라 위탁매매 또는 대리인에 의한 매매로 하여 세금계산서를 발급받은 경우
　㉢ 거래의 실질이 용역의 공급에 대한 주선·중개에 해당함에도 불구하고 거래 당사자 간 계약에 따라 용역의 공급에 대한 주선·중개가 아닌 거래로 하여 세금계산서를 발급받은 경우
　㉣ 거래의 실질이 용역의 공급에 대한 주선·중개에 해당하지 않음에도 불구하고 거래 당사자 간 계약에 따라 용역의 공급에 대한 주선·중개로 하여 세금계산서를 발급받은 경우
　㉤ 다른 사업자로부터 사업(용역을 공급하는 사업으로 한정한다)을 위탁받아 수행하는 사업자가 위탁받은 사업의 수행에 필요한 비용을 사업을 위탁한 사업자로부터 지급받아 지출한 경우로서 해당 비용을 공급가액에 포함해야 함에도 불구하고 거래 당사자 간 계약에 따라 이를 공급가액에서 제외하여 세금계산서를 발급받은 경우
　㉥ 다른 사업자로부터 사업을 위탁받아 수행하는 사업자가 위탁받은 사업의 수행에 필요한 비용을 사업을 위탁한 사업자로부터 지급받아 지출한 경우로서 해당 비용을 공급가액에서 제외해야 함에도 불구하고 거래 당사자 간 계약에 따라 이를 공급가액에 포함하여 세금계산서를 발급받은 경우

ⓢ 재화나 용역을 공급할 때 그 품질이나 수량, 인도조건 또는 공급대가의 결제 방법이나 그 밖의 공급조건에 따라 통상의 대가에서 일정액을 직접 깎아 주는 금액을 공급가액에 포함하지 않아야 함에도 불구하고 거래 당사자 간 계약에 따라 해당 금액을 장려금이나 이와 유사한 금액으로 보고 이를 공급가액에 포함하여 세금계산서를 발급받은 경우 (신설)
⑩ 부가가치세를 납부해야 하는 수탁자가 위탁자를 재화 또는 용역을 공급받는 자로 하여 발급된 세금계산서의 부가가치세액을 매출세액에서 공제받으려는 경우로서 그 거래사실이 확인되고 재화 또는 용역을 공급한 자가 납세지 관할 세무서장에게 해당 납부세액을 신고하고 납부한 경우
⑪ 부가가치세를 납부해야 하는 위탁자가 수탁자를 재화 또는 용역을 공급받는 자로 하여 발급된 세금계산서의 부가가치세액을 매출세액에서 공제받으려는 경우로서 그 거래사실이 확인되고 재화 또는 용역을 공급한 자가 납세지 관할 세무서장에게 해당 납부세액을 신고하고 납부한 경우

(4) 매입처별 세금계산서합계표 미제출·부실기재분

구 분		내 용
불공제 대상	미제출	매입처별 세금계산서합계표를 **제출하지 아니한 경우**의 매입세액
	부실 기재	제출한 매입처별 세금계산서합계표의 기재사항 중 **거래처별 등록번호** 또는 **공급가액**의 전부·일부가 적히지 아니하였거나 사실과 다르게 적힌 경우 그 기재사항이 적히지 아니한 부분 또는 사실과 다르게 적힌 부분의 매입세액
매입세액 공제가 허용되는 예외		① 자진제출: 매입처별 세금계산서합계표 또는 신용카드매출전표 등 수령명세서(정보처리시스템으로 처리된 전산매체를 포함)를 **확정신고서**(예정신고시 미제출분)·**과세표준수정신고서·경정청구서·기한후과세표준신고서와 함께 제출**하는 경우 (➡ 가산세 없음) ② 경정제출: 관할 세무서장 등이 조사에 의해 경정을 하는 경우 사업자가 발급받은 세금계산서 또는 신용카드매출전표 등을 **경정기관의 확인을 거쳐 해당 경정기관에 제출**하는 경우(➡매입처별 세금계산서합계표 불성실가산세가 적용됨) ③ 착오기재: 매입처별 세금계산서합계표의 거래처별 등록번호 또는 공급가액이 **착오**로 사실과 다르게 적힌 경우로서 발급받은 세금계산서에 의하여 거래사실이 **확인**되는 경우

(5) 토지에 관련된 매입세액

토지의 조성 등을 위한 자본적 지출에 관련된 매입세액으로서 다음에 해당하는 경우에는 매출세액에서 공제하지 않는다.

① 토지의 취득 및 형질변경, 공장부지 및 택지의 조성 등에 관련된 매입세액
② 건축물이 있는 토지를 취득하여 그 건축물을 철거하고 토지만 사용하는 경우에는 철거한 건축물의 취득 및 철거 비용과 관련된 매입세액
③ 토지의 가치를 현실적으로 증가시켜 토지의 취득원가를 구성하는 비용에 관련된 매입세액

(6) 면세사업 등에 관련된 매입세액(면세사업을 위한 투자에 관련된 매입세액 포함)

부가가치세가 면제되는 재화·용역을 제공하는 사업(부가가치세가 과세되지 아니하는 재화·용역을 공급하는 사업 포함)에 관련된 매입세액은 매출세액에서 공제하지 아니한다.

(7) 기업업무추진비 및 이와 유사한 비용의 지출에 관련된 매입세액 (개정)

「소득세법」 및 「법인세법」에 따른 기업업무추진비(접대비) 및 이와 유사한 비용의 지출에 관련된 매입세액은 매출세액에서 공제하지 않는다.

(8) 개별소비세 과세대상 자동차의 구입·임차·유지에 관한 매입세액

① 「개별소비세법」 과세대상 자동차의 구입과 임차 및 유지에 관한 매입세액은 매출세액에서 공제하지 않는다.
② 다만, 운수업·자동차판매업·자동차 임대업·운전학원업·기계경비업 출동차량에 직접 영업으로 사용되는 것은 제외한다.

핵심정리

■ **공제대상 매입세액의 범위(집행 38-0-1)**

① 일반적인 매입세액

사업자가 재화 또는 용역을 공급받거나 재화를 수입하면서 부담한 부가가치세액으로서 자기의 사업을 위하여 사용되었거나 사용될 매입세액은 자기의 매출세액에서 공제할 수 있다. 이 때 자기가 부담한 매입세액이 있는 경우라도 세금계산서, 매입자발행세금계산서, 신용카드매출전표 등이 아니면 공제받을 수 없다.

② 사업자등록정정 의무를 이행하지 아니한 사업자의 매입세액

사업자가 사업장 이전·상호변경 등 사업자등록증 정정사유가 발생하였으나 이를 정정하지 아니하고 세금계산서를 발급받은 경우 해당 세금계산서의 필요적 기재사항 또는 임의적 기재사항에 의하여 그 거래사실이 확인되는 때에는 그 세금계산서의 매입세액을 매출세액에서 공제하거나 환급할 수 있다. 다만, 비영리법인이 수익사업 관련 재화를 공급받으면서 과세사업자로 별도로 등록하지 아니하고 사업자등록번호가 아닌 비영리법인의 고유번호로 세금계산서를 교부받은 경우 해당 세금계산서의 매입세액은 매출세액에서 공제되지 아니한다.

③ 공동시설에 관련된 매입세액
   2 이상의 사업자가 공동으로 사용할 사업부대설비공사를 그 중 한 사업자의 명의로 계약을 체결한 경우 해당 설비건설용역을 제공하는 사업자는 각 사업자를 공급받는 자로 하여 세금계산서를 발급할 수 있으며, 그 용역을 공급받은 각 사업자는 자기가 부담한 매입세액을 공제받을 수 있다.

④ 면세포기한 사업자의 매입세액
   면세사업자가 면세포기를 하는 경우 면세포기한 사업에 대하여 해당 과세기간에 영세율이 적용되거나 부가가치세가 면제되는 재화·용역의 공급이 없는 때에도 그 과세기간의 면세포기사업과 관련된 매입세액은 자기의 매출세액에서 공제한다. 다만, 면세포기사업에 대하여 해당 과세기간에 면세되는 재화의 공급만이 있는 경우에는 면세사업에 관련된 매입세액으로 공제하지 아니한다.

⑤ 사업상 피해재산의 복구와 관련된 매입세액
   사업자가 자기사업과 관련하여 타인의 재산에 손해를 입혀 해당 피해재산의 수리에 관련된 매입세액은 매출세액에서 공제한다.

⑥ 거래일 이후 공급자가 체납 또는 폐업·행방불명된 경우의 매입세액
   사업자가 자기의 사업을 위하여 정당한 세금계산서를 발급받았으나 거래일 이후 공급자가 체납 또는 폐업·행방불명된 경우에도 매입세액을 공제받을 수 있다.

⑦ 인·허가 조건 기부채납자산의 취득과 관련된 매입세액
   사업자가 과세되는 사업을 위하여 사회기반시설 등을 신축하여 지방자치단체에 기부채납하는 조건으로 인·허가를 얻은 경우, 해당 기반시설의 건설과 관련된 매입세액은 자기의 매출세액에서 공제할 수 있다. 다만, 해당 매입세액이 토지의 조성 등을 위한 자본적 지출과 관련된 매입세액에 해당하는 경우에는 매출세액에서 공제하지 아니한다.

⑧ 화재 등으로 멸실된 재고상품의 매입세액
   과세사업에 사용 또는 소비하기 위하여 구입한 재화가 화재, 도난, 파손, 부패 등으로 멸실된 경우 해당 재화의 취득과 관련된 매입세액은 자기의 매출세액에서 공제한다.

⑨ 용역의 무상 공급에 관련된 매입세액
   사업자가 사용인에 대한 복리후생, 고객에 대한 판매 확대를 위하여 용역을 무상으로 공급하는 경우 해당 용역의 공급에 관련된 매입세액은 매출세액에서 공제한다.

⑩ 위탁매매·일반매매 오류 관련 매입세액
   다음의 경우 거래사실이 확인되고 부가가치세를 신고·납부한 경우 관련 매입세액은 매출세액에서 공제한다.
1. 거래당사자 간 선택한 매매형식(위탁 또는 일반)에 따라 세금계산서를 발급받은 경우
2. 거래당사자 간 선택한 용역의 공급방식(중개·주선 또는 일반)에 따라 세금계산서를 발급받은 경우
3. 위수탁용역에서 위탁자로부터 받은 사업비를 계약에 따라 수탁자의 공급가액에 포함 또는 제외하여 세금계산서를 발급받은 경우

4 납부세액의 계산

1. 계산구조

계산구조	비 고
매출세액	
− 매입세액	
= 납부(환급)세액	**(−)인 경우에는 환급세액**
− 경감·공제세액	· 신용카드 등의 사용에 따른 세액공제 · 전자세금계산서 발급 전송에 대한 세액공제
− 예정신고미환급세액	
− 예정고지세액	
+ 가산세액	
차가감하여 납부할세액	**(−)인 경우: 환급받을 세액**

2. 경감공제세액

(1) 신용카드 등의 사용에 따른 세액공제

구 분	내 용

대상	다음에 해당하는 사업자가 부가가치세가 과세되는 재화 또는 용역을 공급하고 세금계산서의 발급시기에 거래증빙서류(이하 "신용카드매출전표 등"이라 한다)를 발급하거나 대통령령으로 정하는 전자적 결제수단에 의하여 대금을 결제 받는 경우에는 일정한 금액을 납부세액에서 공제한다.
	① 주로 사업자가 아닌 자에게 재화 또는 용역을 공급하는 사업으로서 영수증 발급대상 사업을 영위하는 사업자(**법인사업자와 직전 연도의 재화 또는 용역의 공급가액의 합계액이 사업장을 기준으로 10억원을 초과하는 개인사업자는 제외한다**)
	② 간이과세자 중 다음의 어느 하나에 해당하는 자
	    ㉠ 직전 연도의 공급대가의 합계액(직전 과세기간에 신규로 사업을 시작한 개인사업자에 대하여는 그 사업개시일로부터 그 과세기간 종료일까지의 공급대가를 합한 금액을 12개월로 환산한 금액)이 4천800만원 미만인 자
	    ㉡ 신규로 사업을 시작하는 개인사업자로서 간이과세자로 하는 최초의 과세기간 중에 있는 자

세액 공제	신용카드 등의 사용에 따른 세액공제=Min(①, ②) ① 공제금액: 발급금액·결제금액 × 1%(2023년 12월 31일까지는 1.3%) ② 한도: 연간 500만원(2023년 12월 31일까지는 1,000만원)

구분	내 용
환급 여부	공제받는 금액이 그 금액을 차감하기 전의 {납부세액−다른 공제세액(예 전자세금계산서 발급·전송에 대한 세액공제, 전자신고세액공제)+가산할 세액(가산세는 제외)}을 초과하면 **그 초과하는 부분은 없는 것으로 본다.**(➡환급하지 않는다.)

(2) 전자세금계산서 발급 전송에 대한 세액공제

구분	내 용
개요	직전 연도의 사업장별 재화 및 용역의 공급가액(부가가치세 면세공급가액을 포함함)의 합계액이 3억원 미만인 개인사업자가 전자세금계산서를 2024년 12월 31일까지 발급(전자세금계산서 발급명세를 전자세금계산서 발급일의 다음 날까지 국세청장에게 전송한 경우로 한정함)하는 경우에는 전자세금계산서 발급 건수 등을 고려하여 대통령령으로 정하는 금액을 해당 과세기간의 부가가치세 납부세액에서 공제할 수 있다.
세액 공제	전자세금계산서 발급 전송에 대한 세액공제=Min(①, ②) ① 공제금액: 전자세금계산서 발급 전송건수×200원 ② 한도: 연간 100만원
기타 사항	① 세액공제를 적용할 때 공제받는 금액이 그 금액을 차감하기 전의 납부할 세액[납부세액에서 이 법, 「국세기본법」 및 「조세특례제한법」에 따라 빼거나 더할 세액(가산세는 제외한다)을 빼거나 더하여 계산한 세액을 말하며, 그 계산한 세액이 0보다 작으면 0으로 본다]을 초과하면 그 초과하는 부분은 없는 것으로 본다. ② 세액공제를 적용받으려는 개인사업자는 예정 및 확정신고를 할 때 기획재정부령으로 정하는 전자세금계산서 발급세액공제신고서를 납세지 관할 세무서장에게 제출하여야 한다.

3. 예정신고미환급세액과 예정고지세액

구분	내 용
예정신고 미환급세액	① 부가가치세에 대한 환급세액이 발생하게 되면 조기환급의 경우 외에는 각 과세기간에 대한 확정신고시에만 이를 환급해 주고 있다. ② 따라서 **예정신고시에 환급세액이 발생하더라도 이를 환급해주는 것이 아니라 차후 확정신고시 납부세액에서 이를 차감한다.**
예정 고지세액	① 납세지 관할 세무서장은 **영세 법인사업자** 및 **개인사업자**에 대하여는 각 예정신고기간마다 **직전 과세기간에 대한 납부세액에 50%를 곱한 금액**을 결정·고지하여 **예정신고기간이 끝난 후 25일까지** 징수하고 있다. ② 따라서 이와 같이 예정고지된 세액은 차후 확정신고시 납부세액에서 이를 차감한다.

5 가산세

1. 부가가치세법상 가산세

(1) 3% 가산세

구 분	부과 사유	가산세
세금계산서 불성실가산세	① **가공발급**: 재화·용역을 공급하지 아니하고 세금계산서·신용카드매출전표 등을 발급한 경우(부법 제60조③.1) ② **가공수취**: 재화·용역을 공급받지 아니하고 세금계산서 등을 발급받은 경우(부법 제60조③.2) ③ **비사업자 발급·수취**: 사업자가 아닌 자가 재화 또는 용역을 공급하지 아니하고 세금계산서를 발급하거나 재화 또는 용역을 공급받지 아니하고 세금계산서를 발급받으면 사업자로 보고 사업자등록증을 발급한 세무서장이 가산세로 징수하는 경우(부법 제60조④)	세금계산서 등에 적힌 공급가액×3%

(2) 2% 가산세

구 분	부과 사유	가산세
세금계산서 불성실가산세	① **미발급**: 세금계산서의 발급시기가 지난 후 해당 재화 또는 용역의 **공급시기가 속하는 과세기간에 대한 확정신고기한까지** 세금계산서를 발급하지 아니한 경우(부법 제60조②.2)	공급가액×2%
	② **위장발급**: 재화·용역을 공급하고 실제로 재화·용역을 공급하는 자가 아닌 자 또는 실제로 재화·용역을 공급받는 자가 아닌 자의 명의로 세금계산서 등을 발급한 경우(부법 제60조③.3) ③ **위장수취**: 재화·용역을 공급받고 실제로 재화·용역을 공급하는 자가 아닌 자의 명의로 세금계산서 등을 발급받은 경우(부법 제60조③.4)	공급가액×2%
	④ **과다기재발급**: 재화 또는 용역을 공급하고 세금계산서 등의 공급가액을 과다하게 기재한 경우(부법 제60조③.5) ⑤ **과다기재수취**: 재화 또는 용역을 공급받고 공급가액을 과다하게 기재한 세금계산서 등을 발급받은 경우(부법 제60조③.6)	과다기재 공급가액×2%

(3) 1% 가산세

구 분	부과 사유	가산세
미등록가산세	① 사업개시일로부터 20일 이내에 사업자등록을 신청하지 아니한 경우(부법 제60조①,1)	사업개시일부터 등록을 **신청한 날의 직전일까지의** 공급가액×1%
타인명의 등록가산세	② 타인의 명의로 사업자등록을 하거나 타인 명의의 사업자등록을 이용하여 사업을 하는 것으로 확인되는 경우 (부법 제60조①,1)	타인명의의 사업개시일부터 실제 사업을 하는 것으로 **확인되는 날의 직전일까지의** 공급가액×1%
세금계산서 불성실가산세	③ **지연발급**: 세금계산서의 발급시기가 지난 후 해당 재화 또는 용역의 공급시기가 속하는 **과세기간에 대한 확정신고기한까지** 세금계산서를 발급하는 경우(부법 제60조②,1) ④ **부실기재**: 세금계산서의 필요적 기재사항의 전부·일부가 착오·과실로 적혀 있지 아니하거나 사실과 다른 경우(부법 제60조②,5) * 다만, 발급한 세금계산서의 필요적 기재사항 중 일부가 **착오나 과실**로 사실과 다르게 적혔으나 해당 세금계산서에 적힌 나머지 필요적 기재사항·임의적 기재사항으로 보아 거래사실이 **확인되는 경우**는 제외함.	공급가액×1%
전자세금계산서 미발급가산세	⑤ 전자세금계산서 미발급: 전자세금계산서를 발급하여야 할 의무가 있는 자가 전자세금계산서를 발급하지 아니하고 세금계산서의 발급시기에 전자세금계산서 외의 세금계산서를 발급한 경우(부법 제60조②,2-가)	공급가액×1%
타사업장명의 발급가산세	⑥ 둘 이상의 사업장을 가진 사업자가 재화 또는 용역을 공급한 사업장 명의로 세금계산서를 발급하지 아니하고 세금계산서의 발급시기에 자신의 다른 사업장 명의로 세금계산서를 발급한 경우(부법 제60조②,2-나)	공급가액×1%
현금매출명세서 등 제출불성실가산세 (부법 제60조⑧)	⑦ 사업자가 현금매출명세서 또는 부동산임대공급가액 명세서를 제출하지 아니하거나 제출한 수입금액(현금매출명세서의 경우에는 현금매출)이 사실과 다르게 적혀있는 경우	미제출·허위기재분 수입금액×1%

(4) 0.5% 가산세

구 분	부과 사유	가산세
매출처별 세금계산서 합계표 불성실가산세	① 미제출: 매출처별 세금계산서합계표를 제출하지 아니한 경우 (부법 제60조⑥.1) ② 부실기재분: 매출처별 세금계산서합계표의 기재사항 중 거래처별 등록번호 또는 공급가액의 전부 또는 일부가 적혀 있지 아니하거나 사실과 다르게 적혀 있는 경우. 다만, 매출처별 세금계산서합계표의 기재사항이 착오로 적힌 경우로서 사업자가 발급한 세금계산서에 따라 거래사실이 확인되는 부분의 공급가액에 대하여는 그러하지 아니하다(부법 제60조⑥.2).	공급가액×0.5%
매입처별 세금계산서 합계표 불성실가산세 (부법 제60조⑦)	③ 미제출분·부실기재: 매입처별 세금계산서합계표를 제출하지 아니한 경우 또는 제출한 매입처별 세금계산서합계표의 기재사항 중 거래처별 등록번호 또는 공급가액의 전부·일부가 적혀 있지 아니하거나 사실과 다르게 적혀 있는 경우로서 **경정기관의 확인을 거쳐** 해당 경정기관에 제출하여 매입세액을 공제받는 경우 ④ **지연수취:** 　㉠ 재화·용역의 공급시기 이후에 발급받은 세금계산서로서 **그 공급시기가 속하는 과세기간에 대한 확정신고기한**까지 발급받은 경우 　㉡ 재화 또는 용역의 공급시기가 속하는 과세기간에 대한 확정신고기한이 지난 후 세금계산서를 발급받았더라도 그 세금계산서의 발급일이 확정신고기한 다음 날부터 1년 이내이고 다음 어느 하나에 해당하는 경우 　　ⓐ 「국세기본법 시행령」에 따른 과세표준수정신고서와 경정 청구서를 세금계산서와 함께 제출하는 경우 　　ⓑ 해당 거래사실이 확인되어 납세지 관할 세무서장 등이 결정 또는 경정하는 경우 ⑤ 공급시기 전 발급: 재화 또는 용역의 공급시기 전에 세금계산서를 발급받았더라도 재화 또는 용역의 공급시기가 그 세금계산서의 발급일로부터 6개월 이내에 도래하고 해당 거래사실이 확인되어 납세지 관할 세무서장 등이 결정 또는 경정하는 경우	공급가액×0.5%
	⑥ 과다신고: 제출한 매입처별 세금계산서합계표의 기재사항 중 공급가액을 사실과 다르게 과다하게 적어 신고한 경우	과다기재 공급가액×0.5%

신용카드 매출전표 등 불성실가산세	⑦ 사업자가 신용카드매출전표 등을 발급받아 예정신고 또는 확정신고를 할 때에 제출하여 매입세액을 공제받지 아니하고 **경정기관의 확인을 거쳐** 해당 경정기관에 제출하여 매입세액을 공제받는 경우(부법 제60조⑤1)	공급가액×0.5%
	⑧ 과다신고: 매입세액을 공제받기 위하여 제출한 신용카드매출전표 등 수령명세서에 공급가액을 과다하게 적은 경우(부법 제60조⑤2) * 단, 착오로 기재된 경우로서 신용카드매출전표 등에 따라 거래사실이 확인되는 부분의 공급가액은 제외한다.	과다기재 공급가액×0.5%
전자세금계산서 발급명세전송 불성실가산세	⑨ 전자세금계산서 발급명세 미전송: 전자세금계산서 발급명세 전송기한(발급일의 다음 날)이 지난 후 재화·용역의 **공급시기가 속하는 과세기간에 대한 확정신고기한까지** 국세청장에게 전자세금계산서 발급명세를 **전송하지 아니한 경우**(부법 제60조②,4)	공급가액×0.5%

(5) 0.3% 가산세

구 분	부과 사유	가산세
전자세금계산서 발급명세전송 불성실가산세	① 전자세금계산서 발급명세 지연전송: 전자세금계산서 발급명세 전송기한(발급일의 다음 날)이 지난 후 **재화·용역의 공급시기가 속하는 과세기간에 대한 확정신고기한까지** 국세청장에게 전자세금계산서 발급명세를 **전송하는 경우**(부법 제60조②,3)	공급가액×0.3%
매출처별 세금계산서합계표 불성실가산세	② 지연제출: 예정신고를 할 때 제출하지 못하여 해당 **예정신고기간이 속하는 과세기간에 확정신고를 할 때** 매출처별 세금계산서합계표를 제출하는 경우(부법 제60조⑥,32)	공급가액×0.3%

1) 사업자가 아닌 자에 대한 가산세 적용

사업자가 아닌 자가 재화·용역을 공급하지 아니하고 세금계산서를 발급하거나 재화·용역을 공급받지 아니하고 세금계산서를 발급받으면 **사업자로 보고** 그 세금계산서에 적힌 **공급가액의 3%**를 그 세금계산서를 발급하거나 발급받은 자에게 사업자등록증을 발급한 세무서장이 가산세로 징수한다. 이 경우 납부세액은 0으로 본다.

2) 매입세액공제와 가산세 부과 여부

경정기관의 확인을 거쳐 매입세액공제를 받는 경우에는 매입처별 세금계산서 합계표 불성실가산세·신용카드매출전표 등 불성실가산세를 부과한다. 따라서 경정기관의 확인을 거치지 아니하고 매입세액공제를 받는 다음의 경우에는 가산세를 부과하지 않는다.

① 예정신고를 할 때 제출하지 못한 매입처별 세금계산서합계표 또는 신용카드매출전표 등의 수령명세서(정보처리시스템으로 처리된 전산매체를 포함)를 확정신고시 제출하는 경우
② 매입처별 세금계산서합계표 또는 신용카드매출전표 등의 수령명세서(정보처리시스템으로 처리된 전산매체를 포함)를 과세표준수정신고서와 함께 제출하는 경우
③ 매입처별 세금계산서합계표 또는 신용카드매출전표 등 수령명세서를 경정청구서와 함께 제출하여 경정기관이 경정하는 경우
④ 매입처별 세금계산서합계표 또는 신용카드매출전표 등 수령명세서를 기한후과세표준신고서와 함께 제출하여 관할 세무서장이 결정하는 경우
⑤ 매입처별 세금계산서합계표의 거래처별 등록번호 또는 공급가액이 착오로 사실과 다르게 적힌 경우로서 발급받은 세금계산서에 의하여 거래사실이 확인되는 경우

2. 가산세 중복적용의 배제

구 분	적용 배제 가산세
• 미등록가산세 • 타인명의등록가산세	• 세금계산서 지연발급가산세 • 세금계산서발급불성실가산세(부실기재) • 전자세금계산서전송불성실가산세(미전송, 지연전송) • 매출처별세금계산서합계표불성실가산세 • 신용카드매출전표등불성실가산세(경정기관의 확인을 거친 경우)
• 세금계산서 미발급·지연발급가산세 • 전자세금계산서 미발급가산세 • 타사업장명의발급가산세	• 전자세금계산서전송불성실가산세(미전송, 지연전송) • 세금계산서 불성실가산세(부실기재)
• 세금계산서 지연발급가산세 • 세금계산서발급불성실가산세(부실기재) • 전자세금계산서전송불성실가산세(미전송, 지연전송)	• 매출처별세금계산서합계표불성실가산세

• 세금계산서불성실가산세(미발급, 가공발급, 가공수취, 위장발급, 위장수취, 과다기재발급, 과다기재수취의 경우에 한함) • 전자세금계산서미발급가산세 • 타사업장명의발급가산세	• 미등록가산세 · 타인명의등록가산세 • 매출처별세금계산서합계표불성실가산세 • 매입처별세금계산서합계표불성실가산세
• 세금계산서불성실가산세(위장발급)	• 세금계산서 미발급가산세
• 세금계산서불성실가산세(과다발급기재)	• 세금계산서 불성실가산세(부실기재분)
• 「법인세법」 또는 「소득세법」의 현금영수증불성실 가산세를 적용받는 부분	• 세금계산서 미발급가산세 • 매출처별세금계산서합계표불성실가산세(부실기재분)

제 8 절 겸영사업자의 세액계산 특례

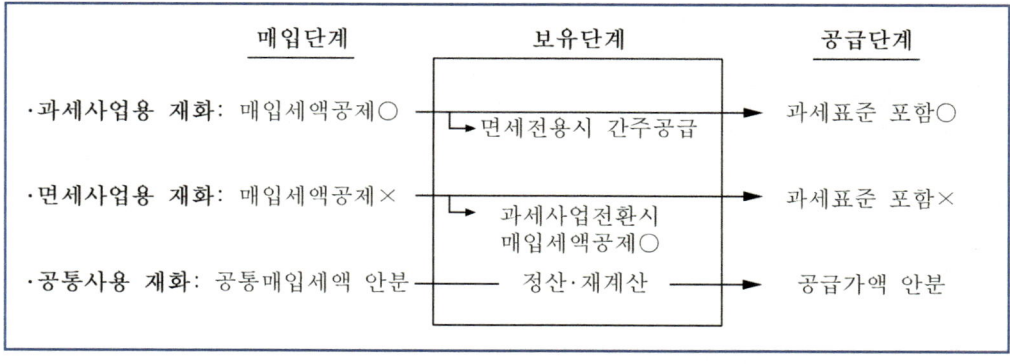

1 공통사용재화 공급가액의 안분계산(공급단계)

구 분	내 용
안분계산 대상	사업자가 과세사업과 면세사업에 공통적으로 사용된 재화를 공급하는 경우
안분시기	공통사용재화 공급시
안분계산 방법	<table><tr><th>구 분</th><th>과세표준(공급가액)</th></tr><tr><td>① 일반적인 경우</td><td>공급가액 = 해당 재화의 공급가액 × (직전 과세기간의 과세 공급가액 / 직전 과세기간의 총 공급가액)</td></tr><tr><td>② 공통매입세액을 예정사용면적비율에 따라 안분계산하거나 사용면적비율에 따라 공통매입세액의 정산 또는 납부세액·환급세액을 재계산한 공통사용재화를 공급하는 경우</td><td>공급가액 = 해당 재화의 공급가액 × (직전 과세기간의 과세사용면적 / 직전 과세기간의 총사용면적)</td></tr></table> * 휴업 등으로 인하여 직전 과세기간의 공급가액이 없을 때에는 그 재화를 공급한 날에 가장 가까운 과세기간의 공급가액(또는 사용면적비율)으로 계산한다.
안분계산 생략	다음에 해당하는 경우에는 해당 재화의 **공급가액 전부를 과세표준**으로 한다. ① 재화를 공급하는 날이 속하는 과세기간의 직전 과세기간의 총공급가액 중 면세공급가액이 5% 미만인 경우 　* 다만, 해당 재화의 공급가액이 5,000만원 이상인 경우는 제외함. 　* 5% 미만 기준은 가액기준이고 면적기준이 아니므로 예정사용면적비율이 5% 미만인 경우에는 생략규정을 적용받을 수 없음. ② 재화의 공급가액이 50만원 미만인 경우 ③ 재화를 공급하는 날이 속하는 과세기간에 신규로 사업을 시작하여 직전 과세기간이 없는 경우

② 공통매입세액의 안분계산(매입단계)

구 분	내 용
안분계산 대상	과세사업과 면세사업을 겸영하는 경우로서 공통매입세액이 있는 경우
안분시기	예정신고 또는 확정신고시
안분계산 방법	1) 실지귀속을 구분할 수 있는 경우 　실지귀속에 따라 구분하여, 과세사업분 매입세액은 공제하고 면세사업분 매입세액은 공제하지 않는다. 2) 실지귀속을 구분할 수 없는 경우 | 구 분	면세관련 매입세액
① 일반적인 경우	면세사업 관련 매입세액 = 공통매입세액 × (해당 과세기간의 면세공급가액[*2] / 해당 과세기간의 총공급가액[*1])
② 공통사용재화를 공급받는 과세기간 중에 공급하는 경우	면세사업 관련 매입세액 = 공통매입세액 × (직전 과세기간의 면세공급가액[*2] / 직전 과세기간의 총공급가액[*1]) | [*1] 총공급가액은 공통매입세액과 관련된 해당 과세기간의 과세사업에 대한 공급가액과 면세사업에 대한 수입금액의 합계액으로 함. [*2] 면세공급가액은 공통매입세액과 관련된 해당 과세기간의 면세사업에 대한 수입금액으로 면세사업 등에 대한 공급가액과 사업자가 해당 면세사업등과 관련하여 받았으나 과세표준에 포함되지 아니하는 국고보조금과 공공보조금 및 이와 유사한 금액의 합계액을 말함.
안분계산 생략	다음에 해당하는 경우에는 해당 재화 · 용역의 매입세액 전부를 공제되는 매입세액으로 한다. ① 해당 과세기간의 총공급가액 중 면세공급가액이 5% 미만인 경우의 공통매입세액 　* 다만, 공통매입세액이 500만원 이상인 경우는 제외함. 　* 5% 미만 기준은 가액기준이고 면적기준이 아니므로 예정사용면적비율이 5% 미만인 경우에는 생략규정을 적용받을 수 없음. ② 해당 과세기간 중의 공통매입세액이 5만원 미만인 경우의 매입세액 ③ 재화를 공급하는 날이 속하는 과세기간에 신규로 사업을 시작하여 직전 과세기간이 없는 경우로서 공급가액에 대한 안분계산을 생략한 경우의 해당 재화에 대한 매입세액
공급가액이 없는 경우	해당 과세기간 중 과세사업과 면세사업의 공급가액이 없거나 그 어느 한 사업의 공급가액이 없는 경우에 해당 과세기간에 대한 안분계산은 다음의 순서에 따른다. 〈1순위〉 총매입가액(공통매입가액은 제외)에 대한 면세사업에 관련된 매입가액의 비율 〈2순위〉 총예정공급가액에 대한 면세사업에 관련된 예정공급가액의 비율 〈3순위〉 총예정사용면적에 대한 면세사업에 관련된 예정사용면적의 비율 　* 다만, 건물 또는 구축물을 신축하거나 취득하여 과세사업과 면세사업에 제공할 예정면적을 구분할 수 있는 경우에는 〈3순위〉를 〈1순위〉 및 〈2순위〉에 우선하여 적용한다.

핵심정리

- **동일한 과세기간에 매입과 공급이 이루어지는 경우**

구분	공급가액의 안분	공통매입세액의 안분
신규사업자	생략	생략
계속사업자	직전과세기간 기준	직전과세기간 기준

③ 공통매입세액의 정산 및 재계산

구분	내용	
정산	**구분**	**내용**
	예정신고 및 확정신고	예정신고를 할 때에는 예정신고기간의 총공급가액에 대한 면세공급가액의 비율·총사용면적에 대한 면세사용면적의 비율에 따라 안분하여 계산(3개월분)하고, 확정신고를 할 때에 정산(6개월분)한다.
	과세사업과 면세사업의 공급가액이 없는 경우	1) 해당 과세기간 중 과세사업과 면세사업의 공급가액이 없거나 그 어느 한 사업의 공급가액이 없어 매입가액 비율·예정공급가액 비율·예정사용면적 비율 등으로 공통매입세액을 안분하여 계산한 경우에는 과세사업과 면세사업의 공급가액, 과세사업과 면세사업의 사용면적이 확정되는 과세기간에 대한 납부세액을 확정신고할 때에 다음의 계산식에 따라 정산한다. $$\text{가산·공제되는세액} = \text{공통매입세액} \times \frac{\text{과세공급가액}^*}{\text{공급가액이 확정되는 과세기간의 총공급가액}} - \text{이미 공제한 세액}$$ * 예정사용면적의 비율에 따라 매입세액을 안분계산한 경우에는 확정된 공급가액 비율 대신 확정된 실제사용면적 비율에 따라 정산함. 2) 건물 또는 구축물에 대하여 총예정사용면적에 대한 면세사업에 관련된 예정사용면적의 비율을 적용하여 공통매입세액 안분계산을 하였을 때에는 그 후 과세사업과 면세사업의 공급가액이 모두 있게 되어 총공급가액에 대한 면세공급가액의 비율로 공통매입세액을 계산할 수 있는 경우에도 과세사업과 면세사업의 사용면적이 확정되기 전의 과세기간까지는 예정사용면적의 비율을 적용하고, 과세사업과 면세사업의 사용면적이 확정되는 과세기간에 실제사용면적의 비율에 따라 공통매입세액을 정산한다.

구분		내용
공통매입세액의 재계산	재계산 대상	① 당초 안분계산의 대상이었던 감가상각자산에 대한 공통매입세액 * 당초 면세비율 5% 미만이어서 안분계산 생략한 경우도 포함함. ② 과세사업전환으로 인해 공제받은 매입세액
	재계산 요건	총공급가액에 대한 면세공급가액의 비율·총사용면적에 대한 면세사용면적의 비율과 해당 감가상각자산의 취득일이 속하는 과세기간(그 후의 과세기간에 재계산하였을 때에는 그 재계산한 기간)에 적용하였던 면세비율 간의 차이가 5% 이상인 경우
	재계산 세액	공통매입세액 × (1 − 감가율 × 경과된 과세기간의 수) × 증감된 면세비율
	재계산 시기	확정신고시(➡예정신고시는 재계산 ×)
	재계산 배제	다음의 경우 감가상각자산을 공급하는 날이 속하는 과세기간에는 납부·환급세액의 재계산을 하지 아니한다. ① 과세사업과 면세사업에 공통으로 사용된 감가상각자산을 공급하는 경우 ② 과세사업과 면세사업에 공통으로 사용된 감가상각자산이 간주공급에 해당하는 경우

핵심정리

■ **공통매입세액 안분계산(부칙 제54조①)**

도축업을 영위하는 사업자는 과세사업과 면세사업에 관련된 도축 두수(頭數)에 따라 공통매입세액을 안분계산한다.

■ **공통매입세액 안분계산 방법(집행 40-81-5)**

① 과세사업과 면세사업등에 공통으로 사용될 건물을 신축하면서 공통매입세액을 공급가액의 비율에 따라 안분계산하였으나, 해당 과세기간 중에 계약의 해제 및 반품 등으로 인하여 과세사업 또는 면세사업등의 공급가액이 음수인 경우에는 과세사업 또는 면세사업등의 공급가액이 없는 것으로 보아 공통매입세액을 안분계산(매입→예·공→예·사)한다.
② 공통매입세액 안분계산 및 안분계산 생략 방법은 사업(현장)단위별 과세기간 단위별로 적용한다.
③ 사업자단위과세사업자가 각 사업장에서 동일한 업종의 과세사업과 면세사업등을 겸영하는 경우 공통매입세액의 안분계산은 각 사업장별로 계산한 후 본점 또는 주사업장에서 이를 합산하여 신고·납부한다.

제 9 절 부가가치세의 납세절차

① 신고 · 납부

구 분	과세기간 (1기)		과세기간 (2기)	
	예정신고	확정신고	예정신고	확정신고
기간	1.1 ~ 3.31	4.1 ~ 6.30	7.1 ~ 9.30	10.1 ~ 12.31
기한	4.25	7.25	10.25	다음해 1.25

1. 예정신고납부

구 분	내 용
내국 · 외국법인의 경우	1) 원칙: 법인사업자의 예정신고 · 납부 ① 사업자는 각 과세기간 중 **예정신고기간이 끝난 후 25일 이내**에 각 예정신고기간에 대한 과세표준과 납부세액(환급세액)을 납세지 관할 세무서장에게 신고하여야 한다. ② 다만, 신규로 사업을 시작하거나 시작하려는 자에 대한 최초의 예정신고기간은 **사업개시일**(사업 개시일 이전에 사업자등록을 신청한 경우에는 그 신청일)**부터** 그 날이 속하는 **예정신고기간의 종료일까지**로 한다. 2) 예외: 영세법인사업자의 예정고지 · 징수 ① 예정고지징수: 직전 과세기간 공급가액의 합계액이 1억 5천만원 미만인 법인사업자에 대하여는 각 예정신고기간마다 직전(直前) 과세기간에 대한 납부세액[24]의 50%(1천원 미만인 단수가 있을 때에는 그 단수금액은 버린다)로 결정하여 해당 예정신고기간이 끝난 후 25일까지 징수한다. ② 예정고지징수 제외: 다음의 어느 하나에 해당하는 경우에는 징수하지 아니한다. ㉠ 징수하여야 할 금액이 50만원 미만인 경우 ㉡ 「국세징수법」의 어느 하나에 해당하는 사유로 관할 세무서장이 징수하여야 할 금액을 사업자가 납부할 수 없다고 인정되는 경우 ③ 선택: 예정신고 · 납부 휴업 · 사업 부진으로 인하여 사업실적이 악화된 경우 등 다음의 사유가 있는 법인사업자는 **예정신고 · 납부를 할 수 있다.** 이 경우 예정고지에 의한 결정은 없었던 것으로 본다. ㉠ 휴업 · 사업 부진 등으로 인하여 각 예정신고기간의 공급가액 또는 납부세액이 직전 과세기간의 공급가액 또는 납부세액의 **3분의 1에 미달**하는 자 ㉡ 각 예정신고기간분에 대하여 **조기환급**을 받으려는 자

개인 사업자의 경우	1) **원칙: 개인사업자의 예정고지 · 징수** 　① 예정고지징수: 개인사업자에 대하여는 각 예정신고기간마다 **직전 과세기간에 대한 납부세액에 50%를 곱한 금액**(1,000원 미만의 단수가 있을 때에는 그 단수금액은 버림)을 결정하여 해당 예정신고기간이 끝난 후 **25일까지 징수**한다. 　② 예정고지징수제외: 다음의 어느 하나에 해당하는 경우에는 징수하지 아니한다. 　　㉠ 징수하여야 할 금액이 50만원 미만인 경우 　　㉡ 간이과세자에서 해당 과세기간 개시일 현재 일반과세자로 변경된 경우 　　㉢ 「국세징수법」의 어느 하나에 해당하는 사유로 관할 세무서장이 징수하여야 할 금액을 사업자가 납부할 수 없다고 인정되는 경우 2) **예외**(선택): **개인사업자의 예정신고 · 납부** 　휴업 · 사업 부진으로 인하여 사업실적이 악화된 경우 등 다음의 사유가 있는 개인사업자는 **예정신고 · 납부를 할 수 있다.** 　* 이 경우 예정고지에 의한 결정은 없었던 것으로 본다. 　① 휴업 · 사업 부진 등으로 인하여 각 예정신고기간의 공급가액 또는 납부세액이 직전 과세기간의 공급가액 또는 납부세액의 **3분의 1에 미달**하는 자 　② 각 예정신고기간분에 대하여 **조기환급**을 받으려는 자
가산세 등 적용여부	부가가치세의 예정신고와 납부를 할 때에는 가산세에 관한 규정은 적용하지 아니하고, 신용카드 등의 사용에 따른 세액공제는 적용한다.
납부 고지서 발부	관할 세무서장은 예정고지징수에 따른 부가가치세액에 대하여 다음 구분에 따른 기간 이내에 납부고지서를 발부해야 한다. | 구 분	내 용
제1기분 예정신고기간분	4월 1일부터 4월 10일까지
제2기분 예정신고기간분	10월 1일부터 10월 10일까지	

핵심정리

■ 개인 및 법인사업자의 예정신고 · 납부

구 분	개인 · 영세법인사업자	법인사업자
원칙	예정고지징수	예정신고납부
예외(선택)	예정신고납부	×

---

24) 납부세액: 신용카드 등의 사용에 따른 세액공제 또는 「조세특례제한법」에 따라 납부세액에서 공제하거나 경감한 세액이 있는 경우에는 그 세액을 뺀 금액으로 하고, 결정 또는 경정과 「국세기본법」에 따른 수정신고 및 경정청구에 따른 결정이 있는 경우에는 그 내용이 반영된 금액으로 한다.

2. 확정신고납부

① 사업자는 각 과세기간에 대한 과세표준과 납부세액(환급세액)을 그 과세기간이 끝난 후 25일(폐업하는 경우 **폐업일이 속한 달의 다음 달 25일**) 이내에 납세지 관할 세무서장에게 신고하여야 한다.
② 다만, 예정신고를 한 사업자 또는 조기에 환급을 받기 위하여 신고한 사업자는 이미 신고한 과세표준과 납부한 납부세액(환급세액)은 신고하지 아니한다.
③ 예정·확정신고를 하는 경우에 영세율첨부서류를 해당 신고서에 첨부하지 아니한 부분은 예정·확정신고로 보지 아니한다.
④ 법인의 합병으로 인한 소멸법인의 최종과세기간분에 대한 확정신고는 합병 후 존속하는 법인 또는 합병으로 인하여 설립된 법인이 소멸법인을 해당 과세기간의 납세의무자로 하여 소멸법인의 사업장 관할세무서장에게 신고하여야 한다(부기통 49-91-1).

3. 재화의 수입에 대한 신고·납부

(1) 부가가치세 신고·납부

납세의무자가 재화의 수입에 대하여 관세를 세관장에게 신고하고 납부하는 경우에는 재화의 수입에 대한 부가가치세를 함께 신고하고 납부하여야 한다.

(2) 부가가치세 납부의 유예

구 분	내 용
개요	세관장은 법정 요건을 모두 충족하는 중소·중견사업자가 물품을 제조·가공하기 위한 원재료 등 자기의 과세사업에 사용하기 위한 재화(다만, 매출세액에서 공제되지 아니하는 매입세액과 관련된 재화는 제외한다)의 수입에 대하여 부가가치세의 납부유예를 미리 신청하는 경우에는 부가가치세 신고·납부의 규정에도 불구하고 해당 재화를 수입할 때 부가가치세의 납부를 유예할 수 있다.
적용요건	① 제조업을 주된 사업으로 하는 중소·중견기업: 직전 사업연도에 「조세특례제한법 시행령」에 따른 중소·중견기업(제조업을 주된 사업으로 경영하는 기업에 한정한다)에 해당하는 법인일 것 ② 수출(영세율) 공급가액이 총공급가액의 30%(또는 50억원)·30% 이상: 직전 사업연도에 영세율을 적용받은 재화의 공급가액의 합계액(이하 "수출액"이라 한다)이 다음의 어느 하나에 해당할 것 ㉠ 직전 사업연도에 「조세특례제한법 시행령」에 따른 중소기업인 경우: 직전 사업연도에 공급한 재화 또는 용역의 공급가액의 합계액에서 수출액이 차지하는 비율이 30% 이상이거나 수출액이 50억원 이상일 것

	ⓒ 직전 사업연도에 「조세특례제한법 시행령」에 따른 중견기업인 경우: 직전 사업연도에 공급한 재화 또는 용역의 공급가액의 합계액에서 수출액이 차지하는 비율이 30% 이상일 것
	③ 3년 이상 계속 사업, 2년 이상 체납이 없을 것: 확인 요청일 현재 다음의 요건에 모두 해당할 것
	  ㉠ 최근 3년간 계속하여 사업을 경영하였을 것
	  ⓒ 최근 3년간 「조세범처벌법」 또는 「관세법」 위반으로 처벌받은 사실이 없을 것
	  ⓒ 최근 2년간 국세(관세를 포함한다)를 체납(납부고지서에 따른 납부기한의 다음 날부터 15일 이내에 체납된 국세를 모두 납부한 경우는 제외한다)한 사실이 없을 것
	  ⓔ 최근 2년간 납부유예가 취소된 사실이 없을 것

납부유예의 신청 및 적용방법	① 중소·중견사업자는 다음의 신고기한의 만료일 중 늦은 날부터 3개월 이내에 관할 세무서장에게 납세유예 요건의 충족 여부의 확인을 요청할 수 있다.
	  ㉠ 직전 사업연도에 대한 법인세 과세표준 또는 연결과세표준확정신고기한
	  ⓒ 직전 사업연도에 대한 부가가치세 확정신고기한
	② 관할 세무서장은 중소·중견사업자가 납세유예 요건의 충족 여부의 확인을 요청한 경우에는 해당 중소·중견사업자가 납세유예 요건에 해당하는지 여부를 확인한 후 요청일로부터 1개월 이내에 기획재정부령으로 정하는 확인서를 해당 중소·중견사업자에게 발급하여야 한다.
	③ 부가가치세의 납부를 유예 받으려는 중소·중견사업자는 발급받은 확인서를 첨부하여 기획재정부령으로 정하는 부가가치세 납부유예 적용 신청서를 관할 세관장에게 제출하여야 한다.
	④ 납부유예 적용신청을 받은 관할 세관장은 신청일로부터 1개월 이내에 납부유예의 승인 여부를 결정하여 해당 중소·중견사업자에게 통지하여야 한다.
	⑤ 납부유예를 승인하는 경우 그 유예기간은 1년으로 한다.
	⑥ 부가가치세 납부를 유예 받은 중소·중견사업자는 납세지 관할 세무서장에게 예정신고, 확정신고 또는 영세율 등 조기환급 신고를 할 때 해당 재화에 대하여 공제하는 매입세액과 납부가 유예된 세액을 정산하여 납부하여야 한다. 이 경우 납세지 관할 세무서장에게 납부한 세액은 세관장에게 납부한 것으로 본다.

납부유예의 취소 및 통지	① 세관장은 부가가치세의 납부가 유예된 중소·중견사업자가 납부유예를 승인받은 후 다음의 어느 하나에 해당하게 된 경우에는 그 납부의 유예를 취소할 수 있다. 이 경우 세관장은 해당 중소·중견사업자에게 그 취소 사실을 통지하여야 한다.
	  ㉠ 해당 중소·중견사업자가 국세를 체납한 경우
	  ⓒ 해당 중소·중견사업자가 「조세범처벌법」 또는 「관세법」 위반으로 국세청장·지방국세청장·세무서장 또는 관세청장·세관장으로부터 고발된 경우
	  ⓒ 납부유예 요건을 충족하지 아니한 중소·중견사업자에게 납부유예를 승인한 사실을 관할 세관장이 알게 된 경우
	② 국세청장, 지방국세청장, 세무서장은 해당 중소·중견사업자가 위의 어느 하나에 해당하는 사실을 알게 되었을 때에는 지체 없이 그 사실을 관세청장에게 통보하여야 한다.

기타사항	① 납부유예는 「관세법」에 따른 납세신고를 할 때 납부하여야 하는 부가가치세에 한정하여 적용한다. ② 납부유예 취소는 중소·중견사업자가 부가가치세 납부를 유예 받고 수입한 재화에 대해서는 영향을 미치지 아니한다. ③ 납부가 유예된 후 세액을 정정하기 위한 수정신고 등에 관하여는 「관세법」에서 정하는 바에 따른다.

4. 대리납부제도

(1) 용역 또는 권리를 공급받는 자의 대리납부

구 분		내 용
개념		대리납부란 국내에 사업장이 **없는** 비거주자 또는 외국법인과 국내사업장이 있는 비거주자 또는 외국법인(**국내사업장과 관련 없는 용역을 제공하는 경우에 한함**)으로부터 **용역 또는 권리**(이하 "용역등"이라 한다)를 공급받는 경우 해당 용역 등을 공급받은 자가 그 대가를 지급하는 시점에 국외의 공급자를 대리하여 부가가치세를 징수·납부하는 것을 말한다.
취지		국내사업장이 없는 비거주자 등의 용역공급과 국내사업자의 용역공급 사이에 과세상의 중립성을 유지하고 과세의 형평을 유지하기 위함을 목적으로 한다.
적용 요건	공급자	용역 등의 제공자가 다음에 해당하는 자이어야 한다. ① 국내사업장이 **없는** 비거주자 또는 외국법인 ② 국내사업장이 있는 비거주자 또는 외국법인(비거주자 또는 외국법인의 국내사업장과 관련 없이 용역 등을 공급하는 경우로서 해당 용역 등의 제공이 국내사업장과 실질적으로 관련되지 아니하거나 그 국내사업장에 귀속되지 아니하는 경우만 해당함)
	대리납부 대상	① 국내에서 부가가치세가 과세되는 **용역** 또는 **권리**를 공급받는 경우 ② 국내에 반입하는 것으로서 관세와 함께 부가가치세를 신고·납부하여야 하는 재화의 수입에 해당하지 아니하는 경우를 포함한다.
	사용·소비 장소	해당 용역 등이 국내에서 사용 또는 소비되어야 한다.
	공급 받는자	① 제공받은 용역 등을 **부가가치세가 과세되지 아니하는 사업**(면세사업·비과세사업)**에 사용 또는 소비**하여야 한다. ② **매입세액이 공제되지 아니하는 용역 등을 공급받는 경우**를 포함한다. *[예] 국내사업장이 없는 비거주자 또는 외국법인으로부터 골프장 조성을 위한 용역을 공급받는 경우로서 해당 용역의 매입이 토지의 조성 등을 위한 자본적 지출에 해당하는 경우에 용역을 공급받는 자는 대리납부의무가 있다

대리납부시기	① 대리납부 할 부가가치세액은 제공받는 용역 등의 공급시기에 관계없이 **그 대가를 지급하는 때에** 징수한다. ② 대리납부대상 용역 등을 공급받기 전에 그 **대가의 일부를 수회에 걸쳐 지급하는 경우**에는 그 **지급을 하는 때마다** 대리납부세액을 징수한다. ③ 부가가치세를 징수한 자는 부가가치세 대리납부신고서를 제출하고, 예정신고 및 확정신고시 부가가치세를 납부하여야 한다.
징수세액	용역 등의 공급가액* × 10% * 대가를 외화로 지급하는 경우에는 다음의 구분에 따른 금액을 그 대가로 한다. ① 원화로 외화를 매입하여 지급하는 경우: 지급일 현재의 대고객외국환매도율에 따라 계산한 금액 ② 보유 중인 외화로 지급하는 경우: 지급일 현재의 「외국환거래법」에 따른 기준환율 또는 재정환율에 따라 계산한 금액
대리납부 불성실가산세	대리납부의무자가 징수하여야 할 세액을 납부기한까지 납부하지 아니하거나 과소납부한 경우 **다음의 대리납부불성실가산세를 적용**한다. 가산세액 Min(①, ②) ① (미납·과소납부세액 × 3%) + (미납·과소납부세액 × 일수* × 2.2/10,000) ② 한도: 미납·과소납부세액 × 10% * 일수: 납부기한의 다음 날부터 자진납부일 또는 납세고지일까지의 기간
기타사항	공급받은 용역 등이 과세사업과 면세사업 등에 공통으로 사용되어 그 실지귀속을 구분할 수 없는 경우 그 면세사업 등에 사용된 용역 등의 과세표준은 다음에 따라 계산한 금액으로 한다. $$과세표준 = \frac{용역등의}{총공급가액} \times \frac{면세공급가액}{총공급가액}_{\text{대가 지급일이 속하는 과세기간의}}$$

(2) 사업의 포괄양도시 사업양수자의 대리납부

① 사업장별로 사업에 관한 모든 권리와 의무를 포괄적으로 승계시키는 사업의 포괄양도는 재화의 공급으로 보지 않으므로 부가가치세를 과세하지 않는다.
② 그러나 그럼에도 불구하고 사업의 포괄양도(이에 해당하는 지 여부가 분명하지 아니한 경우를 포함한다)에 따라 그 사업을 양수받는 자는 그 대가를 지급하는 때에 그 대가를 받은 자로부터 부가가치세를 징수하여 **그 대가를 지급하는 날이 속하는 달의 다음 달 25일까지** 사업장 관할 세무서장에게 납부할 수 있다.

5. 국외사업자의 용역 등 공급에 관한 특례

① 국외사업자[25]가 사업자등록의 대상으로서 다음 어느 하나에 해당하는 자(이하 "위탁매매인등"이라 한다)를 통하여 국내에서 용역 등을 공급하는 경우에는 해당 위탁매매인 등이 해당 용역 등을 공급한 것으로 본다.
  ㉠ 위탁매매인
  ㉡ 준위탁매매인
  ㉢ 대리인
  ㉣ 중개인(구매자로부터 거래대금을 수취하여 판매자에게 지급하는 경우에 한정한다)
② 국외사업자로부터 권리를 공급받는 경우에는 재화의 공급장소 규정에도 불구하고 공급받는 자의 국내에 있는 사업장의 소재지 또는 주소지를 해당 권리가 공급되는 장소로 본다.

6. 전자적 용역을 공급하는 국외사업자의 용역 공급과 사업자등록 등에 관한 특례

구 분	내 용
개요 및 취지	국내 개발자와 해외 개발자간 과세 형평을 제고하기 위해 국내소비자가 해외 오픈마켓에서 구매하는 애플리케이션 등 전자적 용역에 대해 해외 오픈마켓 사업자가 부가가치세를 납부하도록 하고, 이를 위해 해외 오픈마켓 사업자가 인터넷을 통해 간편하게 사업자 등록할 수 있도록 하는 제도
적용대상	① 다음의 국외사업자가 정보통신망을 통하여 이동통신단말장치 또는 컴퓨터 등으로 공급하는 용역으로서 전자적 용역을 국내에 제공하는 경우[부가가치세법, 「소득세법」 또는 「법인세법」에 따라 사업자등록을 한 자(이하 "등록사업자"라 한다)의 과세사업 또는 면세사업에 대하여 용역을 공급하는 경우는 제외한다]에는 사업의 개시일로부터 20일 이내에 대통령령으로 정하는 간편한 방법으로 사업자등록(이하 "간편사업자등록"이라 한다)을 하여야 한다. ㉠ 국내사업장이 없는 비거주자 또는 외국법인 ㉡ 국내사업장이 있는 비거주자 또는 외국법인(비거주자 또는 외국법인의 국내사업장과 관련 없이 용역 등을 공급하는 경우로서 국내원천소득이 국내사업장과 실질적으로 관련되지 아니하거나 그 국내사업장에 귀속되지 아니한 경우만 해당한다)

---

25) 국외사업자: 국내사업장이 없는 비거주자 또는 외국법인(국내사업장이 있는 비거주자·외국법인인 경우에는 국내사업장과 관련 없이 용역 등을 공급하는 경우로서 해당 용역 등의 제공이 국내사업장과 실질적으로 관련되지 아니하거나 그 국내사업장에 귀속되지 아니하는 경우)을 말한다.
26) 대통령령으로 정하는 경우란 다음의 경우를 말한다.

	② 국외사업자(위의 ㉠, ㉡)가 다음의 어느 하나에 해당하는 제3자(위의 ㉠, ㉡에 해당하는 비거주자 또는 외국법인을 포함한다)를 통하여 국내에 전자적 용역을 공급하는 경우(등록사업자의 과세사업 또는 면세사업에 대하여 용역을 공급하는 경우나 5.국외사업자의 용역 등 공급에 관한 특례가 적용되는 경우는 제외한다)에는 그 제3자가 해당 전자적 용역을 공급한 것으로 보며, 그 제3자는 사업의 개시일로부터 20일 이내에 간편사업자등록을 하여야 한다. ㉠ 정보통신망 등을 이용하여 전자적 용역의 거래가 가능하도록 오픈 마켓이나 그와 유사한 것을 운영하고 관련 서비스를 제공하는 자 ㉡ 전자적 용역의 거래에서 중개에 관한 행위 등을 하는 자로서 구매자로부터 거래대금을 수취하여 판매자에게 지급하는 자 ㉢ 그 밖에 위와 유사하게 전자적 용역의 거래에 관여하는 자로서 대통령령으로 정하는 자
전자적용역	① 게임·음성·동영상 파일 또는 소프트웨어 등 대통령령으로 정하는 용역 ② 광고를 게재하는 용역 ③ 「클라우드컴퓨팅 발전 및 이용자 보호에 관한 법률」에 따른 클라우드컴퓨팅서비스 ④ 재화 또는 용역을 중개하는 용역으로서 대통령령으로 정하는 용역 ⑤ 그 밖에 위와 유사한 용역으로서 대통령령으로 정하는 용역
간편사업자 등록	① 위의 규정에 따라 국내에 전자적 용역을 공급하는 자는 국세정보통신망에 접속하여 사업에 관한 기본사항을 입력하는 방식으로 국세청장에게 사업자등록(이하 "간편사업자등록"이라 한다)을 하여야 한다. ② 이 경우 그 사업의 개시일부터 20일 이내에 간편사업자등록을 신청하여야 한다. ③ 국세청장은 간편사업자등록을 한 자(이하 "간편사업자등록자"라 한다)에 대하여 간편사업자등록번호를 부여하고, 사업자(납세관리인이 있는 경우 납세관리인을 포함한다)에게 통지(정보통신망을 이용한 통지를 포함한다)하여야 한다.
공급시기	국내로 공급되는 전자적 용역의 공급시기는 다음의 시기 중 빠른 때로 한다. ㉠ 구매자가 공급하는 자로부터 전자적 용역을 제공 받은 때 ㉡ 구매자가 전자적 용역을 구매하기 위하여 대금의 결제를 완료한 때
신고·납부	① 대리납부에도 불구하고 간편사업자등록을 한 자는 국세정보통신망에 접속하여 예정신고·확정신고에 따른 신고 및 납부를 하여야 한다. ＊ 납부는 국세청장이 정하는 바에 따라 외국환은행의 계좌에 납입하는 방식으로 한다. ② 국외사업자가 「부가가치세법」, 「소득세법」, 「법인세법」에 따라 사업자등록을 한 자, 또는 면세 사업자에게 전자적 용역을 공급하는 경우 예정신고 및 확정신고에 따른 신고 및 납부의무를 지지 아니한다.
매입세액 공제	간편사업자등록을 한 자는 해당 전자적 용역의 공급과 관련하여 공제되는 매입세액 외에는 매출세액 또는 납부세액에서 공제하지 아니한다.

과세표준 환산방법	① 간편사업자등록자가 국내에 공급한 전자적 용역의 대가를 외국통화나 그 밖의 외국환으로 받은 경우에는 과세기간 종료일(예정신고 및 납부에 대해서는 예정신고기간 종료일을 말한다)의 기준환율을 적용하여 환가한 금액을 과세표준으로 할 수 있다. ② 이 경우 국세청장은 정보통신망을 이용하여 통지하거나 국세정보통신망에 고시하는 방법 등으로 사업자(납세관리인이 있는 경우 납세관리인을 포함한다)에게 기준환율을 알려야 한다.
납세지	간편사업자등록을 한 사업자의 납세지는 사업자의 신고·납부의 효율과 편의를 고려하여 국세청장이 지정한다.
거래명세서 보관 및 제출	① 간편사업자등록을 한 자는 전자적 용역의 공급에 대한 거래명세(등록사업자의 과세사업 또는 면세사업에 대하여 용역을 공급하는 경우의 거래명세를 포함한다)를 그 거래사실이 속하는 과세기간에 대한 확정신고 기한이 지난 후 5년간 보관하여야 한다. 이 경우 거래명세에 포함되어야 할 구체적인 내용은 대통령령으로 정한다. ② 국세청장은 부가가치세 신고의 적정성을 확인하기 위하여 간편사업자등록을 한 자에게 기획재정부령으로 정하는 전자적 용역 거래명세서를 제출할 것을 요구할 수 있다. ③ 간편사업자등록을 한 자는 전자적 용역 거래명세서 제출 요구를 받은 날부터 60일 이내에 전자적 용역 거래명세서를 국세청장에게 제출하여야 한다.
간편사업자 등록 말소	국세청장은 간편사업자등록을 한 자가 국내에서 폐업한 경우(사실상 폐업한 경우로서 대통령령으로 정하는 경우26)를 포함한다) 간편사업자등록을 말소할 수 있다.

---

① 간편사업자등록자가 부도발생, 고액체납 등으로 도산하여 소재 불명인 경우
② 간편사업자등록자가 사업의 영위에 필요한 인허가 등이 취소되는 등의 사유로 대한민국 또는 등록국가에서 사업을 수행할 수 없는 경우
③ 간편사업자등록자가 전자적 용역을 공급하기 위한 인터넷 홈페이지[이동통신단말장치에서 사용되는 애플리케이션(Application), 그 밖에 이와 비슷한 응용프로그램을 통하여 가상의 공간에 개설한 장소를 포함한다]를 폐쇄한 경우
④ 간편사업자등록자가 정당한 사유 없이 계속하여 둘 이상의 과세기간에 걸쳐 부가가치세를 신고하지 않은 경우
⑤ 그 밖에 위의 경우와 유사한 경우로서 국세청장이 간편사업자등록자가 사실상 폐업상태에 있다고 인정하는 경우

2 결정·경정·징수

구분	내용
개요	납세지 관할 세무서장, 납세지 관할 지방국세청장 또는 국세청장(이하 "납세지 관할 세무서장 등"이라 한다)은 사업자가 다음의 어느 하나에 해당하는 경우에만 해당 예정신고기간 및 과세기간에 대한 부가가치세의 과세표준과 납부세액 또는 환급세액을 조사하여 결정 또는 경정한다.
결정·경정사유	① 예정신고 또는 확정신고를 하지 아니한 경우 ② 예정신고 또는 확정신고를 한 내용에 오류가 있거나 내용이 누락된 경우 ③ 확정신고를 할 때 매출처별 세금계산서합계표 또는 매입처별 세금계산서합계표를 제출하지 아니하거나 제출한 매출처별 세금계산서합계표 또는 매입처별 세금계산서합계표에 기재사항의 전부 또는 일부가 적혀 있지 아니하거나 사실과 다르게 적혀 있는 경우 ④ 그 밖에 다음의 사유로 **부가가치세를 포탈할 우려가 있는 경우** 　㉠ 사업장의 이동이 빈번한 경우 　㉡ 사업장의 이동이 빈번하다고 인정되는 지역에 사업장이 있을 경우 　㉢ 휴업 또는 폐업 상태에 있을 경우 　㉣ 신용카드가맹점 또는 현금영수증가맹점 가입 대상자로 지정받은 사업자가 정당한 사유 없이 신용카드가맹점 또는 현금영수증가맹점으로 가입하지 아니한 경우로서 사업 규모나 영업 상황으로 보아 신고 내용이 불성실하다고 판단되는 경우 　㉤ 조기환급 신고의 내용에 오류가 있거나 내용이 누락된 경우 ⑤ 영수증 발급대상 사업 중 국세청장이 정하는 업종을 경영하는 사업자로서 같은 장소에서 계속하여 5년 이상 사업을 경영한 자에 대해서는 객관적인 증명자료로 보아 과소하게 신고한 것이 분명한 경우에만 경정할 수 있다.
결정·경정기관	① 부가가치세의 과세표준과 납부세액(환급세액)의 결정·경정은 각 납세지 관할 세무서장이 한다. ② 다만, 국세청장이 특히 중요하다고 인정하는 경우에는 납세지 관할 지방국세청장 또는 국세청장이 결정하거나 경정할 수 있다. ③ 주사업장 총괄 납부를 하는 경우 각 납세지 관할 세무서장, 납세지 관할 지방국세청장 또는 국세청장이 과세표준과 납부세액(환급세액)을 결정하거나 경정하였을 때에는 지체 없이 납세지 관할 세무서장 또는 총괄 납부를 하는 주된 사업장의 관할 세무서장에게 통지하여야 한다.

결정·경정방법	① 원칙: 납세지 관할 세무서장등은 각 예정신고기간 및 과세기간에 대한 과세표준과 납부세액(환급세액)을 조사하여 결정·경정하는 경우에는 **세금계산서, 수입세금계산서, 장부 또는 그 밖의 증명 자료를 근거로 하여야** 한다. ② 예외: 다음 어느 하나에 해당하면 대통령령으로 정하는 바에 따라 추계(推計)할 수 있다. 　㉠ 과세표준을 계산할 때 필요한 세금계산서, 수입세금계산서, 장부 또는 그 밖의 증명 자료가 없거나 그 중요한 부분이 갖추어지지 아니한 경우 　㉡ 세금계산서, 수입세금계산서, 장부 또는 그 밖의 증명 자료의 내용이 시설규모, 종업원 수와 원자재·상품·제품 또는 각종 요금의 시가에 비추어 거짓임이 명백한 경우 　㉢ 세금계산서, 수입세금계산서, 장부 또는 그 밖의 증명 자료의 내용이 원자재 사용량, 동력(動力) 사용량이나 그 밖의 조업 상황에 비추어 거짓임이 명백한 경우 ③ 추계에 따라 납부세액을 계산할 때 공제하는 매입세액은 발급받은 세금계산서를 관할 세무서장에게 제출하고 그 기재내용이 분명한 부분으로 한정한다. 다만, 재해 또는 그 밖의 불가항력으로 인하여 발급받은 세금계산서가 소멸되어 세금계산서를 제출하지 못하게 되었을 때에는 해당 사업자에게 공급한 거래상대방이 제출한 세금계산서에 의하여 확인되는 것을 납부세액에서 공제하는 매입세액으로 한다.
재경정	납세지 관할 세무서장등은 결정하거나 경정한 과세표준과 납부세액(환급세액)에 오류가 있거나 누락된 내용이 발견되면 **즉시 다시 경정**한다.
징수	① 납세지 관할 세무서장은 사업자가 예정신고 또는 확정신고를 할 때에 신고한 납부세액을 납부하지 아니하거나 납부하여야 할 세액보다 적게 납부한 경우에는 그 세액을 「국세징수법」에 따라 징수하고, 결정 또는 경정을 한 경우에는 추가로 납부하여야 할 세액을 「국세징수법」에 따라 징수한다. ② 재화의 수입에 대한 부가가치세는 **세관장이 「관세법」에 따라 징수**한다.

> **핵심정리**
>
> ■ 추계결정·경정방법
> ① 장부의 기록이 정당하다고 인정되고 신고가 성실하여 부가가치세법에 따른 경정을 받지 아니한 같은 업종과 같은 현황의 다른 사업자와 권형(權衡)에 따라 계산하는 방법
> ② 국세청장이 업종별로 투입원재료에 대하여 조사한 생산수율(生産收率)이 있을 때에는 생산수율을 적용하여 계산한 생산량에 그 과세기간 중에 공급한 수량의 시가를 적용하여 계산하는 방법
> ③ 국세청장이 사업의 종류·지역 등을 감안하여 사업과 관련된 종업원, 객실, 사업장, 차량, 수도, 전기 등 인적·물적 시설의 수량 또는 가액과 매출액의 관계를 정한 영업효율이 있을 때에는 영업효율을 적용하여 계산하는 방법
> ④ 국세청장이 사업의 종류별·지역별로 정한 다음 중 어느 하나에 해당하는 기준에 따라 계산하는 방법
>   ㉠ 생산에 투입되는 원재료, 부재료 중에서 일부 또는 전체의 수량과 생산량의 관계를 정한 원단위 투입량
>   ㉡ 인건비, 임차료, 재료비, 수도광열비, 그 밖의 영업비용 중에서 일부 또는 전체의 비용과 매출액의 관계를 정한 비용관계비율
>   ㉢ 일정기간 동안의 평균재고금액과 매출액 또는 매출원가의 관계를 정한 상품회전율
>   ㉣ 일정기간 동안의 매출액과 매출총이익의 비율을 정한 매매총이익률
>   ㉤ 일정기간 동안의 매출액과 부가가치액의 비율을 정한 부가가치율
> ⑤ 추계 경정·결정 대상 사업자에 대하여 위 ②부터 ④까지의 비율을 계산할 수 있는 경우에는 그 비율을 적용하여 계산하는 방법
> ⑥ 주로 최종소비자를 대상으로 거래하는 음식 및 숙박업과 서비스업에 대해서는 국세청장이 정하는 입회조사기준에 따라 계산하는 방법

③ 환급

1. 일반환급

구 분	내 용
확정신고에 의한 환급	① 환급시기: **확정신고시** 　*예정신고시 환급세액: 확정신고시에 납부세액에서 차감함(➡환급×) ② 환급기한: 확정신고기한이 지난 후 **30일 이내**(➡환급시 체납된 국세, 강제징수비 등의 충당을 고려하여 환급함)
결정·경정에 의한 환급	관할 세무서장은 결정·경정에 의하여 추가로 발생한 환급세액이 있는 경우에는 **지체 없이** 사업자에게 환급하여야 한다.

2. 조기환급

구 분	내 용
조기환급 대상	① 사업자가 **영세율을 적용받는 경우** ② 사업자가 대통령령으로 정하는 **사업 설비(감가상각자산)를 신설·취득·확장·증축하는 경우**(➡토지×) ③ 사업자가 대통령령으로 정하는 **재무구조개선계획을 이행 중인 경우**
신고	조기환급을 받으려는 사업자가 예정신고 또는 확정신고에 따른 신고서를 관할세무서장에게 제출한 경우에는 조기환급을 신고한 것으로 본다.
조기환급 유형	① **예정신고기간·과세기간에 대한 조기환급** 예정신고기간 또는 확정신고기간에 그 기간에 대한 과세표준과 환급세액을 예정신고기간·과세기간이 끝난 날부터 25일 이내에 관할 세무서장에게 신고하는 경우 ② **조기환급기간(매월·매2월)에 대한 조기환급** 예정신고기간 중 또는 과세기간 최종 3개월 중 조기환급기간(매월 또는 매2월)에 조기환급기간에 대한 과세표준과 환급세액을 조기환급기간이 끝난 날부터 25일 이내(조기환급신고기한)에 관할 세무서장에게 신고하는 경우
영세율 적용에 따른 조기환급 방법	① 영세율 적용에 따른 조기환급을 받을 수 있는 사업자는 해당 영세율 등 조기환급신고기간·예정신고기간·과세기간 중에 **각 신고기간 단위별로 영세율의 적용대상이 되는 과세표준이 있는 경우**에 한한다. ② 영세율 적용에 따른 조기환급세액은 영의 세율이 적용되는 공급분에 관련된 매입세액·시설투자에 관련된 매입세액·국내공급분에 대한 **매입세액 등을 구분하지 아니하고** 사업장별로 해당 매출세액에서 매입세액을 공제하여 계산한다.
환급기한	환급신고기한이 지난 후 **15일 이내**에 환급하여야 한다.(➡환급시 체납된 국세, 강제징수비 등의 충당을 고려하여 환급함)
기타 사항	① 조기환급신고에 따른 신고를 할 때 이미 신고한 과세표준과 납부한 납부세액 또는 환급받은 환급세액은 예정신고 또는 확정신고 대상에서 제외한다. ② 조기환급신고에 따라 매출·매입처별 세금계산서합계표를 제출한 경우에는 예정신고 또는 확정신고를 할 때 함께 제출한 것으로 본다. ③ 사업자가 어느 한 사업장에서 조기환급사유가 발생하는 경우 해당 사업장의 거래분만을 조기환급신고 할 수 있다. 다만, 주사업장 총괄 납부 사업자의 경우에는 그러하지 아니하다(부기통 59-107-3). ④ 납세의무가 있는 사업자가 사업설비를 신설·취득·확장 등의 목적으로 「여신전문금융업법」에 따라 등록한 시설대여업자로부터 임차하고 공급자 또는 세관장으로부터 세금계산서를 발급받은 경우에는 조기환급을 받을 수 있다(부집 59-107-3).

> **핵심정리**
>
> ■ 예정·확정신고시 적용여부
>
> | 예정·확정신고시 적용 | 확정신고시만 적용 |
> |---|---|
> | · 의제매입세액공제
· 신용카드 등의 사용에 따른 세액공제
· 전자세금계산서 발급·전송에 대한 세액공제
· 간주공급시 공급가액의 계산
· 공통매입세액의 계산
· 조기환급 | · 대손세액공제
· 전자신고세액공제
· 면세재화의 과세사업 전환시 매입세액공제
· 납부세액의 정산·재계산
· 일반환급 |

4 현금매출명세서 등의 제출

구분	내용
현금매출명세서의 제출	업종의 특성 및 세원관리(稅源管理)를 고려하여 대통령령으로 정하는 다음의 사업을 하는 사업자는 예정신고 또는 확정신고를 할 때 기획재정부령으로 정하는 현금매출명세서를 함께 제출하여야 한다. ① 예식장업, 부동산중개업, 보건업(병원과 의원으로 한정한다) ② 변호사업, 심판변론인업, 변리사업, 법무사업, 공인회계사업, 세무사업, 경영지도사업, 기술지도사업, 감정평가사업, 손해사정인업, 통관업, 기술사업, 건축사업, 도선사업, 측량사업, 공인노무사업, 의사업, 한의사업, 약사업, 한약사업, 수의사업과 그 밖에 이와 유사한 사업서비스업으로서 기획재정부령으로 정하는 것
부동산임대공급가액명세서의 제출	부동산임대업자는 기획재정부령으로 정하는 부동산임대공급가액명세서를 예정신고 또는 확정신고를 할 때 함께 제출하여야 한다.

제 10 절 간이과세

1 간이과세자의 기본구조

구 분	일반과세자	간이과세자
세금계산서 발급여부	발급 ○	발급 ○ * 단, 간이과세자 중 직전 연도의 공급대가의 합계액이 4천800만원 미만인 자 및 신규 사업개시자: 발급 ×(➡영수증 발급)
납부세액 계산	(매출세액 – 매입세액)	(공급대가×업종별 부가가치율×10%, 0%)
매입세액공제	매출세액에서 공제	납부세액에서 세액공제로 공제 (공급대가×0.5%)
영세율 규정	적용 ○	적용 ○
과세기간	6개월(1.1~6.30, 7.1~12.31)	1년(1.1~12.31)

2 간이과세자의 범위

1. 적용범위

구 분	내 용
적용 대상자	**직전 연도**(➡과세기간×)의 재화·용역의 **공급대가 합계액**이 **8,000만원**에 **미달하는 개인사업자**(➡법인×)로서 간이과세 적용배제 사업자 이외의 사업자 * 단, 부동산임대업 또는 「개별소비세법」에 따른 과세유흥장소를 경영하는 사업자의 경우 해당 업종의 직전 연도의 공급대가의 합계액이 4천800만원 미달인 개인사업자
공급대가의 환산	① 직전 1년 중 휴업하거나 신규로 사업을 시작한 사업자나 사업을 양수한 사업자인 경우에는 휴업기간, 사업 개시 전의 기간, 사업 양수 전의 기간을 제외한 나머지 기간에 대한 공급대가 합계액을 **12개월로 환산한 금액**을 기준으로 한다. 이 경우 1개월 미만의 끝수가 있으면 1개월로 한다. ② 휴업한 개인사업자인 경우로서 직전 1역년 중 공급대가가 없는 경우에는 **신규로 사업을 시작한 것으로 본다.** ③ 동일한 사업장에서 2 이상의 사업을 겸영하는 사업자가 그 중 일부 사업을 폐지하는 경우의 간이과세 적용은 직전 1역년의 공급대가에 폐지한 사업(광업·제조업 및 도매업 등을 포함)의 공급대가를 **포함하여 계산**한다.

2. 간이과세 적용배제 사업자

다음의 어느 하나에 해당하는 사업자는 간이과세자로 보지 아니한다.

구분	내용
1) 기준 사업장[27] 보유	간이과세가 적용되지 아니하는 다른 사업장을 보유하고 있는 사업자
2) 간이과세 배제업종	다음에 해당하는 사업을 경영하는 자 ① 광업 ② **제조업** 　* 다만, 주로 최종소비자에게 직접 재화를 공급하는 사업으로서 기획재정부령으로 정하는 것[28]은 제외한다. ③ **도매업 및 상품중개업** 　* **소매업을 겸영하는 경우를 포함**하되, 재생용 재료수집 및 판매업은 제외한다. ④ **부동산매매업** ⑤ **부동산임대업**으로서 기획재정부령으로 정하는 것[29] ⑥ **과세유흥장소**를 경영하는 사업으로서 기획재정부령으로 정하는 것[30] ⑦ **변호사업 · 공인회계사업 · 세무사업 · 의사업 · 수의사업 · 통관업** 등의 전문 사업서비스업 ⑧ 전기 · 가스 · 증기 및 수도 사업 ⑨ 건설업. 다만, 주로 최종소비자에게 직접 재화 또는 용역을 공급하는 사업으로서 기획재정부령으로 정하는 사업[31]은 제외한다. ⑩ 전문 · 과학 · 기술서비스업, 사업시설 관리 · 사업지원 및 임대 서비스업. 다만, 주로 최종소비자에게 직접 용역을 공급하는 사업으로서 기획재정부령으로 정하는 사업[32]은 제외한다. ⑪ 사업장의 소재 지역과 사업의 종류 · 규모 등을 고려하여 국세청장이 정하는 기준에 해당하는 것
3) 과세유흥장소 등	부동산임대업 또는 「개별소비세법」에 따른 과세유흥장소를 경영하는 사업자로서 해당 업종의 직전 연도의 공급대가의 합계액이 4천800만원 이상인 사업자

---

27) 기준사업장: 간이과세가 적용되지 아니하는 다른 사업장
28) 기획재정부령으로 정하는 것이란 다음의 것으로 한다.
　① 과자점업 ② 도정업 · 제분업 및 떡류 제조업 중 떡방앗간 ③ 양복점업 ④ 양장점업 ⑤ 양화점업
　⑥ 그 밖에 최종소비자에 대한 매출비중, 거래유형 등을 고려하여 주로 최종소비자에게 직접 재화를 공급하는 사업에 해당한다고 국세청장이 인정하여 고시하는 사업
29) 기획재정부령으로 정하는 것이란 특별시, 광역시, 특별자치시, 행정시 및 시 지역에 소재하는 부동산임대사업장을 경영하는 사업으로서 국세청장이 정하여 고시하는 규모 이상의 사업을 말한다.
30) 기획재정부령으로 정하는 것이란 특별시, 광역시, 특별자치시, 행정시 및 시 지역 또는 국세청장이 사업 현황과 사업 규모 등을 고려하여 간이과세 적용 대상에서 제외할 필요가 있다고 인정하여 고시하는 지역에서 「개별소비세법」에 해당하는 과세유흥장소를 경영하는 사업으로 한다.

4) 기타	① 둘 이상의 사업장이 있는 사업자로서 그 둘 이상의 사업장의 **직전 연도의 공급대가의 합계액이 8,000만원 이상**인 사업자. 　* 다만, 부동산임대업 또는 과세유흥장소에 해당하는 사업장을 둘 이상 경영하고 있는 사업자의 경우 그 둘 이상의 사업장의 직전 연도의 공급대가(하나의 사업장에서 둘 이상의 사업을 겸영하는 사업자의 경우 부동산임대업 또는 과세유흥장소의 공급대가만을 말한다)의 합계액이 4천800만원 이상인 사업자로 한다. ② **일반과세자로부터 포괄양수한 사업**(다만, 간이과세자 배제업종에 해당하지 아니하는 경우로서 사업을 양수한 이후 공급대가의 합계액이 8,000만원에 미달하는 경우는 제외한다) ③ **전전년도 기준 복식부기의무자**가 경영하는 사업. 이 경우 결정·경정·수정신고로 인하여 수입금액의 합계액이 증가함으로써 전전년도 기준 복식부기의무자에 해당하게 되는 경우에는 그 결정·경정·수정 신고한 날이 속하는 과세기간까지는 전전년도 기준 복식부기의무자로 보지 아니한다.

3. 신규사업자의 경우

구 분	내 용
사업자등록을 하는 경우	① 사업을 시작한 날이 속하는 연도의 공급대가의 합계액이 **8,000만원에 미달될 것으로 예상되면** 사업자등록을 신청할 때 납세지 관할 세무서장에게 간이과세의 적용 여부를 함께 신고하여야 한다. ② 사업자등록을 신청할 때 사업자등록신청서와 함께 간이과세적용신고서를 관할 세무서장에게 제출한 개인사업자는 **최초의 과세기간**에는 간이과세자로 한다. **다만, 간이과세 적용배제 사업자인 경우는 그러하지 아니하다.**
사업자등록을 하지 않은 경우	사업을 시작한 날이 속하는 연도의 공급대가의 합계액이 **8,000만원에 미달**하면 **최초의 과세기간**에는 간이과세자로 한다. 다만, 간이과세 적용배제 사업자인 경우는 그러하지 아니하다.

---

31) 기획재정부령으로 정하는 사업이란 다음의 어느 하나에 해당하는 사업을 말한다.
　① 도배, 실내 장식 및 내장 목공사업
　② 배관 및 냉·난방 공사업
　③ 그 밖에 최종소비자에 대한 매출비중, 거래유형 등을 고려하여 주로 최종소비자에게 직접 재화 또는 용역을 공급하는 사업에 해당한다고 국세청장이 인정하여 고시하는 사업
32) 기획재정부령으로 정하는 사업이란 다음의 어느 하나에 해당하는 사업을 말한다.
　① 개인 및 가정용품 임대업
　② 인물사진 및 행사용 영상 촬영업
　③ 복사업
　④ 그 밖에 최종소비자에 대한 매출비중, 거래유형 등을 고려하여 주로 최종소비자에게 직접 용역을 공급하는 사업에 해당한다고 국세청장이 인정하여 고시하는 사업

③ 과세유형의 변경

1. 과세유형 변경시기

(1) 일반적인 경우

구 분	내 용
1) 일반적인 경우	간이과세자에 관한 규정이 적용되거나 적용되지 아니하게 되는 기간은 1역년의 공급대가의 합계액이 8,000만원에 미달하거나 그 이상이 되는 해의 **다음 해의 7월 1일부터 그 다음 해의 6월 30일까지**로 한다.
2) 신규사업자의 경우	신규로 사업을 개시한 사업자의 경우 간이과세자에 관한 규정이 적용되거나 적용되지 아니하게 되는 기간은 최초로 사업을 개시한 해의 **다음 해의 7월 1일부터 그 다음 해의 6월 30일까지**로 한다.
3) 간이과세 포기의 경우	간이과세자에 관한 규정의 적용을 포기함으로써 일반과세자로 되는 경우 다음의 기간을 각각 하나의 과세기간으로 한다. ① 간이과세적용: 포기신고일이 속하는 과세기간의 개시일부터 그 **신고일이 속하는 달의 마지막 날까지**의 기간 ② 일반과세적용: **포기신고일이 속하는 달의 다음 달 1일부터** 그 날이 속하는 과세기간의 종료일까지의 기간
4) 결정·경정의 경우	① 간이과세자에 대한 과세표준과 납부세액을 결정 또는 경정한 공급대가의 합계액이 8,000만원 이상인 개인사업자는 **그 결정 또는 경정한 날이 속하는 과세기간까지 간이과세자로 본다.** ② 간이과세자에 대한 과세표준과 납부세액을 결정·경정하거나 「국세기본법」에 따라 수정신고한 간이과세자의 해당 연도의 공급대가의 합계액이 8,000만원 이상인 경우 결정·경정 과세기간의 **다음 과세기간**(결정·경정 과세기간이 신규로 사업을 시작한 자의 최초 과세기간인 경우에는 해당 과세기간의 다음 과세기간을 말한다)**의 납부세액은 일반과세자를 준용하여 계산**한 금액으로 한다.

(2) 둘 이상의 사업장이 있는 경우

구 분	내 용
1) 간이과세 배제사업을 겸영하는 경우	간이과세자가 간이과세가 배제되는 사업을 신규로 겸영하는 경우에는 해당 사업의 개시일이 속하는 과세기간의 **다음 과세기간부터** 간이과세자에 관한 규정을 적용하지 아니한다. * 위에 따라 일반과세자로 전환된 사업자로서 해당 연도 공급대가의 합계액이 8,000만원 미만인 사업자가 간이과세 배제사업을 폐지하는 경우에는 해당 사업의 폐지일이 속하는 연도의 다음 연도 7월 1일부터 간이과세자에 관한 규정을 적용한다.
2) 간이과세 포기신고를 한 경우	간이과세자가 간이과세의 포기신고를 하는 경우에는 일반과세자에 관한 규정을 적용받으려는 달이 속하는 과세기간의 **다음 과세기간부터** 해당 사업장 외의 사업장에 간이과세자에 관한 규정을 적용하지 아니한다.
3) 일반사업장을 신규로 개설하는 경우	간이과세자가 일반과세자에 관한 규정을 적용받는 사업장을 신규로 개설하는 경우에는 해당 사업개시일이 속하는 과세기간의 **다음 과세기간부터** 간이과세자에 관한 규정을 적용하지 아니한다.
4) 기준사업장이 폐업되는 경우	기준사업장이 폐업되는 경우에는 일반과세로 전환된 사업장에 대하여 기준사업장의 폐업일이 속하는 연도의 **다음 연도 7월 1일부터** 간이과세자에 관한 규정을 적용한다. 다만, 일반과세로 전환된 사업장의 1역년의 공급대가의 합계액이 8,000만원 이상이거나 간이과세배제업종에 해당하는 경우에는 그러하지 아니하다.

> **핵심정리**
>
> ■ 과세유형의 변경기간
> 과세유형의 변경은 변경 사유가 발생한 것을 알게 된 다음 과세기간부터 적용하면 된다.
> ① 간이과세자 → 일반과세자로 변경되는 경우: **다음 과세기간**부터 과세유형이 변경됨.
> ② 일반과세자 → 간이과세자로 변경되는 경우: **다음 연도 7월 1일부터** 과세유형이 변경됨.

2. 과세유형 변경 통지

구 분		내 용
통지 기한		관할 세무서장은 간이과세자에 관한 규정이 적용되거나 적용되지 아니하게 되는 **과세기간 개시 20일 전까지** 그 사실을 통지하여야 하며, 사업자등록증을 정정하여 과세기간 개시 당일까지 발급하여야 한다.
통지여부에 따른 유형의 전환	일반 → 간이	**과세유형 변경통지와 관계없이** 과세유형 변경시기에 **간이과세자에 관한 규정을 적용**한다. * 단, 부동산임대업을 경영하는 사업자의 경우에는 통지를 받은 날이 속하는 과세기간까지는 일반과세자에 관한 규정을 적용한다(➡ 이유: 재고납부세액)
	간이 → 일반	과세유형 변경통지를 받은 날이 속하는 과세기간까지는 간이과세자에 관한 규정을 적용한다.

4 과세표준 및 세액계산

1. 계산구조

계산구조	비 고
납부세액	공급대가 × 업종별 부가가치율 × 10%(0%)
+ 재고납부세액	
− 공제세액	• 세금계산서 등 수취분 세액공제 • 신용카드 등의 사용에 따른 세액공제 • 전자세금계산서 발급·전송에 대한 세액공제
+ 가산세	
차가감 납부세액*	간이과세자는 환급이 불가함

* 간이과세자의 경우 의제매입세액공제는 적용하지 않는다.
* 공제하는 세액의 합계액이 각 과세기간의 납부세액을 초과하는 경우 그 초과하는 부분은 없는 것으로 본다.
 (➡ 즉, 세액공제로 인한 환급이 불가함)
* 차가감 납부세액의 74.7%는 국세(부가가치세)로, 25.3%는 지방소비세로 한다.

2. 납부세액의 계산

$$납부세액 = 공급대가 \times 업종별\ 부가가치율 \times 10\%(또는\ 0\%)$$

구 분	내 용
1) 과세표준	간이과세자의 과세표준은 해당 과세기간(또는 예정부과기간)의 공급대가의 합계액으로 한다.
2) 부가가치율	① 원칙 부가가치율이란 해당 업종의 부가가치율을 말한다. 이 경우 둘 이상의 업종을 겸영하는 간이과세자의 경우에는 각각의 업종별로 계산한 금액의 합계액을 납부세액으로 한다. ② 실지귀속을 구분할 수 없는 경우 간이과세자가 둘 이상의 업종에 공통으로 사용하던 재화를 공급하여 업종별 실지귀속을 구분할 수 없는 경우에 적용할 부가가치율은 다음 계산식에 따라 계산한 율의 합계로 한다. (이 경우 휴업 등으로 인하여 해당 과세기간의 공급대가가 없을 때에는 그 재화를 공급한 날에 가장 가까운 과세기간의 공급대가에 따라 계산함) $$각\ 업종별\ 부가가치율 \times 공급일이\ 속하는\ 과세기간의\ \frac{각\ 업종의\ 공급대가}{총\ 공급대가}$$

세부사항 업종별 부가가치율(부령 제111조) (개정)

구 분	부가가치율
① 소매업, 재생용 재료수집 및 판매업, 음식점업	15%
② 제조업, 농업·임업 및 어업, 소화물 전문 운송업	20%
③ 숙박업	25%
④ 건설업, 운수 및 창고업(소화물 전문 운송업은 제외한다), 정보통신업, 그 밖의 서비스업	30%
⑤ 금융 및 보험 관련 서비스업, 전문·과학 및 기술서비스업(인물사진 및 행사용 영상 촬영업은 제외한다), 사업시설관리·사업지원 및 임대서비스업, 부동산 관련 서비스업, 부동산임대업	40%

3. 공제세액

(1) 세액공제

구 분	내 용
1) 세금계산서 등 수취분 세액공제	① 간이과세자가 다른 사업자로부터 세금계산서 등을 발급받아 매입처별 세금계산서합계표 또는 신용카드매출전표 등 수령명세서를 납세지 관할 세무서장에게 제출하는 경우에는 다음에 따라 계산한 금액을 과세기간에 대한 납부세액에서 공제한다. 다만, 매입세액불공제 규정에 따라 공제되지 아니하는 매입세액은 그러하지 아니하다. 세액공제액 = 세금계산서 등을 발급받은 재화와 용역의 공급대가 × 0.5% ② 간이과세자가 과세사업과 면세사업 등을 겸영하는 경우: 과세사업과 면세사업 등의 실지귀속에 따르되, 과세사업과 면세사업 등의 실지귀속을 구분할 수 없는 부분은 다음 계산식에 따라 계산한다. 해당과세기간에 세금계산서 등을 발급받은 재화·용역의 공급대가합계액 × (해당 과세기간의 과세공급대가 / 총공급대가) × 0.5%

2) 신용카드 등의 사용에 따른 세액공제	다음에 해당하는 간이과세자가 부가가치세가 과세되는 재화 또는 용역을 공급하고 세금계산서의 발급시기에 신용카드매출전표, 현금영수증 등을 발급하거나 전자적 결제수단에 의하여 대금을 결제 받는 경우에는 일정한 금액을 납부세액에서 공제한다.
	① 주로 사업자가 아닌 자에게 재화 또는 용역을 공급하는 사업으로서 영수증 발급대상 사업을 영위하는 사업자
	② 간이과세자 중 다음의 어느 하나에 해당하는 자
	  ㉠ 직전 연도의 공급대가의 합계액(직전 과세기간에 신규로 사업을 시작한 개인사업자에 대하여는 그 사업 개시일로부터 그 과세기간 종료일까지의 공급대가를 합한 금액을 12개월로 환산한 금액)이 4천800만원 미만인 자
	  ㉡ 신규로 사업을 시작하는 개인사업자로서 간이과세자로 하는 최초의 과세기간 중에 있는 자
	
	Min(①, ②)
	① 발급금액·결제금액 × 1%(2023년 12월 31일까지는 1.3%)
	② 한도: 연간 500만원(2023년 12월 31일까지는 1,000만원)

---

33) 소규모 간이과세자(필자 주)란 간이과세자 중 다음 어느 하나에 해당하는 자를 말한다.
① 직전 연도의 공급대가의 합계액(직전 과세기간에 신규로 사업을 시작한 개인사업자의 경우 그 사업 개시일부터 그 과세기간 종료일까지의 공급대가를 합한 금액을 12개월로 환산한 금액)이 4천800만원 미만인 자
② 신규로 사업을 시작하는 개인사업자로서 간이과세자로 하는 최초의 과세기간 중에 있는 자

구 분	내 용
3) 전자세금계산서 발급·전송에 대한 세액공제 (신설)	간이과세자(소규모 간이과세자33)는 제외한다)가 전자세금계산서를 2024년 12월 31일까지 발급(전자세금계산서 발급명세를 전자세금계산서 발급일의 다음 날까지 국세청장에게 전송한 경우로 한정함)하고 전자세금계산서 발급세액공제신고서를 납세지 관할 세무서장에게 제출한 경우 다음의 금액을 해당 과세기간의 부가가치세 납부세액에서 공제할 수 있다. 전자세금계산서 발급·전송에 대한 세액공제=Min(㉠, ㉡) ㉠ 공제금액: 전자세금계산서 발급 건수×200원 ㉡ 한도: 연간 100만원

4. 가산세

(1) 3% 가산세

구 분	부과 사유	가산세
세금계산서 불성실가산세	① **가공발급**: 재화·용역을 공급하지 아니하고 세금계산서·신용카드매출전표 등을 발급한 경우(부법 제60조③,1)	세금계산서 등에 적힌 공급가액×3%

(2) 2% 가산세

구 분	부과 사유	가산세
세금계산서 불성실가산세	① **미발급**: 세금계산서의 발급시기가 지난 후 해당 재화 또는 용역의 **공급시기가 속하는 과세기간에 대한 확정신고기한까지** 세금계산서를 발급하지 아니한 경우(부법 제60조②,2)	공급가액×2%
	② **위장발급**: 재화·용역을 공급하고 실제로 재화·용역을 공급하는 자가 아닌 자 또는 실제로 재화·용역을 공급받는 자가 아닌 자의 명의로 세금계산서 등을 발급한 경우(부법 제60조③,3)	공급가액×2%
	③ **과다기재발급**: 재화 또는 용역을 공급하고 세금계산서 등의 공급가액을 과다하게 기재한 경우(부법 제60조③,5)	과다기재 공급가액×2%

(3) 1% 가산세

구 분	부과 사유	가산세
세금계산서 불성실가산세	① **지연발급**: 세금계산서의 발급시기가 지난 후 해당 재화 또는 용역의 공급시기가 속하는 **과세기간에 대한 확정신고기한까지** 세금계산서를 발급하는 경우(부법 제60조②.1) ② 부실기재: 세금계산서의 필요적 기재사항의 전부·일부가 착오·과실로 적혀 있지 아니하거나 사실과 다른 경우(부법 제60조②.5) * 다만, 발급한 세금계산서의 필요적 기재사항 중 일부가 **착오나 과실**로 사실과 다르게 적혔으나 해당 세금계산서에 적힌 나머지 필요적 기재사항·임의적 기재사항으로 보아 거래사실이 **확인되는 경우**는 제외함.	공급가액×1%
전자세금계산서 미발급가산세	③ 전자세금계산서 미발급: 전자세금계산서를 발급하여야 할 의무가 있는 자가 전자세금계산서를 발급하지 아니하고 세금계산서의 발급시기에 전자세금계산서 외의 세금계산서를 발급한 경우(부법 제60조②.2-가)	공급가액×1%
타사업장명의 발급가산세	④ 둘 이상의 사업장을 가진 사업자가 재화 또는 용역을 공급한 사업장 명의로 세금계산서를 발급하지 아니하고 세금계산서의 발급시기에 자신의 다른 사업장 명의로 세금계산서를 발급한 경우(부법 제60조②.2-나)	공급가액×1%

(4) 0.5% 가산세

구 분	부과 사유	가산세
미등록가산세	① 사업 개시일로부터 20일 이내에 사업자등록을 신청하지 아니한 경우(부법 제60조①.1)	사업개시일로부터 등록을 **신청한 날의 직전일까지**의 공급대가×0.5%
타인명의 등록가산세	② 타인의 명의로 사업자등록을 하거나 타인 명의의 사업자등록을 이용하여 사업을 하는 것으로 확인되는 경우(부법 제60조①.2)	타인명의의 사업개시일로부터 실제 사업을 하는 것으로 **확인되는 날의 직전일까지**의 공급대가×0.5%
세금계산서 불성실가산세	③ 미수취: 세금계산서를 발급하여야 하는 사업자로부터 재화 또는 용역을 공급받고 세금계산서를 발급받지 아니한 경우(영수증을 발급하여야 하는 기간에 세금계산서를 발급받지 아니한 경우는 제외한다)(부법 제68조의2②.1)	공급대가×0.5%
매입처별 세금계산서 합계표 불성실가산세	④ 결정·경정확인분: 세금계산서 등을 발급받고 '세금계산서 수취분 세액공제'를 받지 아니한 경우로서 해당 결정 또는 경정 기관의 확인을 거쳐 납부세액계산 특례에 따라 납부세액을 계산할 때 매입세액으로 공제받는 경우(부법 제68조의2②.2)	공급가액×0.5%

구분	부과 사유	가산세
전자세금계산서 발급명세전송 불성실가산세	⑤ 전자세금계산서 발급명세 미전송: 전자세금계산서 발급명세 전송기한(발급일의 다음 날)이 지난 후 재화·용역의 **공급시기가 속하는 과세기간에 대한 확정신고기한까지** 국세청장에게 전자세금계산서 발급명세를 **전송하지 아니한 경우**(부법 제60조②, 4)	공급가액×0.5%
매출처별 세금계산서 합계표 불성실가산세	⑥ 미제출: 매출처별 세금계산서합계표를 제출하지 아니한 경우(부법 제68조의2③, 1) ⑦ 부실기재분: 매출처별 세금계산서합계표의 기재사항 중 거래처별 등록번호 또는 공급가액의 전부 또는 일부가 적혀 있지 아니하거나 사실과 다르게 적혀 있는 경우. 다만, 매출처별 세금계산서합계표의 기재사항이 착오로 적힌 경우로서 사업자가 발급한 세금계산서에 따라 거래사실이 확인되는 부분의 공급가액에 대하여는 그러하지 아니하다(부법 제68조의2③, 2)	공급가액×0.5%
신용카드 매출전표 등 불성실가산세	⑧ 사업자가 신용카드매출전표 등을 발급받아 예정신고 또는 확정신고를 할 때에 제출하여 매입세액을 공제받지 아니하고 **경정기관의 확인을 거쳐** 해당 경정기관에 제출하여 매입세액을 공제받는 경우(부법 ⑤)	공급가액×0.5%

(5) 0.3% 가산세

구분	부과 사유	가산세
전자세금계산서 발급명세전송 불성실가산세	① 전자세금계산서 발급명세 지연전송: 전자세금계산서 발급명세 전송기한(발급일의 다음 날)이 지난 후 재화·용역의 **공급시기가 속하는 과세기간에 대한 확정신고기한까지** 국세청장에게 전자세금계산서 발급명세를 **전송하는 경우** (부법 제60조②, 3)	공급가액×0.3%
매출처별 세금계산서합계표 불성실가산세	② 지연제출: 예정신고를 할 때 제출하지 못하여 해당 **예정신고기간이 속하는 과세기간에 확정신고를 할 때** 매출처별 세금계산서합계표를 제출하는 경우(부법 제60조⑥, 32)	공급가액×0.3%

5 과세유형 변경에 따른 세액계산특례

구 분	내 용
개념	① 간이과세자가 일반과세자로 전환되는 경우에는 부가가치세 납부세액 계산방식이 변경되므로 공제받았어야 할 매입세액을 재고매입세액으로 공제하여야 하며, ② 일반과세자가 간이과세자로 전환되는 경우 일반과세자로 공제받았던 매입세액(재고납부세액)을 납부세액에 가산하여 납부하여야 한다. 간이과세자 ←재고매입세액 공제— 일반과세자 <과세유형 변경> —재고납부세액 납부→ 매입세액공제 적용 (공급대가×0.5%) / 매입세액공제 적용 (100%)
적용대상 자산	① 재고품: 상품·제품(반제품 및 재공품을 포함)·재료(부재료를 포함) ② 건설 중인 자산 ③ 감가상각자산(건물·구축물의 경우에는 취득, 건설 또는 신축 후 10년 이내의 것, 그 밖의 감가상각자산의 경우에는 취득 또는 제작 후 2년 이내의 것에 한함)

1. 재고매입세액(간이과세자→일반과세자)

간이과세자가 일반과세자로 변경되면 그 변경 당시의 재고품, 건설 중인 자산 및 감가상각자산에 대하여 다음의 방법에 따라 계산한 금액을 재고매입세액으로 공제할 수 있다.

구 분		내 용
재고품 등의 경우		재고금액×10/110×(1-0.5%×110/10)
건설 중인 자산		해당 건설 중인 자산과 관련된 공제대상 매입세액×(1-0.5%×110/10)
감가상각자산	다른 사람으로부터 매입한 자산	취득가액×10/110×(1-감가율×경과된 과세기간의 수)×(1-0.5%×110/10)
	사업자가 직접 제작·건설·신축한 자산	해당 자산의 건설·신축과 관련된 공제대상 매입세액×(1-감가율×경과된 과세기간의 수)×(1-0.5%×110/10)

* 재고품등은 매입세액 공제 대상인 것만 해당함.
* 재고품등의 금액은 장부 또는 세금계산서에 의하여 확인되는 해당 재고품등의 취득가액(부가가치세를 포함한다)으로 한다. 다만, 장부 또는 세금계산서가 없거나 장부에 기록된 누락된 경우 해당 재고품 등에 대해서는 재고매입세액공제 규정을 적용하지 아니한다.
* 감가율: 건물·구축물은 10%, 그 밖의 감가상각자산은 50%를 적용한다.

2. 재고납부세액(일반과세자→간이과세자)

일반과세자가 간이과세자로 변경되는 경우에 해당 사업자는 다음의 방법에 따라 계산한 금액(재고납부세액)을 간이과세자로 변경된 날이 속하는 과세기간에 대한 확정신고를 할 때 납부할 세액에 더하여 납부한다.

구 분		내 용
재고품 등의 경우		재고금액 × 10/100 × (1 − 0.5% × 110/10)
건설 중인 자산		해당 건설 중인 자산과 관련하여 공제받은 매입세액 × (1 − 0.5% × 110/10)
감가상각자산	다른 사람으로부터 매입한 자산	취득가액 × 10/100 × (1 − 감가율 × 경과된 과세기간의 수) × (1 − 0.5% × 110/10)
	사업자가 직접 제작·건설·신축한 자산	해당 자산의 건설·신축 관련 공제받은 매입세액 × (1 − 감가율 × 경과된 과세기간의 수) × (1 − 0.5% × 110/10)

* 재고품 등의 금액은 장부 또는 세금계산서에 의하여 확인되는 해당 재고품 등의 취득가액으로 한다. 다만, 장부 또는 세금계산서가 없거나 장부에 기록이 누락된 경우 해당 재고품 등의 가액은 시가에 따른다.
* 사업양도에 의하여 사업양수자가 양수한 자산으로서 사업양도자가 매입세액을 공제받은 재화를 포함한다.
* 감가율: 건물·구축물은 5%, 그 밖의 감가상각자산은 25%를 적용한다.

3. 절차규정

구분	내 용
신고	① 간이과세자가 일반과세자로 변경되는 경우: 그 변경되는 날 현재에 있는 재고품등에 대하여 일반과세 전환 시의 재고품등 신고서를 작성하여 **그 변경되는 날의 직전 과세기간에 대한 신고와 함께** 각 납세지 관할 세무서장에게 신고(국세정보통신망에 의한 신고를 포함)하여야 한다.
	② 일반과세자가 간이과세자로 변경되는 경우: 간이과세자로 변경된 자는 그 변경되는 날 현재 있는 재고품 등을 **그 변경되는 날의 <u>직전</u> 과세기간에 대한 확정신고와 함께** 간이과세 전환 시의 재고품등 신고서를 작성하여 각 납세지 관할 세무서장에게 신고(국세정보통신망에 의한 신고를 포함)하여야 한다.

승인·통지	① 간이과세자가 일반과세자로 변경되는 경우: 신고를 받은 관할 세무서장은 재고매입세액으로서 공제할 수 있는 재고금액을 조사하여 승인하고 신고기한이 지난 후 **1개월 이내**에 해당 사업자에게 공제될 재고매입세액을 통지하여야 한다. 이 경우 그 기한 이내에 통지하지 아니하면 해당 사업자가 신고한 재고금액을 승인한 것으로 본다.
	② 일반과세자가 간이과세자로 변경되는 경우: 신고를 받은 관할 세무서장은 재고금액을 조사·승인하고 간이과세자로 변경된 날부터 **90일 이내에** 해당 사업자에게 재고납부세액을 통지하여야 한다. 이 경우 그 기한 이내에 통지하지 아니할 때에는 해당 사업자가 신고한 재고금액을 승인한 것으로 본다.
공제·납부	① 간이과세자가 일반과세자로 변경되는 경우: 재고매입세액은 그 승인을 받은 날이 속하는 **예정신고기간 또는 과세기간의 매출세액에서 공제**한다.
	② 일반과세자가 간이과세자로 변경되는 경우: 재고납부세액을 간이과세자로 **변경된 날이 속하는 과세기간에 대한 확정신고를 할 때** 납부할 세액에 더하여 **납부**한다.
재변경	일반과세자가 간이과세자로 변경된 후에 다시 일반과세자로 변경되는 경우에는 간이과세자로 변경된 때에 재고납부세액을 적용받지 아니한 재고품 등에 대해서는 재고매입세액의 규정을 적용하지 아니한다.

6 납세절차

1. 예정부과·납부

구 분	내 용
원칙: 예정부과·징수	**1) 예정부과징수 및 고지서 발부** ① 사업장 관할세무서장은 간이과세자에 대하여 직전 과세기간에 대한 납부세액[34]의 50%(1천원 미만의 단수가 있을 때에는 그 단수금액은 버린다)[35]를 1월 1일부터 6월 30일(예정부과기간)까지의 납부세액으로 결정하여 예정부과기간이 끝난 후 25일 이내(예정부과기한)까지 징수한다. ② 관할 세무서장은 예정부과에 따른 부가가치세액에 대하여 7월 1일부터 7월 10일까지 납부고지서를 발부하여야 한다. **2) 징수제외** 다음의 어느 하나에 해당하는 경우에는 징수하지 아니한다. ① 징수하여야 할 금액이 50만원 미만인 경우 ② 간이과세자가 일반과세자로 변경되는 경우로서 그 변경 이전 1월 1일부터 6월 30일까지의 과세기간이 적용되는 간이과세자의 경우 ③ 「국세징수법」의 어느 하나에 해당하는 사유로 관할 세무서장이 징수하여야 할 금액을 간이과세자가 납부할 수 없다고 인정되는 경우

예외: 예정신고 · 납부	1) **예정부과기간에 대한 신고를 할 수 있는 경우**(선택) 휴업 · 사업 부진 등으로 인하여 예정부과기간의 공급대가의 합계액 또는 납부세액이 **직전 과세기간의 공급대가의 합계액 또는 납부세액의 1/3에 미달**하는 간이과세자는 예정부과기간의 과세표준과 납부세액을 예정부과기한까지 사업장 관할 세무서장에게 신고 · 납부**할 수 있다.** 2) **예정부과기간에 대한 신고를 하여야 하는 경우**(강제) 예정부과기간에 세금계산서를 발급한 간이과세자는 예정부과기간의 과세표준과 납부세액을 예정부과기한까지 사업장 관할 세무서장에게 신고하여야 한다. 3) **신고의 효력 및 합계표제출** ① **신고 효력**: 예정부과 결정이 있는 경우에도 간이과세자가 예정신고를 한 경우에는 그 결정이 없었던 것으로 본다. ② **매출 · 매입처별 세금계산서합계표 제출**: 예정신고 하는 간이과세자는 매출 · 매입처별 세금계산서합계표를 예정신고를 할 때 제출하여야 한다. 다만, 매출 · 매입처별 세금계산서합계표를 예정신고를 할 때 제출하지 못하는 경우에는 확정신고를 할 때 이를 제출할 수 있다.

2. 확정신고 · 납부 및 납부의무 면제

구 분	내 용
확정신고 · 납부	① 간이과세자는 과세기간의 과세표준과 납부세액을 그 과세기간이 끝난 후 **25일**(폐업하는 경우 폐업일이 속한 달의 **다음 달 25일**) 이내에 납세지 관할 세무서장에게 확정신고를 하고 납세지 관할 세무서장 또는 한국은행 등에 납부하여야 한다. ② 부가가치세를 납부하는 경우 예정부과 및 예정신고에 따라 납부한 세액은 공제하고 납부한다. ③ 간이과세자는 매출 · 매입처별 세금계산서합계표를 신고를 할 때 함께 제출하여야 한다. ④ 간이과세자가 영세율을 적용받는 경우에는 그 신고서에 **영세율첨부서류를 제출**하여야 하며, 첨부서류를 제출하지 아니한 부분은 신고로 보지 아니한다.
납부의무 면제	간이과세자의 해당 과세기간에 대한 **공급대가의 합계액이 4,800만원 미만**이면 납부세액에 대한 납부의무를 면제한다. **다만, 재고납부세액은 그러하지 아니하다.**

---

34) 납부세액: 신용카드 등의 사용에 따른 세액공제 · 세금계산서 수취분에 대한 매입세액공제 · 전자세금계산서 발급 · 전송에 대한 세액공제를 뺀 금액으로 하고, 결정 · 경정과 수정신고 및 경정청구에 따른 결정이 있는 경우에는 그 내용이 반영된 금액으로 한다.

35) 50%: 직전과세기간이 일반과세자가 간이과세자로 변경되는 경우로서 그 변경 이후 7월 1일부터 12월 31일까지의 과세기간에 해당하는 경우에는 직전 과세기간에 대한 납부세액의 전액을 말하며, 1천원 미만의 단수가 있을 때에는 그 단수금액은 버린다.

(1) 공급대가의 환산

납부의무 면제규정을 적용할 때 신규사업자·휴업자·폐업자 등의 경우에는 다음에 해당하는 기간 동안의 공급대가의 합계액을 12개월로 **환산한 금액을 기준**으로 한다. 이 경우 1개월 미만의 끝수가 있으면 1개월로 한다.

구 분	대상기간
① 해당 과세기간에 신규로 사업을 시작한 간이과세자	그 사업개시일부터 그 과세기간 종료일까지의 공급대가의 합계액
② 휴업자·폐업자·과세기간 중 과세유형을 전환한 간이과세자	그 과세기간 개시일부터 휴업일·폐업일·과세유형 전환일까지의 공급대가의 합계액
③ 일반과세자가 간이과세자로 변경되는 경우	그 변경 이후 7월 1일부터 12월 31일까지 과세기간의 공급대가의 합계액

(2) 미등록가산세의 적용여부

납부할 의무를 면제하는 경우에 대하여는 일반과세자에게 적용되는 **미등록·타인명의등록가산세 규정을 적용하지 아니한다.** 다만, 사업개시일부터 20일 이내에 사업자등록을 신청하지 아니한 경우(단, 고정된 물적 시설을 갖추지 아니하고 공부에 등록된 사업장 소재지가 없는 경우는 제외)에는 다음의 금액을 **미등록가산세로 적용**한다.

$$\text{미등록가산세} = \text{Max}(\text{① 공급대가} \times 0.5\%, \text{② 5만원})$$

(3) 납부금액의 환급

납부의무가 면제되는 사업자가 자진 납부한 사실이 확인되면 납세지 관할 세무서장은 납부한 금액을 환급하여야 한다.

3. 장부의 작성·보관

① 간이과세자 중 직전 연도의 공급대가의 합계액이 4천800만원 미만인 자 및 신규사업개시자는 공급가액과 부가가치세액을 합계한 공급대가를 장부에 기록할 수 있다.

② 간이과세자 중 직전 연도의 공급대가의 합계액이 4천800만원 미만인 자 및 신규 사업개시자가 발급받았거나 발급한 세금계산서 또는 영수증을 **보관하였을 때에는 장부기록 의무를 이행한 것으로 본다.**

4. 간이과세의 포기

구분	내용
포기신고	① **간이과세자 또는 간이과세자에 관한 규정을 적용받게 되는 일반과세자**가 간이과세자에 관한 규정의 적용을 포기하고 일반과세자에 관한 규정을 적용받으려는 경우에는 **적용받으려는 달의 전달의 마지막 날까지** 납세지 관할 세무서장에게 신고하여야 한다. ② **신규로 사업을 시작하는 개인사업자**가 사업자등록을 신청할 때 납세지 관할 세무서장에게 간이과세자에 관한 규정의 적용을 포기하고 일반과세자에 관한 규정을 적용받으려고 신고한 경우에는 일반과세자의 규정을 적용받을 수 있다.
과세기간의 구분	간이과세자가 간이과세자에 관한 규정의 적용을 포기함으로써 일반과세자로 되는 경우 다음의 기간을 **각각** 하나의 과세기간으로 한다. ① 간이과세자의 과세기간: 간이과세의 적용 포기의 신고일이 속하는 과세기간의 개시일부터 그 **신고일이 속하는 달의 마지막 날까지**의 기간 ② 일반과세자의 과세기간: 신고일이 속하는 달의 **다음 달 1일부터** 그 날이 속하는 과세기간의 종료일까지의 기간
간이과세 재적용에 대한 기간제한	간이과세포기를 신고한 개인사업자는 다음의 구분에 따른 날부터 **3년이 되는 날이 속하는 과세기간까지**는 간이과세자에 관한 규정을 적용받지 못한다. | 구분 | 내용 | |---|---| | ① 간이과세자 또는 간이과세자에 관한 규정을 적용받게 되는 일반과세자가 신고한 경우 | 일반과세자에 관한 규정을 적용받으려는 **달의 1일** | | ② 신규사업자가 신고한 경우 | 사업 개시일이 속하는 **달의 1일** |
간이과세 재적용 신청	적용받으려는 **과세기간 개시 10일 전까지** 간이과세적용신고서를 관할 세무서장에게 제출하여야 한다. 이 경우 그 적용을 받을 수 있는 자는 해당 과세기간 직전 1역년의 재화·용역의 공급대가의 합계액이 8,000만원에 미달하는 개인사업자로 한정한다.

핵심정리

■ 일반과세자와 간이과세자의 비교

구 분	일반과세자	간이과세자
적용대상 사업자	간이과세자가 아닌 모든 과세 사업자	직전 연도의 공급대가가 8,000만원 미만인 개인사업자
과세기간	6개월(1.1~6.30, 7.1~12.31)	1년(1.1~12.31)
적용 배제사업	없다	있다
포기제도	없다	있다
세금계산서 발급	가능	가능 * 단, 간이과세자 중 직전 연도의 공급대가의 합계액이 4천800만원 미만인 자 및 신규 사업개시자: 불가능(➡영수증 발급)
과세표준	공급가액	공급대가
납부세액	매출세액−매입세액	공급대가×업종별 부가가치율×10%(0%)
대손세액공제	공제가능	공제규정 없음
매입세액 공제방법	매출세액에서 공제	납부세액에서 세액공제로 공제
매입세액 공제액	매입세액×100%	공급대가×0.5%
의제매입세액 공제	① 업종제한 없음 ② 제조업을 경영하는 사업자가 농어민으로부터 면세농산물 등을 직접 공급받는 경우에는 의제매입세액 공제신고서만 제출한다. ③ 공제율: 2/102, 4/104, 6/106, 8/108(9/109) ④ 공제한도: 과세표준×(30~60%)	공제규정 없음

신용카드 매출전표 등 발행세액 공제율	1%(2023년 12월 31일까지는 1.3%)
	* 한도: 연간 500만원
	  (2023년 12월 31일까지는 1,000만원)
		1%(2023년 12월 31일까지는 1.3%)
		* 한도: 연간 500만원
		  (2023년 12월 31일까지는 1,000만원)

가산세	① 세금계산서 관련 가산세가 있다. ② 미등록가산세: 공급가액×1% ③ 타인명의 등록가산세: 공급가액×1% ④ 영세율과세표준신고불성실가산세 　: 영세율과세표준×0.5%	① 세금계산서 관련 가산세 　: 일반과세자를 준용함. ② 미등록가산세: 공급대가×0.5% ③ 타인명의 등록가산세: 공급대가×0.5% ④ 영세율과세표준신고불성실가산세 　: 영세율과세표준×0.5%
납부의무의 면제	없음	해당 과세기간의 공급대가 합계액이 4,800만원 미만인 경우 * 단, 재고납부세액은 면제를 제외함.
영세율·면세규정	적용함	적용함

제 11 절 보칙 및 벌칙

구 분	내 용
기장의무	① 사업자는 자기의 납부세액 또는 환급세액과 관계되는 모든 거래사실을 대통령령으로 정하는 바에 따라 장부에 기록하여 사업장에 갖추어 두어야 한다. ② 사업자가 부가가치세가 과세되는 재화 또는 용역의 공급과 함께 부가가치세가 면제되는 재화 또는 용역을 공급하거나 의제매입세액 공제를 적용받는 경우에는 과세되는 공급과 면세되는 공급 및 면세농산물 등을 공급받은 사실을 각각 구분하여 장부에 기록하여야 한다. ③ 사업자가 「법인세법」 및 「소득세법」에 따라 장부기록의무를 이행한 경우에는 부가가치세법에 따른 장부기록의무를 이행한 것으로 본다.
장부기록	장부에 기록하여야 할 거래사실은 다음의 것으로 한다. ① 공급한 자와 공급받은 자 ② 공급한 품목과 공급받은 품목 ③ 공급가액과 공급받은 가액 ④ 매출세액과 매입세액 ⑤ 공급한 시기와 공급받은 시기 ⑥ 그 밖의 참고 사항
장부의 보관의무	① 사업자는 기록한 장부와 발급하거나 발급받은 세금계산서, 수입세금계산서 또는 영수증을 그 거래사실이 속하는 과세기간에 대한 확정신고기한 후 5년간 보존하여야 한다. 다만, 전자세금계산서를 발급한 사업자가 국세청장에게 전자세금계산서 발급명세를 전송한 경우에는 그러하지 아니하다. ② 사업자는 장부, 세금계산서 또는 영수증을 정보처리장치, 전산테이프 또는 디스켓 등의 전자적 형태로 보존할 수 있다.
부가가치세 세액 등에 관한 특례	① 부가가치세 납부세액에서 부가가치세법 및 다른 법률에서 규정하고 있는 부가가치세의 감면세액 및 공제세액을 빼고 가산세를 더한 세액의 74.7%를 부가가치세로, 25.3%를 지방소비세로 한다. ② 부가가치세와 「지방세법」에 따른 지방소비세를 신고·납부·경정 및 환급할 경우에는 부가가치세와 지방소비세를 합한 금액을 신고·납부·경정 및 환급한다.

납세관리인 선임	① 개인사업자가 다음 어느 하나에 해당하는 경우에는 부가가치세에 관한 신고·납부·환급, 그 밖에 필요한 사항을 처리하는 납세관리인을 정하여야 한다. 　㉠ 사업자가 사업장에 통상적으로 머무르지 아니하는 경우 　㉡ 사업자가 6개월 이상 국외에 체류하려는 경우 ② 사업자는 위 ①의 경우 외에도 부가가치세에 관한 신고·납부·환급, 그 밖에 필요한 사항을 처리하게 하기 위하여 대통령령으로 정하는 다음 어느 하나에 해당하는 자를 납세관리인으로 정할 수 있다. 　㉠ 「세무사법」에 따라 등록한 자 　㉡ 다단계판매업자(해당 다단계판매업자에게 등록을 한 다단계판매원 중 부가가치세 납부의무가 면제되지 아니하는 다단계판매원 및 사업장이 있는 다단계판매원 외의 다단계판매원이 다단계판매업자를 납세관리인으로 선정하는 경우로 한정한다) 　㉢ 「자본시장과 금융투자업에 관한 법률」에 따른 신탁업자(같은 법에 따른 신탁업 중 부동산에 관한 신탁업으로 한정한다)
납세관리인 선임·변경신고	납세관리인을 선정하거나 변경한 사업자(다단계판매업자를 포함한다)는 납세관리인 선정(변경)신고서를 지체 없이 관할 세무서장에게 제출하여야 한다. 납세관리인의 주소나 거소가 변경되었을 때에도 또한 같다
질문·조사	① 부가가치세에 관한 사무에 종사하는 공무원은 부가가치세에 관한 업무를 위하여 필요하면 납세의무자, 납세의무자와 거래를 하는 자, 납세의무자가 가입한 동업조합 또는 이에 준하는 단체에 부가가치세와 관계되는 사항을 질문하거나 그 장부·서류나 그 밖의 물건을 조사할 수 있다. ② 국세청장, 관할 지방국세청장 또는 관할 세무서장은 부가가치세의 납세보전 또는 조사를 위하여 납세의무자에게 장부·서류 또는 그 밖의 물건을 제출하게 하거나 그 밖에 필요한 사항을 명할 수 있다. 　㉠ 세금계산서의 발급 　㉡ 금전등록기의 설치·사용 　㉢ 신용카드 조회기의 설치·사용 　㉣ 현금영수증 발급장치의 설치·사용 　㉤ 표찰(標札)의 게시(揭示) 　㉥ 업종별 표시 　㉦ 그 밖에 납세보전을 위한 단속에 필요한 사항 ③ 부가가치세에 관한 사무에 종사하는 공무원이 질문 또는 조사를 할 때에는 그 권한을 표시하는 조사원증을 지니고 이를 관계인에게 보여주어야 한다. ④ 위 ① 또는 ②에 따라 질문·조사를 하는 경우 부가가치세에 관한 사무에 종사하는 공무원은 직무상 필요한 범위 외에 다른 목적 등을 위하여 그 권한을 남용해서는 아니 된다.

자료제출	다음 어느 하나에 해당하는 자는 재화 또는 용역의 공급과 관련하여 국내에서 판매 또는 결제를 대행하거나 중개하는 경우 월별 거래 명세를 매분기 말일의 다음 달 15일까지 국세청장·납세지 관할 지방국세청장 또는 납세지 관할 세무서장에게 제출하여야 한다. (개정) ① 「전기통신사업법」에 따른 부가통신사업자로서 「전자상거래 등에서의 소비자보호에 관한 법률」에 따른 통신판매업자의 판매를 대행 또는 중개하는 자 ② 「여신전문금융업법」에 따른 결제대행업체 ③ 「전자금융거래법」에 따른 전자금융업자 ④ 「외국환거래법에 따른 전문외국환업무취급업자 ⑤ 그 밖에 위의 사업자와 유사한 사업을 수행하는 자로서 「정보통신망 이용촉진 및 정보보호 등에 관한 법률」의 게시판을 운영하여 재화 또는 용역의 공급을 중개하는 자로서 국세청장이 고시하는 자
시정명령	국세청장, 납세지 관할 지방국세청장 또는 납세지 관할 세무서장은 관련 명세를 제출하여야 하는 자가 관련 명세를 제출하지 아니하거나 사실과 다르게 제출한 경우 그 시정에 필요한 사항을 명할 수 있다. (신설)

과태료	① 부가가치세법에는 부가가치세법상 위반행위에 대하여 형벌을 과하는 규정을 두고 있지 않다.
	② 국세청장, 납세지 관할 지방국세청장 또는 납세지 관할 세무서장은 다음 어느 하나에 해당하는 자에게 2천만원 이하의 과태료를 부과한다. (개정)
	   ㉠ 납세보전 또는 조사를 위한 명령을 위반한 자
	   ㉡ 시정 명령을 위반한 자
	③ 위반행위자가 법 위반상태를 시정하기 위해 노력한 사실이 인정되는 경우 과태료 금액의 2분의 1 범위에서 그 금액을 줄여 부과할 수 있다.
	④ 위반행위의 횟수에 따른 과태료의 가중된 부과기준은 최근 3년간 같은 위반행위로 과태료 부과처분을 받은 경우에 적용한다.
	⑤ 위반행위의 횟수에 따른 과태료의 가중된 부과기준을 적용할 때 기간의 계산은 위반행위에 대하여 과태료 부과처분을 받은 날과 그 처분 후에 다시 같은 위반행위를 하여 적발한 날을 기준으로 한다.
	⑥ 가중된 부과처분을 하는 경우 가중처분의 적용 차수는 그 위반행위 전 부과처분 차수(위 ⑤에 따른 기간에 과태료 부과처분이 둘 이상 있었던 경우에는 높은 차수를 말한다)의 다음 차수로 한다.

김홍신 세무사의
내국소비세법
Sub-Note

Part 02
개별소비세법

제 1 절 　개별소비세법 총칙
제 2 절 　과세대상과 세율
제 3 절 　납세의무자와 과세표준
제 4 절 　과세시기 및 제조·반출 등 의제
제 5 절 　미납세반출
제 6 절 　면세제도
제 7 절 　세액공제와 환급
제 8 절 　신고·납부 및 결정·경정

제 1 절　개별소비세법 총칙

1 개별소비세의 의의 및 특징

구분	내용
개 요	개별소비세: 부가가치세의 역진성을 완화하고 사치성 소비를 억제하기 위하여 특정한 물품, 특정한 장소 입장행위, 특정한 장소에서의 유흥음식행위 및 특정한 장소에서의 영업행위에 대하여 부과하는 조세
특정소비세	부가가치세는 일반소비세의 성격을 갖는 반면, 개별소비세는 특정한 물품 등에 대하여 과세하는 특정소비세의 성격을 갖는다. * 따라서 개별소비세는 과세대상을 구체적으로 열거하는 열거주의 방식을 취하고 있음.
간접세	부가가치세와 마찬가지로 개별소비세도 납세의무자(사업자) ≠ 담세자(최종소비자)인 조세이다. (➡조세부담의 전가가 예정되어 있는 조세)
물세	부가가치세와 마찬가지로 개별소비세도 납세의무자의 인적사항을 고려하지 않는다.
차등 비례세율	부가가치세는 단일비례세율 구조를 취하고 있는 반면, 개별소비세는 과세대상에 따라 차등비례세율 구조를 취하고 있다.
종가세 ·종량세	부가가치세는 종가세를 적용하고 있지만, 개별소비세는 종가세 및 종량세를 모두 적용하고 있다.
잠정· 탄력세율	부가가치세는 기본세율 외에 잠정·탄력세율을 두고 있지 않지만, 개별소비세는 기본세율 이외에 잠정·탄력세율을 두고 있다.
단단계 과세방식	부가가치세는 거래단계마다 과세하는 다단계 과세방식을 적용하고 있지만, 개별소비세는 제조장에서 반출되는 시점에서 단 1회 과세하는 단단계 과세방식을 적용하고 있다.

2 개별소비세와 부가가치세의 비교

1. 공통점

구분	내용
간접소비세	부가가치세와 개별소비세는 소비행위에 대하여 과세하는 소비세이며, 그 세액은 최종소비자에게 전가할 것을 예정하고 있는 간접세이다.
물세	부가가치세와 개별소비세는 모두 납세의무자의 인적사항을 고려하지 않는 물세이다.
소비지국 과세원칙	부가가치세와 개별소비세는 국경세조정시 소비지국과세원칙을 채택하고 있다. ① 「부가가치세법」: 수출하는 재화와 용역에 대해 영세율 적용, 수입 재화에 대해 세관장이 내국물품과 동일하게 과세함. ② 개별소비세법: 수출에 대해 수출면세, 세액의 환급, 공제 및 미납세반출을 적용, 수입에 대해 내국물품과 동일하게 과세함.
기타 유사제도	부가가치세 / 개별소비세 주사업장 총괄납부 / 제조장 총괄납부 사업자단위과세제도 / 사업자단위 신고·납부 영세율 / 수출면세 간주공급 / 반출의제

2. 차이점

구분	부가가치세	개별소비세
과세대상	면세대상을 제외한 모든 재화와 용역의 공급 (➡일반소비세)	과세물품의 반출, 과세장소 입장행위, 과세유흥장소에서의 유흥음식행위, 과세영업장소에서의 영업행위(➡특정소비세, 열거주의)

세율구조	단일비례세율	① 기본세율: 차등비례세율
		② 탄력세율 및 잠정세율
		  ㉠ 탄력세율: 국민경제의 효율적 운용을 위하여 경기 조절, 가격 안정, 수급 조정에 필요한 경우와 유가변동에 따른 지원사업의 재원 조달에 필요한 경우 그 세율의 30%의 범위에서 조정할 수 있는 세율
		  ㉡ 잠정세율: 기술개발을 선도하거나 환경 친화적인 과세물품에 대하여 적용하는 특별세율
		* 세율적용 순서: 잠정세율 〉 탄력세율 〉 기본세율

과세표준	종가세	① 종가세: 과세물품의 반출(가격), 과세유흥장소에서의 유흥음식행위(유흥음식요금)
		② 종량세: 과세물품 중 석유류(ℓ), 담배(개비, g, mℓ), 과세장소 입장행위(인원 수)
과세방식	다단계과세방식 * 전단계세액공제법	단단계과세방식: 제조장에서 반출되는 시점에서 단 1회 과세 (반출과세제도)

3 용어의 정의

구분	구체적 내용
수출	· 내국물품을 국외로 반출하는 것 · 외국공공기관 또는 국제금융기관으로부터 받은 차관자금으로 물품을 구매하기 위하여 실시되는 국제경쟁입찰의 낙찰자가 해당 계약 내용에 따라 국내에서 생산된 물품을 납품하는 것
주한외국군에 납품하는 것	주한외국군기관에 매각하거나 그 기관의 공사 및 용역의 시공을 위하여 사용하는 물품
고급가구의 조	2개 이상이 함께 사용되는 물품으로서 보통 짝을 이루어 거래되는 것
이미 개별소비세가 납부되었거나 납부될 물품의 원재료	· 과세물품 또는 수출물품을 형성하는 원재료 · 과세물품 또는 수출물품을 상품화하는 데에 필요한 포장 또는 용기 · 과세물품 또는 수출물품을 형성하지는 아니하나 해당 물품의 제조·가공에 직접적으로 사용되는 것으로서 화학반응을 하는 물품과 해당 과세물품 또는 수출물품의 제조·가공 과정에서 해당물품이 직접적으로 사용되는 단용(單用)원자재
비거주자	「외국환거래법」에 따라 비거주자로 인정되는 자
제조장과 특수한 관계에 있는 곳	· 제조자가 자기의 제품을 직접 판매하기 위하여 특별히 설치한 판매장(하치장 포함) · 제조자와 「국세기본법」제2조 제20호에 따른 특수관계인에 해당하는 자가 경영하는 판매장
공예창작품	「문화재보호법」에 따라 문화체육관광부장관이 중요무형문화재의 보유자로 인정한 사람의 작품과 전통적인 공예 기능·기술·기법으로 옻칠을 하여 제작한 물품
유흥음식요금	· 음식료, 연주료, 그 밖에 명목이 무엇이든 상관없이 과세유흥장소의 경영자가 유흥음식행위를 하는 사람으로부터 받는 금액 · 종업원(자유직업소득자 포함)의 봉사료가 포함되어 있는 경우에는 세금계산서·영수증·신용카드매출전표 또는 직불카드영수증에 봉사료 금액을 구분하여 기재하고, 봉사료가 해당 종업원에게 지급된 사실이 확인되는 경우에는 유흥음식요금에 포함하지 아니하되, 과세유흥장소 경영자가 그 봉사료를 자기의 수입금액에 계상하는 경우에는 포함한다.

제 2 절 과세대상과 세율

1 과세대상과 기본세율

〈개별소비세 과세대상〉
① 특정한 물품(과세물품)
② 특정한 장소 입장행위(과세장소)
③ 특정한 장소에서의 유흥음식행위(과세유흥장소)
④ 특정한 장소에서의 영업행위(과세영업장소)

1. 과세물품(1호~6호)

(1) 1호의 물품

구 분	과세물품	세 율
가	투전기(投錢機), 오락용 사행기구(射倖器具), 그 밖의 오락용품	물품가격의 20%
나	수렵용 총포류(공기총 제외)	

(2) 2호의 물품

구 분	과세물품	세 율
가	1) 보석[공업용 다이아몬드, 가공하지 아니한 원석 및 나석(裸石)은 제외한다], 진주, 별갑(鼈甲), 산호, 호박(琥珀) 및 상아와 이를 사용한 제품(나석을 사용한 제품은 포함한다) 2) 귀금속 제품 3) 고급 시계 4) 고급 융단 5) 고급 가방	과세가격*의 20%
나	1) 고급모피와 그 제품[토끼 모피 및 그 제품과 생모피는 제외한다] 2) 고급가구(공예창작품은 제외한다)	

* 과세가격: 물품가격 중 기준가격을 초과하는 부분의 가격

핵심정리

■ 기준가격(➡고급물품이 되는 기준)

구 분	과세물품	기준가격(단위: 개당 또는 조당)
가	보석[공업용 다이아몬드, 가공하지 아니한 원석 및 나석(裸石)은 제외한다], 진주, 별갑(鼈甲), 산호, 호박(琥珀) 및 상아와 이를 사용한 제품(나석을 사용한 제품은 포함한다)	500만원/개
	귀금속 제품	500만원/개
	고급 시계	200만원/개
	고급 융단	MAX(200만원/개, 10만원/㎡ × 면적(㎡))
	고급 가방	200만원/개
나	고급모피와 그 제품	500만원/개
	고급가구	500만원/개 또는 800만원/조

(3) 3호의 물품

다음의 자동차[36]에 대해서는 그 물품가격에 해당 세율을 적용한다.

구 분	과세물품	세 율
가	배기량이 2천cc를 초과하는 승용자동차(정원 8명 이하의 자동차로 한정)와 캠핑용자동차	물품가격의 5%
나	배기량이 2천cc 이하인 승용자동차(정원 8명 이하의 자동차로 한정하되, 배기량이 1천cc 이하의 것으로서 길이가 3.6m 이하이고 폭이 1.6m 이하인 것은 제외한다)와 이륜자동차	
다	전기, 하이브리드 또는 수소전기 승용자동차(정원 8명 이하의 자동차로 한정하되, 길이가 3.6m 이하이고 폭이 1.6m 이하인 것은 제외한다)	

---

36) 개별소비세 과세대상 자동차(비영업용 소형승용자동차):
  ① 정원 8명 이하의 승용자동차(배기량이 1,000cc 이하의 것으로서 길이가 3.6미터 이하이고 폭이 1.6미터 이하인 것은 제외)
  ② 정원 8명 이하의 전기승용자동차(길이가 3.6미터 이하이고 폭이 1.6미터 이하인 것은 제외)
  ③ 캠핑용자동차(캠핑용 트레일러를 포함)
  ④ 이륜자동차(내연기관을 원동기로 하는 것은 그 총배기량이 125cc를 초과하는 것으로 한정하며, 내연기관 외의 것을 원동기로 하는 것은 그 정격출력이 12킬로와트를 초과하는 것으로 한정. 다만, 국방용 또는 경찰용으로서 해당 기관의 장이 증명하는 것은 제외한다.

(4) 4호의 물품

구 분	과세물품	세 율
가	휘발유 및 이와 유사한 대체유류	475원/ℓ
나	경유 및 이와 유사한 대체유류	340원/ℓ
다	등유 및 이와 유사한 대체유류	90원/ℓ
라	중유(重油) 및 이와 유사한 대체유류	17원/ℓ
마	석유가스[액화(液化)한 것을 포함한다] 중 프로판(프로판과 부탄을 혼합한 것으로서 대통령령으로 정하는 것을 포함한다)	20원/kg
바	석유가스 중 부탄(부탄과 프로판을 혼합한 것으로서 마목에 해당하지 아니하는 것을 포함한다)	252원/kg
사	발전용 천연가스(액화한 것을 포함한다)	12원/kg
	발전용 외의 천연가스(기획재정부령으로 정하는 것을 말한다)	60원/kg
아	석유제품 외의 물품을 제조하는 과정에서 부산물(副産物)로 생산되는 유류로서 대통령령으로 정하는 것	90원/ℓ
자	유연탄	46원/kg

(5) 5호의 물품(삭제. 2016.12.20)

(6) 6호의 물품

구 분		종 류	세 율
피우는 담배		제1종 궐련	594원/20개비
		제2종 파이프담배	21원/g
		제3종 엽궐련	61원/g
		제4종 각련	21원/g
		제5종 전자담배	니코틴 용액 370원/㎖
			연초 및 연초고형물을 사용하는 경우 1. 궐련형: 529원/20개비 2. 기타유형: 51원/g
		제6종 물담배	422원/g
씹거나 머금는 담배			215원/g
냄새 맡는 담배			15원/g

세부사항 과세물품

[별표 1](2022.02.15 개정)

과세물품(제1조 관련)

구분	과세물품
1. 법 제1조 제2항 제1호 가목에 해당하는 물품	슬롯머신, 핀볼머신(호스 스피너와 빙고를 포함한다), 룰렛머신, 카지노용 기구, 골패와 화투류(마작·투전 및 트럼프류를 포함한다)
2. 법 제1조 제2항 제1호 나목에 해당하는 물품	수렵용 총포류(공기총은 제외한다)

3. 법 제1조 제2항 제2호 가목 1)·2)에 해당하는 물품	가. 보석[공업용 다이아몬드, 가공하지 않은 원석 및 나석(裸石)은 제외한다], 진주, 별갑, 산호, 호박 및 상아와 이를 사용한 제품(나석을 사용한 제품을 포함한다)
	 1) 보석 및 보석을 사용한 제품
	  가) 보석(합성 또는 재생의 것을 포함한다)
	   다이아몬드, 루비, 사파이어, 알렉산드라이트, 크리소베릴, 토파즈, 스피넬, 에메랄드, 아콰마린, 베릴, 투르말린, 지르콘, 크리소라이트, 가넷, 오팔, 비취(연옥은 제외한다), 마노, 묘안석, 공작석, 터키석, 월장석, 청금석, 쿤자이트, 블러드스톤, 헤마타이트
	  나) 보석을 사용한 제품
	   장신용구, 화장용구
	 2) 진주 및 진주를 사용한 제품
	  가) 진주
	  나) 진주를 사용한 제품
	   장신용구, 화장용구
	 3) 별갑(귀갑을 포함한다), 산호(흑산호는 제외한다), 호박 및 상아와 이를 사용한 제품
	  가) 별갑(별갑 또는 귀갑을 피복한 것을 포함한다), 산호, 호박 및 상아
	  나) 별갑, 산호, 호박 및 상아를 사용한 제품
	   장신용구, 화장용구, 끽연용구, 식탁용구
	나. 귀금속제품(중고품인 귀금속제품을 사용하여 가공한 것과 국가적 기념행사용으로 특별히 제작한 것은 제외한다)장신용구, 화장용구, 끽연용구, 식탁용구, 우승배, 우승패, 실내장식용품, 기념품, 그 밖에 이와 유사한 용품

4. 법 제1조 제2항 제2호 가목 4)부터 6)까지 및 나목에 해당하는 물품	가. 삭제(2016.02.05) 1) 고급 사진기 2) 고급 사진기의 관련 제품 　　렌즈, 보디, 삼각대, 노출계, 섬광기, 모터드라이브 및 사진기에 부착하여 사진의 촬영, 인화 　　및 해상도에 도움을 주는 제품 나. 고급 시계[스톱워치, 시각장애인용·차량용·항공기용·선박용·옥외용·시각기록(측정)용·중앙집중식 시계 및 워치무브먼트는　제외한다] 다. 고급 모피와 그 제품[토끼모피 및 그 제품과 생모피(生毛皮)는 제외한다] 라. 고급 융단(섬유를 부착·압착 또는 식모(植毛)한 카펫과 표면깔개인 섬유매트를 포함한다) 마. 고급 가방 　　핸드백, 서류가방, 배낭, 여행가방, 지갑 및 이와 유사한 제품으로서 물품을 운반 또는 보관하기 위한 용도로 제조된 것(악기가방 등 제품의 외형 또는 구조가 특정한 물품을 전용으로 운반 또는 보관하기에 적합하도록 제조된 것은 제외한다) 바. 고급 가구(공예창작품은 제외한다) 1) 응접용의자, 의자, 걸상류 2) 장롱, 장롱 외의 장류, 침대, 상자류, 화장대, 책상, 탁자류, 경대, 목조조각병풍, 조명기구, 실내장식용품, 보석상자, 식탁용품
5. 법 제1조 제2항 제3호에 해당하는 물품	자동차 가. 「자동차관리법」 제3조에 따른 구분기준에 따라 승용자동차로 구분되는 자동차(정원 8명 이하의 자동차로 한정하되, 배기량이 1,000㏄ 이하의 것으로서 길이가 3.6미터 이하이고 폭이 1.6미터 이하인 것은 제외한다) 나. 「자동차관리법」 제3조에 따른 구분기준에 따라 이륜자동차로 구분되는 자동차(내연기관을 원동기로 하는 것은 그 총배기량이 125㏄를 초과하는 것으로 한정하며, 내연기관 외의 것을 원동기로 하는 것은 그 최고정격출력이 12킬로와트를 초과하는 것으로 한정한다). 다만, 국방용 또는 경찰용으로서 해당 기관의 장이 증명하는 것은 제외한다. 다. 「자동차관리법」 제29조 제3항에 따른 캠핑용자동차로 구분되는 자동차(캠핑용 트레일러를 포함한다) 라. 「환경친화적 자동차의 개발 및 보급 촉진에 관한 법률」 제2조 제3호, 제5호 또는 제6호에 따른 전기자동차, 하이브리드자동차(배기량 1,000㏄를 초과하는 것으로 한정한다) 또는 수소전기자동차로서 「자동차관리법」 제3조에 따른 구분기준에 따라 승용자동차로 구분되는 자동차(정원 8명 이하의 자동차로 한정하되, 길이가 3.6미터 이하이고 폭이 1.6미터 이하인 것은 제외한다)

6. 법 제1조 제2항 제4호에 해당하는 물품	가. 휘발유 및 휘발유와 유사한 대체유류 1) 휘발유 2) 휘발유와 유사한 대체유류(「석유 및 석유대체연료 사업법」 제2조 제10호에 따른 가짜석유제품에 해당하는 것을 말한다) 나. 경유 및 경유와 유사한 대체유류 1) 경유 2) 경유와 유사한 대체유류(「석유 및 석유대체연료 사업법」 제2조 제10호에 따른 가짜석유제품에 해당하는 것을 말한다) 다. 등유 라. 중유 및 중유와 유사한 대체유류 1) 중유 2) 중유와 유사한 대체유류(「석유 및 석유대체연료 사업법」 제24조 제2항에 따라 산업통상자원부장관이 고시하는 석유제품 중 부생연료유에 해당하는 것을 말한다) 마. 석유가스(액화한 것을 포함한다. 이하 같다) 중 프로판(프로판과 부탄을 혼합한 것으로서 탄소수 3개인 탄화수소의 혼합률이 몰백분율 기준으로 100분의 90 이상인 것을 포함한다) 바. 석유가스 중 부탄(부탄과 프로판을 혼합한 것으로서 마목에 해당하지 않는 것을 포함한다) 사. 천연가스(액화한 것을 포함한다) 아. 석유제품 외의 물품을 제조하는 과정에서 부산물로 생산되는 유류로서 「석유 및 석유대체연료 사업법」 제24조 제2항에 따라 산업통상자원장관이 고시하는 석유제품 중 등유를 대체하여 사용되는 부생연료유

2. 과세장소

구 분	과세장소	세율
가	경마장	1명 1회 입장에 대하여 1천원(장외발매소는 2천원)
나	경륜장·경정장	1명 1회 입장에 대하여 400원(장외매장은 800원)
다	투전기를 설치한 장소	1명 1회 입장에 대하여 1만원
라	골프장[37]	1명 1회 입장에 대하여 1만2천원
마	카지노	1명 1회 입장에 대하여 5만원(「폐광지역 개발 지원에 관한 특별법」에 따라 허가를 받은 카지노의 경우에는 1명 1회 입장에 대하여 6천300원). 다만, 외국인은 1명 1회 입장에 대하여 2천원 * 「관광진흥법」 제5조에 따라 허가를 받은 외국인전용의 카지노로서 외국인(「해외이주법」에 따른 해외이주자를 포함한다)이 입장하는 경우는 제외한다.

> **세부사항** 과세장소
>
> [별표 2] 〈개정 2010.12.30〉
>
> <u>과세장소</u>(제1조 관련)
>
> 1. 경마장(장외발매소를 포함한다)
> 2. 투전기를 시설한 장소
> 3. 골프장. 다만, 다음 각 목의 어느 하나에 해당하는 골프장은 제외한다.
>   가. 「체육시설의 설치·이용에 관한 법률 시행령」제5조 제3항 단서에 따라 국방부장관이 지도·감독 하는 골프장
>   나. 「체육시설의 설치·이용에 관한 법률 시행령」제7조 제1항 제2호에 따른 대중체육시설업에 해당하는 골프장
> 4. 카지노. 다만, 「관광진흥법」제5조에 따라 허가를 받은 외국인전용의 카지노로서 외국인(「해외이주법」제2조에 따른 해외이주자를 포함한다)이 입장하는 경우는 제외한다.
> 5. 경륜장(장외매장을 포함한다)·경정장(장외매장을 포함한다)

3. 과세유흥장소

구 분	과세유흥장소	세 율
가	유흥주점, 외국인전용 유흥음식점, 그 밖에 이와 유사한 장소	유흥음식요금의 10%

4. 과세영업장소

구 분	과세영업장소	세 율
가	「관광진흥법」에 따라 허가를 받은 카지노(「폐광지역개발 지원에 관한 특별법」에 따라 허가를 받은 카지노를 포함한다)	연간 총매출액(「관광진흥법」에 따른 총매출액을 말한다)에 따른 아래 각 호별 어느 하나의 세율

---

37) 다만, 다음의 어느 하나에 해당하는 골프장은 과세장소에서 제외한다.
① 「체육시설의 설치·이용에 관한 법률 시행령」에 따라 국방부장관이 지도·감독하는 골프장
② 「체육시설의 설치·이용에 관한 법률 시행령」에 따라 문화체육관광부장관이 지정한 대중형 골프장
[➡(과세) 회원제 골프장, 일반 비회원제 골프장 / (면세) 대중형 골프장, 군 골프장] **(개정)**

호별	연간 총 매출액	세율
1	500억원 이하	100분의 0
2	500억원 초과 1천억원 이하	500억원을 초과하는 금액의 100분의 2
3	1천억원 초과	10억원+(1천억원을 초과하는 금액의 100분의 4)

2 탄력세율과 잠정세율

1. 탄력세율

구분	내용			
개요	국민경제의 효율적 운용을 위한 경기 조절, 가격 안정, 수급 조정에 필요한 경우 및 유가변동에 따른 지원사업의 재원 조달에 필요한 경우 기본세율의 30%[4호의 물품(석유류)의 경우 2024년 12월 31일까지는 50%]의 범위에서 대통령령으로 조정 가능			
적용 대상 및 세율	과세대상		탄력세율	기본세율
	등유		63원/ℓ	90원
	석유제품 외의 물품을 제조하는 과정에서 부산물로 생산되는 유류로서 「석유 및 석유대체연료 사업법」에 따라 산업통상자원장관이 고시하는 석유제품 중 등유를 대체하여 사용되는 부생연료유		63원/ℓ	90원
	석유가스(액화한 것을 포함한다) 중 프로판(프로판과 부탄을 혼합한 것으로서 탄소수 3개인 탄화수소의 혼합률이 몰 백분율 기준으로 90% 이상인 것을 포함한다)에 해당하는 물품으로서 기획재정부령으로 정하는 가정용·상업용 물품		14원/kg	20원
	석유가스 중 부탄(부탄과 프로판을 혼합한 것으로서 프로판에 해당하지 않는 것을 포함한다)에 해당하는 물품		275원/kg	252원
	천연가스 (액화한 것을 포함한다)	① 열과 전기를 동시에 생산하는 시설의 연료용으로 공급하는 물품 ② 수소를 제조하기 위하여 다음의 설비에 공급(연료용으로 공급하는 것은 제외한다)하는 물품 ㉠ 수소추출설비 ㉡ 「수소경제 육성 및 수소 안전관리에 관한 법률」에 따른 연료전지	8.4원/kg	12원
		발전용 외의 물품	42원/kg	60원
	유연탄	순발열량이 킬로그램당 5,500킬로칼로리 이상인 물품	49원/kg	46원
		순발열량이 킬로그램당 5,000킬로칼로리 미만인 물품	43원/kg	46원
	자동차		3.5/100	5/100

	* 자동차에 대한 탄력세율은 2023년 6월 30일까지 효력을 가지며, 2023년 6월 30일 이전에 제조장에서 반출하거나 수입신고하는 분에 한정하여 적용한다. * 석유가스 중 프로판 및 천연가스에 해당하는 물품에 대하여 탄력세율을 적용받으려는 자는 해당 물품을 제조장에서 반출한 날이 속하는 달의 다음 달 말일까지(수입물품의 경우에는 그 수입신고를 할 때) 용도별 탄력세율 적용 물품 사용예정서를 관할 세무서장 또는 세관장에게 제출[「국세기본법」에 따른 국세정보통신망(이하 "국세정보통신망"이라 한다)을 통한 제출을 포함한다]하여야 한다.
한도 및 한시 규정	과세물품 중 승용자동차에 대해서는 세율을 조정하는 경우 기본세율에 따른 산출세액과 조정 후 세율(탄력세율)에 따른 산출세액 간 차액의 한도를 과세물품당 100만원으로 한다. * 위 규정은 2023년 6월 30일까지 효력을 가지며, 2023년 6월 30일 이전에 제조장에서 반출하거나 수입신고하는 분에 한정하여 적용한다.

2. 잠정세율

구 분	내 용	
개요	과세물품 중 기술개발을 선도하거나 환경친화적인 물품에 적용	
적용 세율	적용기간	잠정세율
	㉠ 대통령령으로 정하는 날부터 4년간	기본세율의 10%
	㉡ 위 ㉠에 따른 기간이 지난 날부터 1년간	기본세율의 40%
	㉢ 위 ㉡에 따른 기간이 지난 날부터 1년간	기본세율의 70%
적용 방법	① 잠정세율은 대통령령으로 정하는 바에 따라 그 적용을 단축 또는 중지하거나 기본세율의 범위에서 인상할 수 있다. ② 잠정세율은 기본세율 및 탄력세율에 우선하여 적용한다. 　* 세율의 적용순서: 잠정세율 > 탄력세율 > 기본세율 ③ 현재 시행령규정이 없으므로 잠정세율에 관해서는 적용되지 않고 있다.	

3 과세대상의 판정

구 분	내 용

과세물품판정	① 과세물품의 판정은 그 명칭이 무엇이든 상관없이 그 물품의 형태·용도·성질이나 그 밖의 중요한 특성에 의한다.
	② 동일한 과세물품이 품목 중 둘 이상에 해당하는 경우에는 그 과세물품의 **특성**에 맞는 물품으로 취급하되 그 특성이 명확하지 아니한 경우에는 주된 **용도**로 사용되는 물품으로 취급하고, 주된 용도가 명확하지 아니한 경우에는 **높은 세율**이 적용되는 물품으로 취급한다.(➡과세+과세)
	③ 과세물품이 분해되었거나 미조립(未組立) 상태로 반출(搬出)되는 경우에는 이를 완제품으로 취급한다.
	④ 보석 등 및 귀금속 제품에 해당하는 물품의 판정은 다음의 기준에 따른다.
	  ㉠ 물품에 사용된 원재료의 전부 또는 대부분이 보석·진주·별갑(鼈甲)·산호·호박·상아 또는 귀금속으로 제조된 것으로 하되,
	  ㉡ 물품의 판정은 물품 **원가의 구성 비율**에 따라 판정함을 원칙으로 하되, 원가구성비율이 같은 경우에는 그 물품에 사용된 **원재료의 구성 비율**이 높은 것에 따라 판정한다.
	⑤ 과세물품이 불완전 또는 미완성 상태로 반출되는 경우에 해당 물품의 주된 부분을 갖추어 그 기능을 나타낼 수 있는 물품은 완제품으로 취급한다.
	⑥ 하나의 물품이 과세물품과 비과세물품으로 결합되어 있는 경우에는 해당 물품의 **특성 및 주된 용도**에 따라 판정하고, 이에 따라 판정할 수 없는 경우에는 **원가가 높은** 것에 따라 판정한다.(➡과세+비과세)

과세유흥장소 ·과세영업장 소 판정	「식품위생법」, 「관광진흥법」, 그 밖의 법령에 따라 허가를 받지 아니하고 과세유흥장소 또는 과세영업장소를 경영하는 경우에도 그 장소를 과세대상인 과세유흥장소 또는 과세영업장소로 본다.

4 비과세 물품

구 분	내 용
소비목적 ×	① 자기(법인은 제외한다)와 자기 가족만이 사용하기 위하여 자기가 직접 제조하는 물품 ② 「축산물위생관리법」·「약사법」 또는 「식품위생법」에 따라 제조장에서 수거되는 물품: 제조장에서 「축산물가공처리법」·「약사법」또는 「식품위생법」에 따라 권한 있는 공무원이 품질·규격의 감정 등 정당한 직무수행을 위하여 과세물품을 수거하는 경우의 해당 물품
이중과세 방지	③ 「관세법」에 따라 간이세율을 적용하는 물품: 「관세법」에 따라 관세·임시수입부가세 및 개별소비세 등 내국세의 세율을 기초로 하여 「관세법 시행령」에 따라 간이세율이 적용되는 여행자휴대품·우편물, 별송품 등의 물품 ④ 알코올분 1도 이상을 함유하는 물품으로서 「주세법」에 따라 주세(酒稅)가 부과되는 물품

제 3 절 납세의무자와 과세표준

① 납세의무자

구 분	내 용
의의	① 개별소비세는 세액 자체는 사업자에게 부과하지만, 그 세액의 부담은 최종소비자에게 전가할 것을 예정하고 있는 간접세로서, ② 과세물품을 제조하여 반출하는 자, 과세장소, 과세유흥장소 및 과세영업장소의 경영자를 납세의무자로 규정하고 있다.
납세 의무자의 범위	1) 과세물품을 반출하는 자 　① 과세물품을 제조하여 반출하는 자 　② 수입물품 　　㉠ 「관세법」에 따라 관세를 납부할 의무가 있는 자로서 과세물품을 「관세법」에 따른 보세구역(保稅區域, 이하 "보세구역"이라 한다)에서 반출하는 자 　　㉡ 위 ㉠의 경우 외에 관세를 징수하는 물품에 대해서는 그 관세를 납부할 의무가 있는 자 2) 과세장소의 경영자 3) 과세유흥장소의 경영자 4) 과세영업장소의 경영자

핵심정리

▪ 수탁제조물품의 납세의무(집행 3-0-1)

① 과세물품(보석·귀금속 제품을 제외한다)을 수탁받아 제조하는 경우에 동 물품에 대한 납세의무자는 수탁자가 된다. 이 경우 납세지는 과세물품을 제조·가공하여 반출하는 장소이고, 과세표준은 그 물품을 인도한 날에 위탁자가 실제로 판매하는 가격에 상당하는 금액으로 한다.
② 위탁자에게 미납세반출한 후, 위탁자가 같은 물품을 다시 반출하는 경우에는 위탁자가 납세의무자가 된다.
③ 과세물품을 제조장에서 반출하여 개별소비세를 납부하고 물류회사에 보관한 후 납품처에 입고되는 경우 개별소비세 반출처는 실제 거래처로 본다.

제3절 납세의무자와 과세표준

> **세부사항** 과세유흥장소의 구체적 범위(집행 1-0-5)
>
> ① 과세유흥장소 : 유흥주점, 외국인전용 유흥음식점, 그 밖에 이와 유사한 장소
> ② 「식품위생법」, 「관광진흥법」그 밖의 법령에 따라 허가를 받지 아니하고 과세유흥 장소를 경영하는 경우에는 그 장소를 과세대상인 과세유흥장소로 본다.
> ③ 개별소비세는 특정한 장소에서의 유흥음식행위에 대하여 부과하므로 과세유흥장소 해당 여부는 영업장의 크기에 따라 결정되는 것은 아니다.

2 과세표준

구분	내용
과세표준	가격이나 요금에는 해당 물품 또는 유흥음식행위에 대한 개별소비세와 부가가치세를 포함하지 아니하며, 그 용기 대금과 포장비용(대통령령으로 정하는 것은 제외 한다[38])을 포함한다.

과세물품의 반출	1) 일반적인 경우
	① 납세의무자가 제조하여 반출하는 물품: 제조장에서 반출할 때의 가격 또는 수량.
	    * 다만, 휘발유 및 이와 유사한 대체유류의 경우에는 제조장에서 반출한 후 소비자에게 판매할 때까지 수송 및 저장 과정에서 증발 등으로 자연 감소되는 정도를 고려하여 대통령령으로 정하는 비율(자연감소율)을 제조장에서 반출할 때의 수량에 곱하여 계산한 수량을 반출할 때의 수량에서 뺀 수량으로 한다.
	
	    $$\text{과세표준(수량)} = \text{제조장에서 반출할 때의 수량} \times \{1 - \text{자연감소율}(2/1{,}000)\}$$
	
	② 납세의무자가 보세구역에서 반출하는 물품: 수입신고를 할 때의 관세의 과세가격과 관세를 합한 금액 또는 수량.
	③ 과세물품을 보세구역에서 반출하는 경우 외에 관세를 징수하는 물품: 해당 관세를 징수할 때의 관세의 과세가격과 관세를 합한 금액 또는 수량
	2) 보석·귀금속 제품 및 고급 물품
	보석·귀금속 제품 및 고급 물품에 대해서는 위 (1)의 반출가격 중 대통령령으로 정하는 기준가격(이하 "기준가격"이라 한다)을 초과하는 부분의 가격(과세가격)에 해당 세율을 적용한다.

과세장소의 입장행위	입장할 때의 인원을 과세표준으로 한다.

---

[38] 용기 대금과 포장비용이 과세표준에서 제외되는 경우는 과세물품의 용기 또는 포장을 장래 해당 제조장에 반환할 것을 조건으로 그 용기 대금 또는 포장비용을 뺀 금액으로 반출하는 것으로서 국세청장이 지정하는 종류와 절차에 따라 관할 세무서장의 승인을 받은 경우로 한다. 다만, 수입물품의 용기 또는 포장의 경우에는 해당 용기 대금 또는 포장비용이 그 내용물인 과세물품의 가격보다 비싼 것으로서 수입신고 수리일부터 6개월 내에 수출자에게 반환할 것을 조건으로 보세구역의 관할 세관장의 승인을 받은 것으로 한정한다.

[39] 총매출액은 카지노영업과 관련하여 고객으로부터 받은 총금액에서 고객에게 지급한 총금액을 공제한 금액을 말한다.

과세유흥장소에서의 유흥음식행위	① 유흥음식행위를 할 때의 요금을 과세표준으로 한다.
	  * 유흥음식요금이란 음식료, 연주료, 그 밖에 명목이 무엇이든 상관없이 과세유흥장소의 경영자가 유흥음식행위를 하는 사람으로부터 받는 금액을 말한다. 다만, 그 받는 금액 중 종업원(자유직업소득자를 포함한다)의 봉사료가 포함되어 있는 경우에는 「부가가치세법」에 따른 세금계산서·영수증·신용카드매출전표 또는 직불카드영수증에 봉사료 금액을 구분하여 기재하고, 봉사료가 해당 종업원에게 지급된 사실이 확인되는 경우에는 그 봉사료는 유흥음식요금에 포함하지 아니하되, 과세유흥장소의 경영자가 그 봉사료를 자기의 수입금액에 계상(計上)하는 경우에는 이를 포함하는 것으로 한다.
	② 금전등록기를 설치한 자가 금전등록기에 의하여 계산서(영수증)를 교부하고, 감사테이프를 보관한 때에는 현금 수입금액을 과세표준으로 계산할 수 있다.
	③ 과세유흥장소의 경영자가 유흥음식 요금의 전부 또는 일부를 받지 아니하고 유흥음식행위를 하게 한 경우에는 그 요금의 전액을 받은 것으로 본다. 따라서 유흥음식행위를 무상 또는 외상으로 하게 한 경우에는 다음에 따라 과세표준을 계산한다.
	  ㉠ 무상으로 유흥음식행위를 하게 한 것은 해당 월분의 과세표준에 합산한다.
	  ㉡ 외상으로 유흥음식행위를 하게 한 것으로서 경영을 폐지한 때의 외상매출금 잔액은 폐지로 인한 신고(폐업사유가 발생한 날이 속한 달의 다음달 25일까지) 시의 과세표준에 합산한다.

과세영업장소에서의 영업행위	총매출액39)을 과세표준으로 한다.

핵심정리

■ 기준가격(개소령 제4조)

구 분		과세물품	기준가격(단위: 개당 또는 조당)
가		보석[공업용 다이아몬드, 가공하지 아니한 원석 및 나석(裸石)은 제외한다], 진주, 별갑(鼈甲), 산호, 호박(琥珀) 및 상아와 이를 사용한 제품(나석을 사용한 제품은 포함한다)	500만원/개
		귀금속 제품	500만원/개
		고급 시계	200만원/개
		고급 융단	MAX(200만원/개, 10만원/㎡ × 면적(㎡))
		고급 가방	200만원/개
나		고급모피와 그 제품	500만원/개
		고급가구	500만원/개 또는 800만원/조

핵심정리

■ 과세물품별 과세표준 산정 방법(집행 8-0-1)

구 분	과세표준 산정방법
과세물품을 제조하여 반출하는 자의 물품	제조장에서 반출할 때의 가격 또는 수량
휘발유 및 이와 유사한 대체유류	제조장 또는 보세구역에서 반출한 후 소비자에게 판매할 때까지 수송 및 저장 과정에서 증발 등으로 자연 감소되는 정도를 고려하여 과세물품의 1천분의 2를 제조장 또는 보세구역에서 반출할 때의 수량에 곱하여 계산한 수량을 반출할 때의 수량에서 뺀 수량
「관세법」에 따라 보세구역에서 반출하는 물품	수입신고를 할 때의 가격(관세의 과세가격과 관세를 합한 금액) 또는 수량
기타 관세를 징수하는 물품	해당 관세를 징수할 때의 가격(관세의 과세가격과 관세를 합한 금액) 또는 수량
외상·할부로 반출	해당 물품을 인도한 날의 실제 반출가격에 상당하는 금액
원재료·자금공급조건으로 낮게 반출하거나 저렴한 가격으로 교환하는 경우	반출 또는 교환한 날의 실제 반출가격에 상당하는 금액
제조장에서 무상 반출하는 경우	그 물품을 반출한 날의 실제 반출가격에 상당하는 금액
제조를 폐지함에 따라 제조장에 현존하는 물품	폐지한 때의 실제 반출가격에 상당하는 금액. 다만, 제조를 폐지한 당시 해당 제조장에 남아있는 과세물품이 매월 분의 통상적인 반출수량보다 많아 관할 세무서장의 승인*을 받은 때에는 해당 물품이 실제로 반출되었거나 반출된 것으로 보아 개별소비세를 부과하게 되는 때의 실제 반출가격에 상당하는 금액 * 반출의제 적용유예 승인을 받으려는 자는 제조를 폐지한 날이 속한 달의 다음 달 25일까지 반출의제 적용유예 승인신청서를 관할 세무서장에게 제출(국세정보통신망을 통한 제출을 포함한다)하여야 한다. * 적용유예 신청을 받은 관할 세무서장은 개별소비세의 보전 또는 단속에 지장을 주지 아니한다고 인정하는 경우에는 6개월의 범위에서 그 신청을 승인할 수 있다.
경매·공매·파산절차로 환가되는 경우	환가된 때의 가격(해당 물품에 대한 개별소비세와 부가가치세를 포함하지 아니하는 금액)에 상당하는 금액

---

40) 기준판매비율
① 업종 및 기업의 특성에 따라 조사한 평균적인 판매비용(제조단계 후 발생하는 비용을 말한다) 등을 고려해 기획재정부령으로 정하는 절차를 거쳐 국세청장이 고시하는 비율로 한다. 이 경우 국세청장은 품목을 구분해 기준판매비율을 고시할 수 있다.
② 고시한 기준판매비율은 그 고시한 날이 속하는 분기의 종료일 다음 날부터 3년간 적용한다.

제조장과 특수한 관계에 있는 곳에 판매를 위탁하거나 판매를 전담하게 하는 경우로서 통상적인 거래를 할 때 실제 판매가격이 없거나 실제 판매가격에 상당하는 금액보다 저렴한 가격으로 반출하는 경우	해당 물품의 판매가격(해당 물품에 대한 개별소비세와 부가가치세를 포함하지 않은 금액)에서 기준판매비율40)과 판매가격을 곱하여 계산한 금액을 뺀 금액 (개정)		
제조장에서 별도의 판매장을 거치지 않고 소비자에게 직접 반출하는 경우			
제조자와 판매자가 동일한 경우			
동종·동질의 과세물품을 도매자와 실수요자 등에게 각각 상이한 가격으로 반출하는 경우 * 다만, 위의 어느 하나에 해당하는 경우에는 각 구분에 따른 해당 금액으로 한다.	실지 반출가격		
물품을 반출한 후 일정한 금액을 매수자에게 되돌려주는 경우	처음의 반출가격에 상당하는 금액		
법에 따라 경정 시 해당 과세를 누락한 물품의 판매가격에 세액에 해당하는 금액이 포함되어 있는지 여부가 불분명한 경우	판매가격에 세액에 상당하는 금액이 포함되어 있는 것으로 본다.		
수탁가공한 물품(보석·귀금속 물품은 제외)에 대하여 수탁자가 해당 세액을 납부하는 경우	그 물품을 인도한 날에 위탁자가 실제로 판매하는 가격에 상당하는 금액 * 과세표준 = (동종·동질 물품의 판매금액의 합계÷동종·동질의 물품의 판매수량의 합계)×제조장에서 반출한 수량		
원재료의 전부·일부를 제공하여 위탁 제조하는 경우 (개정)	그 수탁자를 제조자로 보아 과세표준 계산		
	보석·귀금속 제품·캠핑용 자동차*1	위탁자가 제공한 원재료만으로 제조·가공 또는 수리한 경우: 그 위탁 공임에 상당하는 금액	
		위탁자가 제공한 것 외의 원재료를 수탁자가 보충·첨가한 경우: 보충·첨가된 원재료의 가격과 위탁 공임을 합산한 금액	
	위 외의 캠핑용자동차*2	다음의 금액을 합산한 금액 ㉠ 위탁자가 제공한 자동차의 가격 (수탁자의 제조장에서 반출한 때의 「지방세법 시행령」에 따라 산정된 시가표준액을 말한다) ㉡ 수탁자가 보충·첨가한 원재료의 가격 ㉢ 위탁 공임	

제조물품을 위탁판매 하는 경우	수탁자가 실지로 판매한 가격
반출물품의 운송비를 그 운송거리나 운송방법에 상관없이 같은 금액으로 하여 그 반출가격에 포함시키거나 별도로 받는 경우	반출되는 물품에 대한 운송비를 포함한 가격에 상당하는 금액(운송기관이 운송을 담당하는 경우를 포함)
입찰의 방법으로 물품을 반출할 때 입찰견적서에 운송비가 따로 계상되어 있더라도 그 낙찰가격에 운송비가 포함된 경우	그 운송비를 포함한 가격에 상당하는 금액
제조장에서 소비되거나 과세물품이 아닌 물품의 제조용 원재료로 제공되어 반출가격으로 할 수 없는 경우	해당 물품의 제조 총원가에 통상적인 이윤에 상당하는 금액(제조 총원가의 100분의 10)을 더한 금액 * 이 경우 제조 총원가는 원재료비, 보조재료비, 노무비, 경비, <u>일반관리비</u> 및 <u>판매비</u>로서 해당 물품에 배부되어야 할 부분으로 구성되는 총금액으로 한다.
조에 해당하는 물품을 개별로 반출하는 경우	조를 이루어 반출하는 것으로 보아 그 개별가격

*[1] 캠핑용자동차: 과세물품 제3호에 해당하는 캠핑용자동차를 「자동차관리법」에 따라 튜닝한 경우로 한정한다.
*[2] 캠핑용자동차: 과세물품 제3호에 해당하지 않는 캠핑용자동차를 「자동차관리법」에 따라 튜닝한 경우로 한정한다.

핵심정리

■ 납세의무자와 과세표준

과세대상		납세의무자	과세표준
과세물품	국내	제조하여 반출하는 자	반출가격 or 수량
	수입	· 보세구역에서 반출하는 자 · 관세 납부의무자	관세의 과세가격+관세 or 수량
과세장소		경영자	입장 인원
과세유흥장소		경영자	유흥음식요금
과세영업장소		경영자	총매출액

제 4 절　과세시기 및 제조·반출 등 의제

1 과세시기(납세의무 성립시기)

구 분	과세시기
1. 물품에 대한 개별소비세	제조장에서 반출할 때 또는 수입신고를 할 때 * 다만, 과세물품을 보세구역에서 반출하는 경우 외에 관세를 징수하는 물품의 경우에는 「관세법」에 따른다.
2. 입장행위에 대한 개별소비세	과세장소에 입장할 때
3. 유흥음식행위에 대한 개별소비세	유흥음식행위를 할 때
4. 영업행위에 대한 개별소비세	과세영업장소의 영업행위를 할 때

2 제조의제

구분	내 용
개요	① 제조란 재료 또는 원료에 물리적 또는 화학적 변화를 가하여 새로운 과세물품(보석 및 귀금속 제품을 제외한다)을 생산하는 행위를 말하며, 그 행위주체 및 행위장소를 불문한다. ② 새로운 과세물품을 생산하는 제조행위로 볼 수는 없지만, 과세물품(중고품을 포함한다)의 가치를 증대하는 것으로서 그 경제적 실질이 제조와 동일한 경우에는 과세의 적정과 공평을 기하기 위하여 이를 제조로 보아 개별소비세를 부과하고 있는데, 이를 '제조의제'라고 한다.
제조의제의 범위	1) 판매목적 행위: 제조장이 아닌 장소에서 판매 목적으로 다음 어느 하나에 해당하는 행위를 하는 것 　① 대통령령으로 정하는 물품을 용기에 충전(充塡)하거나 개장(改裝)하는 것 　　* 현재 대통령령으로 정하는 물품은 없음. 　② 과세물품에 가치를 높이기 위한 장식, 조립, 첨가 등의 가공을 하는 것 　③ 석유가스 중 프로판과 부탄을 혼합하는 것(그 혼합물이 석유가스 중 부탄인 경우만 해당한다) 2) 중고품 　① 중고품을 신품(新品)과 동등한 정도로 그 가치를 높이기 위하여 대부분의 재료를 대체 또는 보완하는 것 　② 중고품의 부분품의 전부 또는 일부를 재료로 하여 새로운 물품으로 가공 또는 개조하는 것
제조로 보는 경우의 납세의무	제조장 외의 장소에서 과세물품(중고품을 포함한다)의 가치를 증대하는 것이 "제조로 보는 경우"에 해당하는 경우에는 다음에서 정하는 자를 납세의무자로 본다. ① 사업자가 주요재료(부분품)를 매입한 후, 제조용역만을 타인에게 의뢰한 경우: 해당 사업자 ② 주요재료(부분품)와 설치용역을 같이 제공하는 경우: 해당 제조용역 제공자

③ 반출의제

1. 반출로 보는 경우(반출의제의 범위)

구 분	내 용	
개요	① 반출이란 과세물품을 제조장으로부터 현실적으로 제조장 이외의 장소로 이동하는 사실행위를 말한다. ② 과세물품을 제조장으로부터 현실적으로 제조장 이외의 장소로 이동하는 사실행위로 볼 수는 없지만, 과세의 적정과 공평을 기하고 조세채권을 조기에 확보하기 위하여 일정한 경우에는 반출로 보아 개별소비세를 부과하고 있는데, 이를 '반출의제'라고 한다.(➡개별소비세 부담 없는 소비행위를 방지하기 위해)	
1) 제조장에서 사용되거나 소비되는 경우	반출로 보는 경우	반출로 보지 않는 경우
	① **과세물품**인 응접셋트 · 승용자동차 등을 그 제조장의 **집기 · 비품** 등으로 사용하는 때 ② **과세물품**인 경유 또는 등유를 그 제조장 안에서 자가발전용 **연료**로 사용하는 때	① 동일 제조장에서 과세물품의 원재료로 사용되는 경우 ② 동일 제조장에서 과세물품이 시험 · 연구 및 검사의 목적으로 사용되는 경우 * 이 경우 「기초연구진흥 및 기술개발지원에 관한 법률」에 따른 기업부설연구소 및 연구개발전담부서는 제조장 밖에 있는 경우에도 동일 제조장에 있는 것으로 본다. ③ 개별소비세가 과세되지 않는 석유류의 제조용 원재료로 정유공정에 그대로 사용되는 경우 ④ 과세물품이 제조장 안에서 천재 · 지변 또는 화재 등으로 소멸된 사실이 명백한 경우 ⑤ 과세물품 제조공정에서 발생한 불량품과 포장 및 용량미달이나 물품보관 중 불량품이 생겨 반출할 수 없게 되어 제조장 안에서 폐기한 사실이 명백한 경우

2) 제조장에 있다가 공매(公賣), 경매 또는 파산절차로 환가(換價)되는 경우

3) 과세물품의 제조를 사실상 폐지한 경우[41])에 제조장에 남아있는 경우
   ① 「부가가치세법」상 폐업 시 잔존재화에 대응되는 개념으로 개별소비세 부담 없는 과세물품의 소비행위를 방지하기 위한 규정이다.
   ② 반출의제 적용유예: 제조를 폐지한 당시 해당 제조장에 남아 있는 과세물품이 매월분의 통상적인 반출수량보다 많은 경우로서 관할 세무서장의 승인을 받은 경우는 반출로 보지 아니한다.
     * 반출의제 적용유예 승인을 받으려는 자는 제조를 폐지한 날이 속한 달의 다음 달 25일까지 반출의제 적용유예 승인신청서를 관할 세무서장에게 제출(국세정보통신망을 통한 제출을 포함한다)하여야 한다.
     * 적용유예 신청을 받은 관할 세무서장은 개별소비세의 보전 또는 단속에 지장을 주지 아니한다고 인정하는 경우에는 6개월의 범위에서 그 신청을 승인할 수 있다.

---

[41]) 사실상 폐지한 경우란 사업부진이나 채권자로부터 원재료 또는 제품을 압류당하는 등의 사유로 인하여 현실적으로 제조중단 등 그 영업활동을 계속할 수 없는 경우를 말한다.

4 유흥음식행위·영업행위의제

구 분	내 용
① 유흥음식행위 의제	과세유흥장소의 경영자가 과세유흥장소 **외의** 장소에서 유흥음식행위를 하게 한 경우에는 그 유흥음식행위를 과세유흥장소에서 한 것으로 본다.
② 영업행위 의제	과세영업장소의 경영자가 과세영업장소 **외의** 장소에서 영업행위를 하게 한 경우에는 그 영업행위를 과세영업장소에서 한 것으로 본다.

핵심정리

■ 반출 의제 해당 여부 비교

반출에 해당하는 것	반출에 해당하지 아니하는 것
제조장에서 사용되거나 소비되는 경우	동일 제조장에서 과세물품의 원재료로 사용되는 경우
	동일 제조장에서 과세물품이 시험·연구 및 검사의 목적으로 사용되는 경우. 이 경우 「기초연구진흥 및 기술개발지원에 관한 법률」에 따른 기업부설연구소 및 연구개발전담부서는 제조장 밖에 있는 경우에도 동일 제조장에 있는 것으로 본다.
	개별소비세가 과세되지 않는 석유류의 제조용 원재료로 정유공정에 그대로 사용되는 경우
	과세물품이 제조장 안에서 천재·지변 또는 화재 등으로 소멸된 사실이 명백한 경우
	과세물품 제조공정에서 발생한 불량품과 포장 및 용량미달이나 물품보관 중 불량품이 생겨 반출할 수 없게 되어 제조장 안에서 폐기한 사실이 명백한 경우
과세물품의 제조를 사실상 폐지한 경우에 제조장에 남아있는 경우. * 사실상 폐지한 경우란 현실적으로 제조중단 등 그 영업활동을 계속할 수 없는 경우를 말한다.	제조를 폐지한 당시 해당 제조장에 남아 있는 과세물품이 매월분의 통상적인 반출 수량보다 많은 경우로서 관할 세무서장의 승인을 받은 경우
제조장에 있다가 공매, 경매 또는 파산절차로 환가되는 경우	기존 제조장 저장시설의 일부시설로 볼 수 있는 저장시설로 물품을 공급하는 경우 개별소비세가 과세되는 제조장 반출에 해당되지 아니한다.
과세유흥장소 또는 과세영업장소의 경영자가 과세유흥장소 또는 과세영업장소 외의 장소에서 유흥음식행위 또는 영업행위를 하게 한 경우에는 그 유흥음식행위 또는 영업행위를 과세유흥장소 또는 과세영업장소에서 한 것으로 본다.	

제 5 절 미납세반출

1 개념 및 취지

구 분	내 용
개념	미납세반출이란 과세물품을 법에 열거한 목적으로 반출하는 경우 해당 물품에 대한 세액의 부담이 유보된 상태로 반출하는 제도를 말한다.
취지	1) 수출할 물품의 반출 　수출할 물품을 다른 장소에 반출하는 것에 대해서는 과세를 유보해 줌으로써 과세 이후 수출시 다시 환급해 주어야 하는 행정상의 번거로움과 사업자의 불필요한 자금 부담을 완화해 주고 있다. 2) 소비목적이 아닌 반출 　개별소비세가 최종소비자를 담세자로 예정하여 과세하는 조세이므로 최종소비를 목적으로 하는 반출이 아닌 경우에 반출과세원칙을 고수한다면 소비 이전 상태에서 과세하는 결과를 가져오는 불합리성이 있어서 과세권을 유보한 상태로 반출을 허용하는 것이다.

2 미납세반출의 대상

구 분	내 용
1. 수출할 물품의 반출	1) 수출할 물품을 다른 장소에 반출하는 것 2) 개별소비세 보전이나 그 밖에 단속에 지장이 없다고 인정되는 것으로서 수출 전단계의 반출 　① 수출물품 또는 수출물품의 제조·가공을 위한 물품을 내국신용장(원내국신용장과 제2차 내국신용장으로 한정한다)에 의하여 수출업자 또는 수출물품의 제조·가공업자에게 반출하는 것 　② 수출물품을 제조·가공하기 위하여 동일 제조장에서 다른 제품의 원료로 사용하는 것 　③ 수출물품을 제조·가공하기 위하여 다른 제조장으로 반출하는 것

2. 소비목적이 아닌 반출	1) 박람회 등 출품과 관련된 다음의 것 　① 국내에서 개최하는 박람회·전시회·품평회·전람회나 그 밖에 이에 준하는 곳(이하 "박람회 등"이라 한다)에 출품하기 위하여 제조장에서 반출하는 것 　② 국내 또는 국외에서 개최한 박람회 등에 출품한 물품을 제조장에 환입(還入)하거나 보세구역에서 반출하는 것 　③ 국제적인 박람회 등에 출품할 것을 조건으로 외국에서 수입하는 것 　④ 국내에서 개최하는 박람회 등에 출품하기 위하여 무상으로 수입하는 것으로서 관세가 면세되는 것 2) 원료를 공급받거나 위탁 공임만을 받고 제조한 물품을 제조장에서 위탁자의 제품 저장창고에 반출하는 것 3) 제조장 외의 장소에서 규격검사를 받기 위하여 과세물품을 제조장에서 반출하거나 그 제조장에 환입하는 것 4) 미납세반출이나 면세를 적용받아 반입된 물품으로서 품질 불량이나 그 밖의 사유로 제조장에 반환하는 것 5) 개별소비세 보전이나 그 밖에 단속에 지장이 없다고 인정되는 다음의 것 　① 판매장 또는 제조장을 이전하기 위하여 반출하는 것 　② 자동차를 보관·관리하기 위하여 제조장에서 하치장으로 또는 하치장에서 다른 하치장으로 반출하거나 해당 제조장에 환입하는 것 　③ 과세물품을 제조·가공하기 위한 원료로 사용하기 위하여 다른 제조장으로 반출하는 것 　④ 석유류 등을 「석유 및 석유대체연료 사업법」에 따른 석유비축시책의 일환으로 「한국석유공사법」에 따라 설립된 한국석유공사(이하 "한국석유공사"라 한다)에 공급하기 위하여 제조장 또는 보세구역에서 반출하는 것과 제조장 또는 보세구역에서 반출한 후 제조자 또는 수입업자의 저유소를 거쳐 한국석유공사에 공급하는 것으로서 국세청장이 정하는 방법으로 공급하는 것 　⑤ 석유제품 외의 물품을 제조하는 과정에서 부산물로 생산되는 유류로서 등유를 대체하여 사용되는 부생연료유를 「석유 및 석유대체연료 사업법」에 따른 석유정제업자에게 석유제품 원료용으로 공급하기 위하여 제조장 또는 보세구역에서 반출하는 것 　⑥ 승용자동차로서 제조자 또는 수입업자의 판매장에 30일 이상 전시하기 위하여 제조장 또는 보세구역에서 반출하거나 해당 제조장 또는 보세구역으로 환입하는 것 　⑦ 석유류를 제조·가공하기 위하여 동일한 제조자의 다른 제조장으로 반출하는 것

> **핵심정리**
>
> ■ **미납세반출로 보지 아니하는 광고선전 목적의 전시장**(집행 14-0-5)
> 백화점, 직매장, 빌딩, 지하도 등에 고객에게 상품선전을 목적으로 전시장을 설치하여 과세물품을 동 전시장에 반출하는 것은 미납세반출의 대상에 포함하지 않는다.

핵심정리

■ **미납세 또는 면세반출승인의 취소**(집행 14-0-4)
① 미납세 또는 면세반출승인된 물품이 반출할 수 없는 사유가 발생한 경우에는 그 승인을 취소할 수 있으며, 이때의 신청서는 미납세 또는 면세반출승인신청서를 준용한다.
② 면세 또는 미납세반출승인을 받은 후, 해당 승인에 대한 별도의 취소신청 없이 반입 또는 용도증명의 제출기한이 경과하였더라도 실제로 반출되지 아니한 경우에는 해당 세액을 징수하지 아니한다.

핵심정리

■ **규격검사 관련 규정**

구 분	규 정
① 제조장에서 「축산물가공처리법」·「약사법」 또는 「식품위생법」에 따라 권한 있는 공무원이 품질·규격의 감정 등 정당한 직무수행을 위하여 과세물품을 수거하는 경우의 해당 물품	비과세물품
② 동일 제조장에서 과세물품이 시험·연구 및 검사의 목적으로 사용되는 경우	반출의제로 보지 않는 경우
③ 제조장 외의 장소에서 규격검사를 받기 위하여 과세물품을 제조장에서 반출하거나 그 제조장에 환입하는 것	미납세반출

3 미납세반출의 절차

구분	내 용
1. 미납세반출 신청 및 승인 (사전승인제도)	① 미납세반출에 해당하는 물품을 판매장, 제조장 또는 하치장에서 반출하거나 보세구역에서 반출하려는 자는 해당 물품을 반출할 때에(수입물품의 경우에는 그 수입신고 시부터 수입신고 수리 전까지) 미납세반출승인신청서를 관할 세무서장 또는 세관장에게 제출(국세정보통신망을 통한 제출을 포함한다)하여 그 승인을 받아야 한다. ② 신청을 받은 관할 세무서장 또는 세관장이 이를 승인하였을 때에는 그 신청서에 준하는 내용의 승인서를 발급하고, 반입지 관할 세무서장 또는 세관장에게 그 사실을 통지하여야 한다.

구분	내용
2. 반입신고 및 반입증명서 제출	① 미납세반출을 적용받아 과세물품을 반입 장소에 반입한 자는 반입한 날이 속하는 분기의 다음 달 15일(석유류 또는 담배에 해당하는 물품은 반입한 날이 속하는 달의 다음 달 15일)까지 반입 사실을 반입지 관할 세무서장 또는 세관장에게 신고하여야 한다. ② 반입된 사실 또는 정해진 용도로 제공한 사실을 증명하기 위한 서류는 해당 물품을 반출한 날부터 3개월의 범위에서 반출지 관할 세무서장 또는 세관장이 지정하는 날까지 제출하여야 한다. ③ 해당 사실을 증명하기 위한 서류를 부득이한 사정으로 제출할 수 없는 경우에는 관할 세무서장 또는 세관장에게 제출기한의 연장을 신청할 수 있다. 이 경우 관할 세무서장 또는 세관장은 해당 사실을 증명하기 위한 서류의 제출기한이 경과한 날부터 3개월의 범위에서 그 기한을 연장할 수 있다. (영20조⑤)
3. 미납세 및 면세 반출 승인신청에 대한 특례 (사후승인제도)	① 판매장, 제조장 또는 하치장에서 반출(타인을 통하여 지체 없이 반출하는 경우를 포함한다)하는 물품에 대하여 미납세반출을 받으려는 자는 위 원칙적인 절차에도 불구하고 해당 물품을 반출한 날이 속하는 분기의 다음 달 25일까지 해당 분기분(석유류에 해당하는 과세물품은 반출한 날이 속하는 달의 다음 달 말일까지 해당 월분)의 과세표준신고서에 반입증명서를 첨부하여 제출하여야 한다. ② 해당 사실을 증명하기 위한 서류를 부득이한 사정으로 제출할 수 없는 경우에는 관할 세무서장 또는 세관장에게 제출기한의 연장을 신청할 수 있다. 이 경우 관할 세무서장 또는 세관장은 해당 사실을 증명하기 위한 서류의 제출기한이 경과한 날부터 3개월의 범위에서 그 기한을 연장할 수 있다. (영20조⑤)

4 미납세반출 물품에 대한 사후관리

구분	내용
1. 개별소비세 징수	① 미납세반출을 적용받은 물품으로서 반입 장소에 반입된 사실 또는 정해진 용도로 제공한 사실을 증명하지 아니한 것에 대해서는 반출자 또는 수입신고인으로부터 개별소비세를 징수한다. ② 미납세반출된 물품으로서 반입 장소에 반입된 사실 또는 정해진 용도로 제공한 사실을 증명하지 아니한 것에 대하여 반출자 또는 수입신고인으로부터 개별소비세를 징수하는 경우에는 미납세된 때의 가격으로 한다. ③ 관할 세무서장 또는 세관장은 위 ①에 따라 해당 세액을 징수하려는 경우에 반출자 또는 수입신고인이 해당 세액을 징수할 수 있는 날부터 30일 이내에 해당 사실을 증명하기 위한 서류를 제출하지 않을 때에는 해당 세액을 징수한다는 뜻을 지체 없이 통지하여야 한다.
2. 멸실승인	① 미납세반출한 물품이 반입 장소에 반입되기 전에 재해나 그 밖의 부득이한 사유로 멸실(滅失)된 경우에는 대통령령으로 정하는 바에 따라 개별소비세를 징수하지 아니한다. ② 멸실에 따라 개별소비세를 면제받으려는 자는 해당 반입증명서의 제출기한까지 멸실승인신청서에 해당 물품의 멸실 사실을 증명하는 서류를 첨부하여 반출지 관할 세무서장 또는 세관장에게 지체 없이 제출하여 그 승인을 받아야 한다.

제 6 절 면세제도

① 수출 및 군납면세 ② 외교관면세 ③ 외국인전용판매장면세
④ 조건부면세 ⑤ 무조건면세
⑥ 입장행위의 면세 ⑦ 유흥음식행위의 면세

1 의의 및 특징

구 분	내 용
의의	개별소비세법상 면세란 개별소비세 과세대상에 해당한다 하더라도 일정한 경우에는 이를 면제해 주는 제도를 말한다.
특징	개별소비세법상 면세는 ① 소비지국과세원칙을 실현하고 외화획득을 장려하거나 ② 국제적인 관례를 존중하는 등 정책적 목적을 실현하기 위한 제도로서 면세가 적용되면 최종소비자의 세 부담이 완전히 제거된다는 점에서 「부가가치세법」상 완전면세제도인 영세율과 유사한 제도라고 할 수 있다.

2 수출 및 군납면세

구 분	내 용
의의	수출 및 군납면세란 내국과세물품을 수출 용도에 공하거나 주한외국군에게 납품하기 위하여 반출하는 경우에 세액을 부담시키지 않는 제도를 말한다.
면세대상	1) 수출하는 것 　① 내국물품을 국외로 반출하는 것 　② 외국공공기관 또는 국제금융기관으로부터 받은 차관자금으로 물품을 구매하기 위하여 실시되는 국제경쟁입찰의 낙찰자가 해당 계약 내용에 따라 국내에서 생산된 물품을 납품하는 것 　　* 면세대상 수출에는 내국신용장에 의한 국내수출은 포함하지 아니한다. 2) 우리나라에 주둔하는 외국군대(주한외국군)에 납품하는 것 　주한외국군기관에 매각하거나 그 기관의 공사 및 용역의 시공을 위하여 사용하는 물품을 말한다.

구분		내용
면세 승인 절차	원칙	1) 수출 및 군납면세의 신청 및 승인	① 수출 및 군납면세를 받으려는 자는 신청서에 수출신용장, 그 밖에 수출물품임을 증명하는 서류 또는 납품계약서의 사본을 첨부하여 해당 물품을 반출할 때에(수입물품의 경우에는 그 수입신고 시부터 수입신고 수리 전까지) 관할 세무서장 또는 세관장에게 제출하여 그 승인을 받아야 한다. * 이 경우 해당 물품의 제조자와 수출 또는 납품하는 자가 다른 경우에는 제조자와 수출 또는 납품하는 자가 연명(連名)으로 신청하여야 한다. ② 신청을 받은 관할 세무서장 또는 세관장이 이를 승인하였을 때에는 그 신청서에 준하는 내용의 승인서를 발급하여야 한다.
		2) 수출 및 군납면세의 사실증명	① 수출 및 군납면세 용도로 제공한 사실의 증명은 다음 어느 하나에 해당하는 서류로 한다. 다만, 「부가가치세법」에 따른 수출 영세율(零稅率) 조기환급을 받기 위하여 다음 어느 하나에 해당하는 서류를 이미 관할 세무서장에게 제출한 경우에는 기획재정부령으로 정하는 수출증명 명세서로 증명할 수 있다. ㉠ 수출신고를 수리한 세관장이 발급한 신고필증(수출신고필증) ㉡ 소포우편으로 수출한 경우에는 해당 우체국장이 발행한 소포수령증 ㉢ 납품을 받은 군(軍) 기관의 장이 발행한 납품증명서(사용확인서를 포함한다) ㉣ 그 밖에 수출 사실을 증명할 수 있는 서류로서 국세청장이 정하는 것 ② 반입된 사실 또는 정해진 용도로 제공한 사실을 증명하기 위한 서류는 해당 물품을 반출한 날부터 3개월의 범위에서 반출지 관할 세무서장 또는 세관장이 지정하는 날까지 제출하여야 한다. ③ 위 ②에 따른 기한까지 해당 사실을 증명하기 위한 서류를 부득이한 사정으로 제출할 수 없는 경우에는 관할 세무서장 또는 세관장에게 제출기한의 연장을 신청할 수 있다. 이 경우 관할 세무서장 또는 세관장은 해당 사실을 증명하기 위한 서류의 제출기한이 경과한 날부터 3개월의 범위에서 그 기한을 연장할 수 있다.
	특례		**면세반출 승인신청에 대한 특례:** 판매장, 제조장 또는 하치장에서 반출(타인을 통하여 지체 없이 반출하는 경우를 포함한다)하는 물품에 대하여 면세를 받으려는 자는 위의 원칙적인 절차에도 불구하고 해당 물품을 반출한 날이 속하는 분기의 다음 달 25일까지 해당 분기분(석유류에 해당하는 과세물품은 반출한 날이 속하는 달의 다음 달 말일까지 해당 월분)의 과세표준신고서에 용도증명서를 첨부하여 제출하여야 한다.

구분		내용
사후 관리	1) 개별소비세 징수	① 면세받은 물품으로서 정해진 용도로 제공한 사실을 증명하지 아니한 것에 대해서는 반출자 또는 수입신고인으로부터 개별소비세를 징수한다. 다만, 해당 물품의 용도를 변경한 사실이 확인된 경우에는 즉시 개별소비세를 징수한다. ② 관할 세무서장 또는 세관장은 해당 세액을 징수하려는 경우에 반출자 또는 수입신고인이 해당 세액을 징수할 수 있는 날부터 30일 이내에 해당 사실을 증명하기 위한 서류를 제출하지 않을 때에는 해당 세액을 징수한다는 뜻을 지체 없이 통지하여야 한다. ③ 주한외국군에 납품하는 것으로서 개별소비세를 면제받은 물품을 면제의 승인을 받은 날부터 5년 내에 타인이 소지한 경우에는 이를 소지한 자가 반출 또는 수입신고를 한 것으로 보아 개별소비세를 징수한다.
	2) 멸실 승인	① 면세 받은 물품이 반입 장소에 반입되기 전에 재해나 그 밖의 부득이한 사유로 멸실(滅失)된 경우에는 대통령령으로 정하는 바에 따라 개별소비세를 징수하지 아니한다. ② 멸실에 따라 개별소비세를 면제받으려는 자는 해당 반입증명서의 제출기한까지 멸실승인신청서에 해당 물품의 멸실 사실을 증명하는 서류를 첨부하여 반출지 관할 세무서장 또는 세관장에게 지체 없이 제출하여 그 승인을 받아야 한다.

3 외교관면세

구 분	내 용
1. 의의	외교관면세란 국내에 주재하는 외국공관에서 공용품으로 사용하기 위하여 제조장에서 반출하거나 보세구역에서 반출하는 물품과 주한외교관이나 원조사절 및 그 가족이 사용하기 위하여 수입하는 물품에 대하여 세액을 부담시키지 않는 제도를 말한다.
2. 특징	외교관 면세 규정은 해당 국가에서 우리나라의 공관 또는 외교관 등에게 그 국가의 조세로서 우리나라의 개별소비세 또는 이와 유사한 성질의 조세를 면제하는 경우와 해당 국가에 우리나라의 개별소비세 또는 이와 유사한 성질의 조세가 없는 경우에만 적용한다.

---

42) 대통령령으로 정하는 기관이란 우리나라에 상주하는 영사기관(명예영사관원을 장으로 하는 영사기관은 제외한다), 국제연합과 이에 준하는 국제기구(우리나라가 당사국인 조약과 그 밖의 국내법령에 따라 특권과 면제를 부여받을 수 있는 경우만 해당한다)를 말한다.
43) 대통령령으로 정하는 사람이란 대통령이 정하는 기관의 소속 직원으로서 해당 국가로부터 공무원 신분을 부여받은 자 또는 외교부장관으로부터 이에 준하는 신분임을 확인받은 자 중 내국인이 아닌 자를 말한다.

3. 면세대상	① 공용품: 우리나라에 주재하는 외교공관과 이에 준하는 대통령령으로 정하는 기관42) (이하 "주한외교공관등"이라 한다)에서 공용품(公用品)으로 수입하거나 제조장에서 구입하는 것 ② 자가용품: 우리나라에 주재하는 외교관과 이에 준하는 사람으로서 대통령령으로 정하는 사람43)(이하 "주한외교관등"이라 한다)과 그 가족이 자가용품(自家用品)으로 수입하는 것 ③ 석유류: 주한외교공관등과 주한외교관등이 사용하는 자동차에 사용되는 석유류 * 외교부장관은 기획재정부장관과 협의하여 주한외교공관등과 주한외교관등이 사용하는 자동차에 사용되는 석유류에 대한 매 연도분의 면세한도량을 그 전년도 12월 31일까지 정하여야 한다.
4. 면세승인 절차	① 외교관 면세 물품에 대하여 면세를 받으려는 자는 신청서에 주한외교공관 등의 장이 해당 사실을 증명한 서류를 첨부하여 해당 물품을 반출할 때(수입물품의 경우에는 그 수입신고 시부터 수입신고 수리 전까지) 관할 세무서장 또는 세관장에게 제출(국세정보통신망을 통한 제출을 포함한다)하여 그 승인을 받아야 한다. ② 면세 신청을 받은 관할 세무서장 또는 세관장이 이를 승인하였을 때에는 그 신청서에 준하는 내용의 승인서를 발급하여야 한다.
5. 사후 관리	1) 개별소비세징수 ① 외교관 면세 규정에 따라 개별소비세를 면제받은 물품을 면세 승인을 받은 날부터 3년 내에 타인에게 양도한 경우에는 이를 양수한 자가, 면세 승인을 받은 날부터 3년 내에 타인이 소지한 경우에는 이를 소지한 자가 반출 또는 수입신고를 한 것으로 보아 개별소비세를 징수한다. ② 다만, 개별소비세를 면제받은 물품 중 자동차에 대해서는 주한외교관등이 이임(移任)하는 등 대통령령으로 정하는 부득이한 사유가 있는 경우에는 면세 승인을 받은 날부터 3년 내에 타인에게 양도하거나 타인이 소지한 경우에도 개별소비세를 징수하지 아니한다. * 이는 해당 국가에서 우리나라의 공관 또는 외교관 등에게 동일하게 징수를 면제하는 경우로 한정하여 적용한다. 2) 멸실승인 ① 면세 받은 물품이 반입 장소에 반입되기 전에 재해나 그 밖의 부득이한 사유로 멸실(滅失)된 경우에는 대통령령으로 정하는 바에 따라 개별소비세를 징수하지 아니한다. ② 멸실에 따라 개별소비세를 면제받으려는 자는 해당 반입증명서의 제출기한까지 멸실승인신청서에 해당 물품의 멸실 사실을 증명하는 서류를 첨부하여 반출지 관할 세무서장 또는 세관장에게 지체 없이 제출하여 그 승인을 받아야 한다.

4 외국인전용판매장 면세

구 분	내 용
의의	외국인전용판매장면세란 비거주자 또는 주한외교관에게 외화를 받고 판매하기 위하여 정부가 지정하는 장소에 특정한 과세물품을 반출함에 있어 세액을 부담시키지 않는 제도를 말한다.
면세 대상	관할 세무서장이 지정하는 외국인전용판매장에서 비거주자(非居住者) 또는 국내에 주소나 거소(居所)를 둔 주한외교관등에게 판매할 목적으로 그 판매장에 반입하게 하기 위하여 제조장에서 반출하는 다음의 물품에 대해서는 대통령령으로 정하는 바에 따라 개별소비세를 면제한다. ① 보석과 이를 사용한 제품　　② 귀금속 제품 ③ 골패(骨牌)와 화투류　　　　④ 고급 가구 ⑤ 고급융단　　　　　　　　　⑥ 고급 가방

면세 승인 절차	원 칙	구 분	내 용
		1) 외국인전용판매장에서 판매할 물품의 면세승인신청	① 관할 세무서장이 지정하는 외국인전용판매장에서 비거주자(非居住者) 또는 국내에 주소나 거소(居所)를 둔 주한외교관등에게 판매할 목적으로 그 판매장에 반입하게 하기 위하여 제조장에서 반출하는 물품에 대해 외국인 전용판매장 면세를 받으려는 자는 신청서에 외국인전용판매장 지정증 사본을 첨부하여 해당 물품을 반출할 때에 관할 세무서장에게 제출(국세정보통신망을 통한 제출을 포함한다)하여 그 승인을 받아야 한다. 이 경우 관할 세무서장은 「전자정부법」에 따른 행정정보의 공동이용을 통하여 사업자등록증을 확인하여야 하며, 신청인이 확인에 동의하지 않는 경우에는 사업자등록증 사본을 첨부하도록 하여야 한다. ② 신청을 받은 관할 세무서장이 이를 승인하였을 때에는 그 신청서에 준하는 내용의 승인서를 발급하고 반입지 관할 세무서장에게 그 사실을 통지하여야 한다.
		2) 반입신고 및 반입증명제출	① 외국인전용판매장 면세를 적용받아 과세물품을 반입 장소에 반입한 자는 반입한 날이 속하는 분기의 다음 달 15일까지 반입 사실을 반입지 관할 세무서장 또는 세관장에게 신고하여야 한다. ② 반입된 사실 또는 정해진 용도로 제공한 사실을 증명하기 위한 서류는 해당 물품을 반출한 날부터 3개월의 범위에서 반출지 관할 세무서장 또는 세관장이 지정하는 날까지 제출하여야 한다. ③ 해당 사실을 증명하기 위한 서류를 부득이한 사정으로 제출할 수 없는 경우에는 관할 세무서장 또는 세관장에게 제출기한의 연장을 신청할 수 있다. 이 경우 관할 세무서장 또는 세관장은 해당 사실을 증명하기 위한 서류의 제출기한이 경과한 날부터 3개월의 범위에서 그 기한을 연장할 수 있다.

	3) 외국인전용판매장에서 판매하는 면세물품의 구입방법 및 판매보고	① 외국인전용판매장의 지정을 받은 자가 면세물품을 판매할 때에는 해당 물품의 구입자의 신분을 확인한 후 개별소비세 면세물품 구입기록표를 작성하여 구입자의 여권에 첨부 하고 간인(間印)하여야 한다. ② 면세 물품을 판매한 자는 개별소비세 면세물품 판매확인서 2통을 작성하여 그 중 1통은 구입자(주한외교관 및 주한외국군 장병의 경우는 제외한다)의 출국 예정항 관할 세관장에게 판매한 때마다 제출하고, 다른 1통은 판매장 관할 세무서장에게 면세판매 신고를 할 때에 과세품품 총판매명세서(면세분으로 구분하여 적는다)에 첨부하여 각각 제출하여야 한다. 다만, 보세구역에 있는 판매장에서 판매한 경우에는 해당 관할 세관장에게는 제출하지 않아도 된다. ③ 개별소비세 면세물품 확인서를 받은 세관장은 구입자가 출국할 때에 개별소비세 면세물품구입기록표를 제출받아 구입 사실을 확인한 후 해당 물품의 소지 사실을 확인하여야 한다. ④ 세관장은 매 분기분의 개별소비세 면세물품구입기록표와 개별소비세 면세물품판매확인서를 판매장 관할 세무서장에게 해당 분기의 다음달 10일까지 송부하여야 한다. ⑤ 위 ③에 따라 세관장이 구입 사실을 확인하는 경우에 재해, 그 밖의 사정으로 해당 구입물품이 멸실되었다는 사실을 멸실한 즉시 세관장에게 신고하였거나 우편 등의 방법으로 출국 전에 외국으로 반출한 물품에 대해서는 그 사실에 관하여 세관장 또는 우체국장이 발행한 증명서류를 제출한 경우에만 그 물품을 휴대한 것으로 본다.
	4) 면세판매 신고서 제출	외국인전용판매장의 경영자는 매 분기 과세표준 신고 시 판매한 면세물품에 대하여 관할 세무서장에게 면세판매신고서를 제출하여야 한다.
특례		**외국인전용판매장 면세 반출 승인신청에 대한 특례**(사후승인제도): 판매장, 제조장 또는 하치장에서 반출(타인을 통하여 지체 없이 반출하는 경우를 포함한다)하는 물품에 대하여 외국인전용판매장 면세를 적용 받으려는 자는 위의 원칙적인 절차에도 불구하고 해당 물품을 반출한 날이 속하는 분기의 다음 달 25일까지 해당 분기분의 과세표준신고서에 반입증명서를 첨부하여 제출하여야 한다.

구분		내용
외국인전용판매장의 지정 및 지정 취소	1) 지정 신청	외국인전용판매장의 지정을 받으려는 자는 신청서를 판매장 관할 세무서장에게 제출하여야 한다. 이 경우 외국인만 이용하는 판매장으로서 법령에 따라 정부의 허가 또는 등록을 받아야 하는 것에 대해서는 해당 허가증 또는 등록증 사본을 첨부하여 제출(국세정보통신망을 통한 제출을 포함한다)하여야 한다.
	2) 지정 신청의 거절	지정 신청을 받은 관할 세무서장은 신청인이 다음 어느 하나에 해당하는 경우에는 그 지정을 하지 않을 수 있다. ① 외국인의 이용도가 낮다고 인정되는 장소에서 판매장을 경영하려는 경우 ② 판매에 필요한 인원 및 물적 시설을 갖추지 못한 경우 ③ 신청일부터 기산하여 과거 1년 이내에 국세에 관한 범칙행위를 한 경우 ④ 판매장 경영에 필요한 자력(資力) 및 신용을 갖추지 못하였다고 인정되는 경우
	3) 지정 취소	관할 세무서장은 외국인전용판매장의 지정을 받은 자가 다음 어느 하나에 해당하는 경우에는 그 지정을 취소할 수 있다. ① 면세물품을 부정하게 판매한 사실이 있는 경우 ② 관할 지방국세청장 또는 관할 세무서장의 명령을 위반하여 처벌 또는 처분을 받은 경우 ③ 관계 법령에 따른 허가 또는 등록이 취소되거나 그 밖의 처분을 받은 경우 ④ 사업자 또는 법인의 임원이 국세 또는 지방세를 50만원 이상 포탈하여 처벌 또는 처분을 받은 경우 ⑤ 해당 판매장을 양도하거나 대여한 경우 ⑥ 지정신청 서류에 거짓 내용을 적은 사실이 발견된 경우 ⑦ 국내에 거주하지 아니하거나 실종된 사실이 발견된 경우 * 다만, 관리인이 따로 있는 경우는 제외한다.

구분		내용
사후 관리	1) 개별 소비세 징수	① 외국인전용판매장에 반입된 사실 또는 정해진 용도로 제공한 사실을 증명하지 아니한 것에 대해서는 반출자 또는 수입신고인으로부터 개별소비세를 징수한다. ② 관할 세무서장 또는 세관장은 위 ①에 따라 해당 세액을 징수하려는 경우에 반출자 또는 수입신고인이 해당 세액을 징수할 수 있는 날부터 30일 이내에 해당 사실을 증명하기 위한 서류를 제출하지 않을 때에는 해당 세액을 징수한다는 뜻을 지체 없이 통지하여야 한다. ③ 외국인전용판매장에서 개별소비세가 면제되는 물품을 구입한 자가 출국 당시 그 물품을 소지하지 아니한 경우에는 그 구입자로부터 개별소비세를 징수한다. ④ 개별소비세를 면제받아 반입된 물품을 해당 판매장에서 구입할 수 없는 자가 소지한 경우에는 그 소지자로부터 개별소비세를 징수한다. * 다만, 해당 경영자나 구입자로부터 개별소비세를 징수한 사실이 확인된 경우에는 그러하지 아니하다. ⑤ 관할 세무서장은 판매자가 제출한 개별소비세 면세물품 판매확인서와 구매자의 출국항 관할 세관장이 송부한 개별소비세 면세물품 구입기록표 및 개별소비세 면세물품 판매확인서를 대조·확인한 후 면세로 반입한 물품의 판매량과 재고량을 조사하여 차이가 있는 경우에는 그 차이에 상당하는 물품에 대한 개별소비세를 판매자로부터 징수한다.
	2) 멸실 승인	① 외국인전용판매장에 반입되기 전에 재해나 그 밖의 부득이한 사유로 멸실(滅失)된 경우에는 대통령령으로 정하는 바에 따라 개별소비세를 징수하지 아니한다. ② 멸실에 따라 개별소비세를 면제받으려는 자는 해당 반입증명서의 제출기한까지 멸실승인신청서에 해당 물품의 멸실 사실을 증명하는 서류를 첨부하여 반출지 관할 세무서장 또는 세관장에게 지체 없이 제출하여 그 승인을 받아야 한다.

5 조건부면세

1. 의의 및 면세대상

구분	내용
의의	조건부면세란 국가시책으로 특정한 용도에 사용되는 과세물품을 제조장 또는 보세구역으로부터 반출함에 있어 일정한 조건을 달아 세액을 부담시키지 않는 제도를 말한다. (➡사후관리 O)

면세
대상
	① 원자로, 원자력 또는 동위원소의 생산·사용·개발에 제공하거나 그 물품의 제조용 원료로 사용하는 물품
	② 보석으로서 이화학(理化學) 실험연구용, 공업용 및 축음기(蓄音機) 침(針) 제작용인 것
	③ 승용자동차로서 다음 어느 하나에 해당하는 것
	  ㉠ 대통령령으로 정하는 장애인44)이 구입하는 것(장애인 1명당 1대로 한정한다)
	    * 장애인이 구입하는 승용자동차에 대한 개별소비세(장애인을 위한 특수장비 설치비용을 과세표준에서 제외하고 산출한 금액을 말한다)는 500만원을 한도로 하여 면제한다.
	    * 개별소비세를 면세할 승용자동차는 장애인이 본인 명의로 구입하거나 장애인과 주민등록표, 외국인등록표 또는 국내거소신고원부에 의하여 세대를 함께 하는 것이 확인되는 배우자, 직계존비속, 형제자매 또는 직계비속의 배우자와 공동명의로 구입하는 것으로 한정한다. 다만, 노후한 장애인 전용 승용차를 교체하거나 폐차하기 위하여 장애인 전용 승용자동차를 취득하여 1인 2대가 된 경우에는 종전의 승용자동차를 새로 취득한 장애인 전용 승용자동차의 취득일부터 3개월 이내에 처분하고, 같은 기간 내에 그 처분 사실을 기획재정부령으로 정하는 신고서로 반입지 관할 세무서장에게 알려야(국세정보통신망을 통하여 알리는 경우를 포함한다) 한다.
	  ㉡ 환자 수송을 전용으로 하는 것
	  ㉢ 「여객자동차 운수사업법」에 따른 여객자동차운송사업에 사용하는 것
	  ㉣ 「여객자동차 운수사업법」에 따른 자동차대여사업에 사용되는 것.
	    * 다만, 구입일부터 3년 이내에 동일인 또는 동일 법인에 대여한 기간의 합이 6개월을 초과하는 것은 제외한다.
	    * 동일인 또는 동일 법인에 승용자동차를 대여한 기간의 합을 계산할 때 시간단위로 해당 자동차를 대여한 경우에는 시간단위로 합산해 24시간을 1일로 계산한다.
	  ㉤ 「기초연구진흥 및 기술개발지원에 관한 법률」에 따라 인정받은 기업부설연구소 및 기업의 연구개발전담부서가 신제품 또는 신기술을 개발하기 위하여 시험·연구용으로 수입하여 사용하는 것
	  ㉥ 18세 미만의 자녀(**가족관계등록부를 기준으로 하고, 양자 및 배우자의 자녀를 포함하되, 입양된 자녀는 친생부모의 자녀 수에는 포함하지 아니한다**) 3명 이상을 양육하는 사람이 구입하는 것 (개정)
	    * 300만원을 한도로 하여 면제한다.
	④ 외국으로부터 자선 또는 구호를 위하여 자선 또는 구호기관·단체에 기증되는 물품
	⑤ 외국으로부터 사원·교회 등에 기증되는 의식용품(儀式用品) 또는 예배용품으로서 대통령령으로 정하는 것
	⑥ 외국으로부터 학술연구용 또는 교육용으로 사용하게 하기 위하여 학술연구단체 또는 교육기관에 기증되는 물품
	⑦ 학교, 「영유아보육법」에 따른 어린이집, 「과학관의 설립·운영 및 육성에 관한 법률」에 따른 과학관, 「박물관 및 미술관 진흥법」에 따른 박물관, 물품 진열장소 등에 진열하거나 교재로 사용하기 위한 표본 또는 참고품
	⑧ 재수출할 물품을 보세구역에서 반출하는 것으로서 관세가 면제되는 것
	⑨ 외국항행선박, 원양어업선박 또는 항공기에 사용하는 석유류
	⑩ 의료용, 의약품 제조용, 비료 제조용, 농약 제조용 또는 석유화학공업용 원료로 사용하는 석유류
	⑪ 외국 무역선, 원양어업선박 또는 외국항행 항공기에서 사용할 것으로 인정되는 연료 외의 소모품
	⑫ 산업용 등 대통령령으로 정하는 용도로 사용하는 유연탄

---

44) 대통령령으로 정하는 장애인이란 다음 어느 하나에 해당하는 사람을 말한다.
  ① 「국가유공자 등 예우 및 지원에 관한 법률」에 따른 국가유공자중 장애인

2. 면세 승인절차

구 분	내 용	
원칙	구 분	내 용
	1) 조건부면세 물품의 면세승인 신청	① 조건부면세를 받으려는 자는 신청서를 해당 물품을 반출할 때에(수입물품의 경우에는 그 수입신고 시부터 수입신고수리 전까지) 관할 세무서장 또는 세관장에게 제출(국세정보통신망을 통한 제출을 포함한다)하여 그 승인을 받아야 한다. ② 신청을 받은 관할 세무서장 또는 세관장이 해당 물품에 대한 면세를 승인하였을 때에는 그 신청서에 준하는 내용의 승인서를 발급하여야 하며, 반입지 관할 세무서장 또는 세관장에게 그 뜻을 통지하여야 한다.
	2) 반입신고 및 반입증명 제출	① 조건부면세를 적용받아 과세물품을 반입 장소에 반입한 자는 반입한 날이 속하는 분기의 다음 달 15일(석유류 또는 담배에 해당하는 물품은 반입한 날이 속하는 달의 다음 달 15일)까지 반입 사실을 반입지 관할 세무서장 또는 세관장에게 신고하여야 한다. ② 반입된 사실 또는 정해진 용도로 제공한 사실을 증명하기 위한 서류는 해당 물품을 반출한 날부터 3개월의 범위에서 반출지 관할 세무서장 또는 세관장이 지정하는 날까지 제출하여야 한다. ③ 해당 사실을 증명하기 위한 서류를 부득이한 사정으로 제출할 수 없는 경우에는 관할 세무서장 또는 세관장에게 제출기한의 연장을 신청할 수 있다. 이 경우 관할 세무서장 또는 세관장은 해당 사실을 증명하기 위한 서류의 제출기한이 경과한 날부터 3개월의 범위에서 그 기한을 연장할 수 있다.
특례	**조건부면세 반출 승인신청에 대한 특례**(사후승인제도): 판매장, 제조장 또는 하치장에서 반출(타인을 통하여 지체 없이 반출하는 경우를 포함한다)하는 물품에 대하여 조건부면세를 적용 받으려는 자는 위의 원칙적인 절차에도 불구하고 해당 물품을 반출한 날이 속하는 분기의 다음 달 25일까지 해당 분기분(석유류에 해당하는 과세물품은 반출한 날이 속하는 달의 다음 달 말일까지 해당 월분)의 과세표준신고서에 반입증명서를 첨부하여 제출하여야 한다.	

② 「장애인복지법」에 따른 장애인(장애의 정도가 심한 장애인으로 한정한다)
③ 「5·18민주유공자예우에 관한 법률」에 따른 5·18민주화운동부상자로서 같은 법에 따라 등록된 사람
④ 「고엽제후유의증 등 환자지원 및 단체설립에 관한 법률」에 따른 고엽제후유의증환자로서 경도 장애 이상의 장애등급 판정을 받은 사람

3. 사후관리

구 분		내 용
1) 용도 변경		조건부면세의 물품으로서 반입지에 반입된 후에 해당 물품에 대하여 다음 어느 하나에 해당하는 사유가 발생하는 경우에는 반입자는 반입지 관할 세무서장(아래 ④의 경우에는 관할 세관장)에게 개별소비세를 신고·납부하여야 한다.
	조건부면세 대상	용도변경 시기
	① 승용자동차	㉠ 반입자가 반입한 날부터 5년 이내에 그 용도를 변경하거나 양도한 경우. 다만, 다음 어느 하나에 해당하는 경우는 제외한다. ⓐ 장애인이 구입한 것 및 18세 미만의 자녀 3명 이상을 양육하는 사람이 구입하는 것: 반입자가 반입한 날부터 5년 이내에 사망한 경우 ⓑ 여객자동차운송사업에 사용하는 것: 반입자가 반입한 날부터 5년 이내에 사망하여 그 상속인이 상속개시일부터 3개월 이내에 조건부면세 승용자동차의 용도로 양도하는 경우 ㉡ 장애인의 종전승용자동차: 새로 취득한 장애인 전용 승용자동차의 취득일부터 3개월 이내에 처분하지 않은 경우
	② 항공기에 사용하는 석유류, ③ 의료용, 의약품 제조용, 비료 제조용, 농약 제조용 또는 석유화학공업용 원료로 사용하는 석유류	해당 석유류를 반입한 날부터 6개월 이내에 다음 구분에 따른 서류를 반입지 관할 세무서장에게 제출하지 아니한 경우. 다만, 부득이한 사유가 있는 경우에는 반입지 관할 세무서장은 3개월의 범위에서 그 기한을 연장할 수 있다. ㉠ ②의 석유류: 사용자의 사용보고서 ㉡ ③의 석유류: 사용자의 사용보고서와 소관 중앙행정기관의 장이 발행한 사용확인서
	④ 외국항행선박, 원양어업선박에 사용하는 석유류 ⑤ 외국 무역선, 원양어업선박 또는 외국항행 항공기에서 사용할 것으로 인정되는 연료 외의 소모품	유류공급명세서, 선(기)적허가서(내항선인 원양어업선박의 경우에는 반입자의 반입보고서)를 제출한 후 그 용도를 변경하거나 양도한 경우 * 다만, 외국항행선박 및 원양어업선박이 외국항행 및 원양어업을 종료하여 사용하고 남은 석유류를 다시 국내로 반입함에 따라 「관세법」에 따른 과세물건에 해당하게 되어 개별소비세 또는 교통·에너지·환경세가 부과된 경우는 제외한다.
	⑤ 위 외 원자료 원료, 보석, 자선기관·사원·교회·학술교육용등 기증물품, 학교등 표본, 재수출품, 산업용유연탄 등	반입자가 반입한 날부터 5년 이내(재반출한 물품을 반입한 경우에는 재반출자의 사용기간을 포함한다)에 그 용도를 변경하거나 양도한 경우

2) 사실 증명	조건부면세 사실을 증명하려는 자는 용도변경의 사유가 발생하였을 때에는 그 사실을 즉시 국세청장 또는 관세청장에게 통지하여야 한다.	
3) 폐기 승인	조건부면세 대상 물품으로서 면세 승인을 받아 반입지에 반입한 물품이 부패·파손 또는 이와 유사한 사유로 정해진 용도로 계속하여 사용할 수 없게 된 경우로서 신청서를 관할 세무서장에게 제출(국세정보통신망을 통한 제출을 포함한다)하여 그 승인을 받은 후 해당 물품을 폐기한 경우에는 해당 개별소비세를 징수하지 아니한다. 다만, 승용자동차에 해당하는 물품의 경우 「자동차관리법」에 따라 말소등록을 하고 그 사실을 증명하는 서류를 해당 물품을 폐기한 날이 속하는 달의 다음 달 말일까지 제출하는 경우에는 그 승인을 받은 것으로 본다.	
4) 개별소비세 징수	① 조건부면세 물품으로서 반입지에 반입한 사실을 증명하지 아니한 것에 대해서는 관할 세무서장 또는 세관장이 그 반출자 또는 수입신고인으로부터 개별소비세를 징수한다. ② 관할 세무서장 또는 세관장은 위 ①에 따라 해당 세액을 징수하려는 경우에 반출자 또는 수입신고인이 해당 세액을 징수할 수 있는 날부터 30일 이내에 해당 사실을 증명하기 위한 서류를 제출하지 않을 때에는 해당 세액을 징수한다는 뜻을 지체 없이 통지하여야 한다. ③ 조건부면세 물품으로서 반입지에 반입된 후에 면세를 받은 물품의 용도를 변경하는 등 대통령령으로 정하는 사유가 발생하는 경우에는 반입자는 사유가 발생한 날이 속하는 분기의 다음 달 25일까지(석유류 또는 담배에 해당하는 물품은 그 사유가 발생한 날이 속하는 달의 다음 달 말일까지) 신고서를 반입지 관할 세무서장 또는 세관장에게 제출하고 개별소비세를 납부하여야 한다. ④ 구입일부터 3년 이내에 동일인 또는 동일 법인에 대여한 기간의 합이 6개월을 초과하는 승용자동차의 경우 반입자는 동일인 또는 동일 법인에 대여한 기간의 합이 6개월을 초과하는 날이 속하는 분기의 다음 달 25일까지 신고서를 반입지 관할 세무서장에게 제출하고 면제받은 개별소비세 전액을 납부하여야 한다. * 다만, 승용자동차의 구입일부터 3개월 이상의 기간 동안 동일인 또는 동일 법인에 대여한 사실이 없는 경우에는 동일인 또는 동일법인에게 최초로 대여한 날에 용도변경이 된 것으로 보아 납부할 개별소비세액을 계산한다. ⑤ 개별소비세를 면제받아 반입지에 반입한 물품을 조건부면세 또는 무조건면세의 용도로 제공하기 위하여 재반출하면 개별소비세를 면제한다.	
5) 멸실 승인	① 조건부면세 물품으로서 반입되기 전에 재해나 그 밖의 부득이한 사유로 멸실(滅失)된 경우에는 대통령령으로 정하는 바에 따라 개별소비세를 징수하지 아니한다. ② 멸실에 따라 개별소비세를 면제받으려는 자는 해당 반입증명서의 제출기한까지 멸실승인신청서에 해당 물품의 멸실 사실을 증명하는 서류를 첨부하여 반출지 관할 세무서장 또는 세관장에게 지체 없이 제출하여 그 승인을 받아야 한다.	

6 무조건면세

1. 의미 및 면세대상

구 분	내 용
의의	무조건면세란 국가의 시책으로 특정한 용도에 사용되는 과세물품을 제조장 또는 보세구역으로부터 반출함에 있어 아무런 조건을 붙이지 아니하고 세액을 부담시키지 않는 제도를 말한다. (➡사후관리 ×)
면세 대상	① 외국의 자선 또는 구호기관·단체에 기증하는 물품 　　* 외국으로부터 자선 또는 구호를 위하여 자선 또는 구호기관·단체에 기증되는 물품: 조건부면세 ② 외국으로부터 수여되는 훈장·기장(記章) 또는 이에 준하는 표창품(表彰品)과 상패 ③ 외국에 항행중인 군함 또는 재외공관으로부터 송부되는 공용품 ④ 우리나라의 선박이나 그 밖의 운송기관이 조난으로 해체되어서 생긴 해체재(解體材)와 장비품(裝備品) ⑤ 수출물품의 용기로서 재수입하는 것 　　* 재수출할 물품을 보세구역에서 반출하는 것으로서 관세가 면제되는 것: 조건부면세 ⑥ 외국 무역선 또는 원양어업 선박이 세관장의 승인을 받아 내항선(內航船)이 된 경우에 선박에 적재된 것으로서 그 선박에서 사용할 것으로 인정되는 연료나 그 밖의 소모품 중 관세가 부과되지 아니하는 것 　　* 내항선이 된 경우: 무조건면세, 위 외의 외항선박의 경우: 조건부면세 ⑦ 국가 또는 지방자치단체에 기증하는 물품 ⑧ 군사원조로 수입하는 원조 물품 또는 그 물품을 원료로 하여 제조하는 군수용 물품 　　* 다만, 원조 물품 외의 물품을 원료로 섞어 사용하는 경우 그 원료에 대해서는 면제하지 아니한다. ⑨ 거주 이전(移轉) 외의 목적으로 우리나라에 입국하는 사람이 입국할 때에 휴대하여 수입하거나 따로 수입하는 물품으로서 자기가 직접 사용할 것으로 인정되어 관세가 면제되는 것 ⑩ 거주 이전을 목적으로 입국하는 사람이 입국할 때에 휴대하여 수입하거나 따로 수입하는 이사(移徙) 화물로서 관세가 면제되는 물품 ⑪ 거주자가 받는 소액물품으로서 해당 거주자가 사용할 것으로 인정되어 관세가 면제되는 물품 ⑫ 외국으로부터 수입하는 상업용 견본 또는 광고용 물품으로서 관세가 면제되는 것 ⑬ 외국에서 개최되는 박람회 등에 출품하기 위하여 해외로 반출하는 물품 ⑭ 개별소비세가 부과된 물품으로서 수출한 후 이 법에 따른 환급(還給)이나 공제를 받은 사실이 없다는 것을 관할 세무서장이 증명하는 물품이 재수입되어 보세구역에서 반출하는 것 ⑮ 국내에서 제조한 물품으로서 개별소비세가 부과되지 아니한 물품이 국외로 반출된 후 수출신고 수리일부터 6개월 내에 재수입됨으로써 과세물품이 되는 경우에 그 물품의 제조·가공에 사용한 원재료에 대하여 이 법에 따른 면제·환급 또는 공제를 받은 사실이 없다는 것을 관할 세무서장이 증명하는 물품이 재수입되어 보세구역에서 반출하는 것 ⑯ 국가원수(國家元首)의 경호용으로 사용할 물품

2. 면세 승인절차

구 분	내 용
무조건면세 물품의 면세승인 신청	① 무조건면세를 받으려는 자는 신청서를 해당 물품을 반출할 때에(수입물품의 경우에는 그 수입신고 시부터 수입신고수리 전까지) 관할 세무서장 또는 세관장에게 제출(국세정보통신망을 통한 제출을 포함한다)하여 그 승인을 받아야 한다. ② 신청을 받은 관할 세무서장 또는 세관장이 해당 물품에 대한 면세를 승인하였을 때에는 그 신청서에 준하는 내용의 승인서를 발급하여야 한다.

7 입장행위의 면세

구 분	내 용
면세대상	① 「국민체육진흥법」에 따른 대한체육회 및 그 회원인 단체 또는 프로골프선수를 회원으로 하는 사단법인 중 문화체육관광부장관이 지정하는 단체가 개최하는 경기대회에 참가하는 선수가 대회 기간 중 경기 시설을 이용하거나 입장하는 경우 ② 「국민체육진흥법」에 따른 대한체육회 및 그 회원인 단체에 등록된 학생선수 중 골프선수와 그 단체에 등록된 정회원인 골프선수가 골프장에 입장하는 경우 ③ 외국인이나 「해외이주법」에 따른 해외이주자가 「폐광지역개발 지원에 관한 특별법」에 따라 허가받은 카지노에 입장하는 경우

8 유흥음식행위의 면세

구 분	내 용
면세대상	주한 국제연합군이나 미국군이 주둔하는 지역의 과세유흥장소의 경영자로서 관할 세무서장의 지정을 받은 자가 외국 군인에게 외화를 받고 제공하는 유흥음식행위에 대하여는 대통령령으로 정하는 바에 따라 개별소비세를 면제한다.
유흥음식행위 면세의 면세승인 신청	① 유흥음식행위의 면세 규정에 따라 관할 세무서장의 지정을 받으려는 자는 신청서를 관할 세무서장에게 제출하여야 한다. 이 경우 법령에 따라 정부의 허가·등록(사업자등록은 제외한다)·지정을 받아야 하는 것에 대해서는 해당 허가증·등록증 또는 지정증 사본을 첨부하여 제출하여야 한다. ② 유흥음식행위에 대하여 개별소비세를 면제받으려는 과세유흥장소의 경영자는 외국 군인에게 판매한 영수증 등의 서류를 갖춰 두어 기록하고 해당 월분의 과세표준신고서의 제출기한까지 외국환 매입증명서를 첨부하여 관할 세무서장에게 제출하여야 한다.

제6절 면세제도

핵심정리

■ 용도변경 등으로 세액을 징수 또는 신고·납부하는 물품의 가격 계산 등

구분	물품의 가격계산
미납세반출 물품으로서 반입 장소에 반입된 사실 또는 정해진 용도로 제공한 사실을 증명하지 아니한 것	미납세된 때의 가격
수출 및 군납면세 물품을 정해진 용도로 제공한 사실을 증명하지 아니한 것	면세된 때의 가격
외국인전용판매장면세 물품을 반입된 사실 또는 정해진 용도로 제공한 사실을 증명하지 아니한 것	면세된 때의 가격
조건부면세 물품을 반입된 사실 또는 정해진 용도로 제공한 사실을 증명하지 아니한 것	
수출 및 군납면세 물품을 5년 내에 타인에게 양도하거나 타인이 소지한 경우	양수한 금액(수입한 물품에 대한 세액을 징수하는 경우에는 양수한 금액과 이를 과세가격으로 하는 관세를 합한 금액)
외교관면세 물품을 3년 내에 타인에게 양도하거나 타인이 소지한 경우	
외국인전용판매장에서 개별소비세가 면제되는 물품을 구입한 자가 출국 당시 그 물품을 소지하지 아니한 경우	면세로 판매장에서 구입한 가격에 상당하는 금액
외국인전용판매장에서 개별소비세를 면제받아 반입된 물품을 해당 판매장에서 구입할 수 없는 자가 소지한 경우	소지 당시 면세판매장의 판매가격에 상당하는 금액
조건부 면세물품의 반입자에 의한 용도변경이 발생한 경우	판매가격에 상당하는 금액(개별소비세를 신고·납부하는 물품이 승용차에 해당하는 물품인 경우에는 「지방세법」에 따라 결정한 취득세 시가표준액을 준용하여 국세청장이 정하여 고시하는 금액)

핵심정리

■ 반출신청, 반입신고 및 용도증명, 반입·용도증명서 제출, 멸실승인 등

구분	내 용	적용대상
반출(면세)신청 및 승인	미납세반출에 해당하는 물품을 판매장, 제조장 또는 하치장에서 반출하거나 보세구역에서 반출하려는 자는 해당 물품을 반출할 때에(수입물품의 경우에는 그 수입신고 시부터 수입신고 수리 전까지) 미납세반출승인신청서를 관할 세무서장 또는 세관장에게 제출(국세정보통신망을 통한 제출을 포함한다)하여 그 승인을 받아야 한다.	· 미납세반출(반입지통지) · 외국인전용판매장면세 (반입지통지) · 조건부면세(반입지통지) · 수출 및 군납면세 · 외교관면세 · 무조건면세
반입신고 (영20조①)	과세물품을 반입 장소에 반입한 자는 반입한 날이 속하는 분기의 다음 달 15일(제1조 제2항 제4호 또는 같은 항 제6호에 해당하는 물품은 반입한 날이 속하는 달의 다음 달 15일)까지 반입 사실을 반입지 관할 세무서장 또는 세관장에게 신고하여야 한다.	· 미납세반출 · 외국인전용판매장면세 · 조건부면세 ※ 무조건면세×, 외교관면세×
용도증명 (영20조③)	정해진 용도로 제공한 사실의 증명은 다음 각 호의 어느 하나에 해당하는 서류(수출신고필증, 소포수령증, 납품증명서 등)로 한다. 다만, 「부가가치세법」에 따른 수출 영세율(零稅率) 조기환급을 받기 위하여 다음 각 호의 어느 하나에 해당하는 서류(수출신고필증, 소포수령증, 납품증명서 등)를 이미 관할 세무서장에게 제출한 경우에는 기획재정부령으로 정하는 수출증명 명세서로 증명할 수 있다.	· 수출 및 군납면세 ※ 무조건면세×, 외교관면세×

반입 및 용도증명서 제출 (영20조④) (영20조⑤)	① 반입된 사실 또는 정해진 용도로 제공한 사실을 증명하기 위한 서류는 해당 물품을 반출한 날부터 3개월의 범위에서 반출지 관할 세무서장 또는 세관장이 지정하는 날까지 제출하여야 한다. ② 해당 사실을 증명하기 위한 서류를 부득이한 사정으로 제출할 수 없는 경우에는 관할 세무서장 또는 세관장에게 제출기한의 연장을 신청할 수 있다. 이 경우 관할 세무서장 또는 세관장은 해당 사실을 증명하기 위한 서류의 제출기한이 경과한 날부터 3개월의 범위에서 그 기한을 연장할 수 있다.	· 미납세반출 · 외국인전용판매장면세 · 조건부면세 · 수출 및 군납면세 ※ 무조건면세×, 외교관면세×
사후승인 신청특례 적용 (영19조의2) (영20조⑤)	① 판매장, 제조장 또는 하치장에서 반출(타인을 통하여 지체 없이 반출하는 경우를 포함한다)하는 물품에 대하여 미납세반출을 받으려는 자는 원칙적인 절차(사전승인절차)에도 불구하고 해당 물품을 반출한 날이 속하는 분기의 다음 달 25일까지 해당 분기분(석유류에 해당하는 과세물품은 반출한 날이 속하는 달의 다음 달 말일까지 해당 월분)의 과세표준신고서에 반입증명서를 첨부하여 제출하여야 한다. ② 해당 사실을 증명하기 위한 서류를 부득이한 사정으로 제출할 수 없는 경우에는 관할 세무서장 또는 세관장에게 제출기한의 연장을 신청할 수 있다. 이 경우 관할 세무서장 또는 세관장은 해당 사실을 증명하기 위한 서류의 제출기한이 경과한 날부터 3개월의 범위에서 그 기한을 연장할 수 있다.	
멸실승인 (영21조①)	멸실에 따라 개별소비세를 면제받으려는 자는 해당 반입증명서의 제출기한까지 멸실승인신청서에 해당 물품의 멸실 사실을 증명하는 서류를 첨부하여 반출지 관할 세무서장 또는 세관장에게 지체 없이 제출하여 그 승인을 받아야 한다	· 미납세반출 · 외국인전용판매장면세 · 조건부면세 · 수출 및 군납면세 · 외교관면세 ※ 무조건면세×

제 7 절   세액공제와 환급

1 세액공제

구분	내용
의의	세액공제란 이미 개별소비세가 납부되었거나 납부될 물품 또는 그 원재료가 일정한 사유에 해당하는 경우 이중과세 방지 등을 목적으로 해당 세액을 납부 또는 징수할 세액에서 공제하는 것을 말한다.

세액공제의 사유	① 과세물품의 제조장 또는 보세구역으로부터 과세물품을 반입(다른 법령에서 정하는 바에 따르는 경우 등 대통령령으로 정하는 부득이한 사유로 제조장 또는 보세구역이 아닌 장소로부터 반입하는 경우45)를 포함한다)하여 다른 과세물품의 제조ㆍ가공에 직접 사용하는 것으로서 해당 세액을 납부 또는 징수하는 경우
	② 제조장이 아닌 장소에서 판매 목적으로 다음 어느 하나에 해당하는 행위를 하는 것으로서 해당 세액을 납부 또는 징수하는 경우
	  ㉠ 대통령령으로 정하는 물품을 용기에 충전(充塡)하거나 개장(改裝)하는 것
	  ㉡ 과세물품에 가치를 높이기 위한 장식, 조립, 첨가 등의 가공을 하는 것
	  ㉢ 석유가스 중 프로판과 부탄을 혼합하는 것(그 혼합물이 석유가스 중 부탄인 경우만 해당한다)
	③ 분해되었거나 미조립(未組立) 상태로 반출(搬出)되어 완제품으로 취급된 과세물품을 제조장 또는 보세구역으로부터 반입하여 가공 또는 조립한 물품을 반출하는 것으로서 해당 세액을 납부 또는 징수하는 경우

세액공제의 절차 및 방법	세액공제를 받으려는 자는 해당 사유가 발생한 날부터 6개월이 지난 날이 속하는 달의 말일까지 대통령령으로 정하는 서류46)를 과세표준신고와 함께 관할 세무서장 또는 세관장에게 제출하여야 한다.

---

45) 다른 법령에서 정하는 바에 따르는 경우 등 대통령령으로 정하는 부득이한 사유로 제조장 또는 보세구역이 아닌 장소로부터 반입하는 경우란 다음의 어느 하나에 해당하는 경우를 말한다.
  ① 「도시가스사업법」에 따른 자가소비용직수입자가 천연가스를 수입할 수 있는 경우에 해당하지 않아 같은 법에 따른 도시가스사업자로부터 천연가스를 공급받는 경우
  ② 자가소비용직수입자가 아닌 자가 「도시가스사업법」에 따른 도시가스사업자로부터 천연가스를 공급받는 경우
46) 대통령령으로 정하는 서류란 개별소비세 공제(환급)신청서에 해당 사유의 발생 사실을 증명하는 서류와 개별소비세가 이미 납부되었거나 납부될 사실을 증명하는 서류(개별소비세 부과(납부)사실 증명신청서 및 증명서)를 첨부한 것을 말한다.

2 세액환급

구분	내 용
의의	세액환급이란 이미 개별소비세가 납부되었거나 납부될 물품 또는 그 원재료가 개별소비세가 면제되는 물품과 그 물품의 원재료로 사용되는 경우에는 이미 납부한 세액을 환급하되, 납부 또는 징수할 세액이 있으면 이를 공제한다.
세액환급의 사유	① 과세물품 또는 과세물품을 사용하여 제조·가공한 물품을 수출하거나 주한외국군에 납품하는 경우 ② 개별소비세가 면제되는 물품과 그 물품의 원재료로 사용되는 물품 ③ 제조장으로부터 반출된 과세물품을 품질 불량, 변질, 자연재해, 그 밖에 대통령령으로 정하는 사유로 같은 제조장(석유류에 해당하는 물품은 같은 회사의 다른 제조장을 포함한다) 또는 하치장(荷置場)에 환입한 것(중고품은 제외하되, 「소비자기본법」에 따라 교환이나 환불되어 환입한 중고품을 포함한다)으로서 그 환입한 날이 속하는 분기의 다음 달 25일(석유류에 해당하는 물품은 환입한 날이 속하는 달의 다음 달 말일)까지 환입된 사실을 관할 세무서장에게 신고하여 대통령령으로 정하는 바에 따라 확인을 받은 경우. * 이 경우 하치장에 환입해서 확인을 받으면 같은 제조장에 환입한 것으로 본다.
세액환급의 절차 및 방법	① 세액환급을 받으려는 자는 해당 사유가 발생한 날부터 6개월이 지난 날이 속하는 달의 말일까지 대통령령으로 정하는 서류를 과세표준신고와 함께 관할 세무서장 또는 세관장에게 제출하여야 한다. ② 환급을 받으려는 자가 개별소비세를 납부한 자가 아닌 경우에는 개별소비세를 납부한 자와 연명으로 신청하여야 한다. 다만, 환급을 받으려는 자가 개별소비세를 실제 부담하지 아니한 경우에는 개별소비세를 실제 부담한 자가 개별소비세를 납부한 자와 연명으로 신청할 수 있다. ③ 환급신청을 받은 경우에 관할 세무서장은 그 신청인이 장래에 납부할 금액이 있는 경우에는 그 납부할 세액에서 이미 납부한 세액을 공제하며, 신청인이 제조를 폐지하거나 그 밖의 사유로 장래에 납부할 세액이 없는 경우에는 이미 납부한 세액을 신청을 받은 날부터 30일 내에 환급하여야 한다.

3 세액공제 및 환급의 배제

구분	내 용
공제 및 환급의 배제	① 이미 납부되었거나 납부될 개별소비세를 공제할 때 해당 원재료 또는 구입물품에 대한 세액이 그 원재료를 사용하여 제조한 물품에 대한 세액을 초과하는 경우에는 그 초과 부분의 세액은 공제하지 아니한다. ② 개별소비세의 환급 또는 공제를 받은 물품이 정해진 용도로 사용되지 아니한 사실이 확인된 경우에는 환급 또는 공제된 개별소비세를 징수한다. ③ 미납세반출, 외국인전용판매장면세, 조건부면세를 적용받은 물품에 대하여 지정된 기한까지 반입 사실을 증명하지 아니하여 개별소비세를 징수하거나 면세를 받은 물품의 용도를 변경하는 등의 사유로 개별소비세를 신고·납부하는 경우에는 그 물품의 원재료에 대하여 납부되었거나 납부될 세액은 공제하거나 환급하지 아니한다. ④ 개별소비세가 납부되었거나 납부될 물품에 대하여 부과하였거나 부과할 가산세는 공제하거나 환급하지 아니한다.

4 가정용 부탄 등에 대한 개별소비세 환급특례

구분	내 용
의의	취사난방용 등으로 사용되는 가정용 부탄을 판매하는 사업자 또는 제조·수입하는 납세의무자에 대하여 개별소비세를 환급하거나 공제해 줌으로써 최종소비자인 서민 가계의 부담을 경감하고자 하는 마련된 제도이다.
환급세액	액화석유가스판매사업자 등에게 용기내장형 가스난방기용, 부탄연소기용, 접합·납붙임용기용, 가스라이터용 등 주로 취사용으로 사용되는 가정용부탄을 판매하는 액화석유가스충전사업자와 가정용부탄을 제조하거나 수입하는 납세의무자에 대하여 개별소비세액을 환급하거나 공제할 수 있다. 환급세액 = 가정용 부탄으로 판매한 수량 × (부탄의 세액 − 프로판의 세액)
환급 신청	환급 또는 공제를 받으려는 자는 매월 가정용부탄으로 판매한 수량 및 환급세액 등을 적은 환급신청서를 다음 달 말일까지 해당 사업자의 관할 세무서장 또는 세관장에게 제출하여야 한다.
사후 관리	관할 세무서장 또는 세관장은 다음 어느 하나의 경우에는 각각의 정한 금액과 그 금액의 100분의 40(단순착오에 의한 경우에는 100분의 10)에 상당하는 금액의 가산세를 합친 금액을 개별소비세로 징수한다. ① 세액을 환급 또는 공제받은 자가 허위세금계산서를 발급하는 등 대통령령으로 정하는 사유로 과다하게 환급 또는 공제받은 경우: 그 과다환급세액 또는 과다공제금액 ② 해당 물품을 공급받은 사업자가 그 물품을 같은 항에 따른 용도 외로 사용하는 경우: 용도 외 사용량에 해당하는 환급세액

제 8 절 　신고·납부 및 결정·경정

1 과세표준의 신고

구분	내 용
과세물품의 반출	1) 일반적인 경우 ① 납세의무가 있는 자는 매 분기(석유류 또는 담배에 해당하는 물품은 매월) 제조장에서 반출한 물품의 물품별 수량, 가격, 과세표준, 산출세액, 미납세액, 면제세액, 공제세액, 환급세액, 납부세액 등을 적은 신고서를 반출한 날이 속하는 분기의 다음 달 25일(석유류 또는 담배에 해당하는 물품은 반출한 날이 속하는 달의 다음 달 말일)까지 제조장 관할 세무서장에게 제출(국세정보통신망을 통하여 제출하는 경우는 국세정보통신망에 입력하는 것을 말한다)하여야 한다. ② 「부가가치세법 시행령」에 따른 임시사업장에서 판매되는 보석 및 귀금속 제품은 임시사업장 관할 세무서장에게 개별소비세를 신고·납부하여야 한다. 2) 수입의 경우 ① 「관세법」에 따라 관세를 납부할 의무가 있는 자로서 과세물품을 「관세법」에 따른 보세구역에서 반출하는 납세의무자가 보세구역 관할 세관장에게 수입신고를 한 경우에는 과세표준신고를 한 것으로 본다.(➡ 수입신고와는 별개로 개별소비세 신고를 하여야 한다. ×) ② 위 ① 경우 외에 관세를 징수하는 물품에 대해서는 그 관세를 납부할 의무가 있는 납세의무자에 관하여는 「관세법」을 준용한다.
과세장소 입장행위	납세의무자(과세장소의 경영자)는 매 분기 과세장소의 종류별·세율별로 입장 인원과 입장 수입을 적은 과세장소의 과세표준신고서를 입장한 날이 속하는 분기의 다음 달 25일까지 과세장소 관할 세무서장에게 제출하여야 한다.
과세 유흥장소 영업행위	납세의무자(과세유흥장소의 경영자)는 매 월 과세유흥장소의 종류별로 인원, 유흥음식 요금, 산출세액, 면제세액, 공제세액, 납부세액 등을 적은 과세유흥장소의 과세표준신고서를 유흥음식행위를 한 날이 속하는 달의 다음 달 25일까지 과세유흥장소의 관할 세무서장에게 제출하여야 한다.
과세 영업장소 영업행위	납세의무자(과세영업장소의 경영자)는 매년 과세영업장소의 고객으로부터 받은 총금액, 고객에게 지급한 총금액, 총매출액, 총세액 등을 적은 과세영업장소의 과세표준신고서와 공인회계사의 감사보고서가 첨부된 전년도 재무제표를 영업행위를 한 날이 속하는 해의 다음 해 3월 말일까지 과세영업장소의 관할 세무서장에게 제출하여야 한다.
신고기한의 특례	위의 규정에도 불구하고 다음 어느 하나에 해당하는 경우에는 그 사유가 발생한 날이 속한 달의 다음 달 25일까지 해당 신고서를 제출하여야 한다. ① 과세물품이 제조장에 있다가 공매(公賣), 경매 또는 파산절차로 환가(換價)되는 경우 ② 과세물품의 제조를 사실상 폐지한 경우에 제조장에 남아있는 경우 ③ 과세물품을 제조하여 반출하는 자가 제조장의 영업을 폐업한 경우 ④ 과세장소의 경영자가 과세장소의 영업을 폐업한 경우 ⑤ 과세유흥장소의 경영자가 과세유흥장소의 영업을 폐업한 경우 ⑥ 과세영업장소의 경영자가 과세영업장소의 영업을 폐업한 경우

2 납부

구 분	내 용
납부 기한	① 납세의무가 있는 자는 매 분기분(석유류 또는 담배에 해당하는 물품 및 과세유흥장소는 매월분, 과세영업장소는 매 연도분)의 개별소비세를 과세표준신고서 제출 기한까지 관할 세무서장에게 납부하여야 한다. ② 신고기한 특례 규정에 해당하는 자는 개별소비세를 특례규정에 따른 과세표준신고서 제출 기한까지 관할 세무서장에게 납부하여야 한다. ③ 과세물품 수입에 대한 납세의무자의 개별소비세 납부에 관하여는 「관세법」에 따른다.

	구분	내 용
납세 담보	납세담보를 필요로 하는 경우	① 과세물품을 「관세법」에 따라 수입신고 수리 전에 보세구역에서 반출하려는 자는 「관세법」으로 정하는 바에 따라 해당 개별소비세액에 상당하는 담보를 제공하여야 한다. ② 과세유흥장소 또는 과세영업장소의 경영자에 대하여 관할 세무서장은 납세보전(保全)을 위하여 필요하다고 인정하면 대통령령으로 정하는 바에 따라 해당 개별소비세액에 상당하는 담보의 제공을 요구할 수 있다.
	담보제공 요구에 대한 통지	관할세무서장이 과세유흥장소 또는 과세영업장소의 경영자에게 납세담보의 제공을 요구하려면 납세담보를 요구한 날부터 30일 이내에 관할세무서장에게 납세담보를 제공하도록 통지하여야 한다.
	납세담보의 한도	과세유흥장소 또는 과세영업장소의 경영자에게 납세담보를 요구할 수 있는 최고한도의 금액은 전월(과세영업장소는 전년도)에 납부한 개별소비세액[전월(과세영업장소는 전년도)에 납부한 세액이 없는 경우에는 해당 월(과세영업장소는 해당 연도)에 납부할 개별소비세액의 추정액]의 100분의 120에 상당하는 금액으로 한다. * 납세담보가 현금 또는 납세보험증권의 경우에는 100분의 110에 상당하는 금액으로 한다.
	납세담보에 의한 충당	납세담보를 제공한 자가 납부기한까지 해당 개별소비세를 납부하지 아니하거나 해당 용도에 제공한 사실을 증명하지 아니하였을 경우에는 그 담보물로 해당 개별소비세에 충당한다. 이 경우 부족한 금액이 있을 때에는 이를 징수하며, 남은 금액이 있을 때에는 이를 환급한다.

③ 신고·납부의 특례

1. 총괄납부

구분	내 용
개요	과세물품의 납세의무자로서 일정한 사유로 개별소비세를 납부하거나 환급받는 자는 대통령령으로 정하는 바에 따라 해당 물품을 제조·반출한 제조장에서 총괄하여 납부하거나 환급받을 수 있다.

총괄납부 사유	① 제조장이 아닌 장소에서 석유가스 중 프로판 및 부탄을 혼합함으로써 개별소비세를 납부하게 되는 경우(그 혼합물이 석유가스 중 부탄인 경우만 해당한다)
	② 제조장에서 미납세반출한 물품이 반입된 장소에서 용도가 변경되어 개별소비세를 납부하게 되는 경우로서 다음에 해당하는 것
	  ⊙ 국내에서 개최하는 박람회·전시회·품평회·전람회나 그 밖에 이에 준하는 곳(이하 "박람회 등"이라 한다)에 출품하기 위하여 제조장에서 반출하는 것, 국내 또는 국외에서 개최한 박람회 등에 출품한 물품을 제조장에 환입(還入)하거나 보세구역에서 반출하는 것, 국제적인 박람회 등에 출품할 것을 조건으로 외국에서 수입하는 것 또는 국내에서 개최하는 박람회 등에 출품하기 위하여 무상으로 수입하는 것으로서 관세가 면세되는 것
	  ⊙ 제조장 외의 장소에서 규격검사를 받기 위하여 과세물품을 제조장에서 반출하거나 그 제조장에 환입하는 것
	③ 승용자동차를 보관·관리하기 위하여 하치장에 미납세반출한 물품을 판매하기 위하여 같은 하치장에서 반출하는 경우
	④ 가정용 부탄에 대한 개별소비세를 환급 또는 공제받으려는 경우

총괄납부의 신청	해당 물품을 제조·반출한 제조장에서 총괄하여 개별소비세를 납부하려는 자는 그 납부하려는 기간이 시작되기 20일 전에 총괄납부 승인신청서를 해당 물품을 제조·반출하는 제조장의 관할 세무서장에게 제출(국세정보통신망을 통한 제출을 포함한다)하여야 한다.

총괄납부의 승인	1) 신청을 받은 관할 세무서장은 그 신청을 승인하고 신청일부터 20일 이내에 해당 납세의무자와 제조장 및 하치장 등의 관할 세무서장에게 승인 사실을 통지하여야 한다.
	2) 납세의무자가 다음 어느 하나에 해당하여 납세관리에 지장이 있다고 인정하는 경우 총괄납부에서 제외한다.
	  ① 하치장 설치신고를 하지 아니한 경우
	  ② 신청일부터 기산하여 과거 2년 이내에 세법에 따른 경정조사 시 매출누락금액이 1억원 이상 발견된 경우
	  ③ 신청일부터 기산하여 과거 2년 이내에 국세 또는 지방세를 체납한 사실이 있는 경우
	  ④ 신청일부터 기산(起算)하여 과거 2년 이내에「조세범 처벌법」에 따른 처분 또는 처벌을 받은 사실이 있는 경우

구분	내용

총괄납부
승인의
철회 및
포기
	1) 총괄납부승인의 철회
	  ① 총괄납부를 승인한 관할 세무서장은 총괄납부의 승인을 받은 자가 사업 내용의 변경, 그 밖의 사정변경으로 제조장에서 총괄하여 납부하는 것이 적당하지 않다고 인정되는 경우에는 총괄납부의 승인을 철회할 수 있다.
	  ② 총괄납부의 승인을 철회한 경우 해당 세무서장은 철회 사실을 해당 납세의무자와 제조장 및 하치장 등의 관할 세무서장에게 통지하여야 한다.
	2) 총괄납부의 포기
	  총괄납부의 승인을 받은 자가 사정 변경으로 총괄납부를 포기하고 각 사업장별로 납부하려는 경우에는 그 납부하려는 기간이 시작되기 20일 전에 총괄납부 포기신고서를 제조장 관할 세무서장에게 제출(국세정보통신망을 통한 제출을 포함한다)하여야 한다.

2. 사업자단위 신고·납부

구 분	내 용
개요	사업자 단위로 신고한 사업자(이하 "사업자단위과세사업자"라 한다)는 그 사업자의 본점 또는 주사무소(主事務所)에서 총괄하여 신고·납부할 수 있다. 이 경우 그 사업자의 본점 또는 주사무소는 신고·납부와 관련하여 각 제조장·과세장소·과세유흥장소 또는 과세영업장소로 본다.

사업자
단위
신고
	1) 신규사업자의 경우
	  ① 원칙(사업장별과세): 과세물품을 제조하려는 자와 과세장소·과세유흥장소 또는 과세영업장소의 영업을 하려는 자는 대통령령으로 정하는 바에 따라 제조장·과세장소·과세유흥장소 또는 과세영업장소(이하 "사업장"이라 한다) 관할 세무서장에게 신고·납부하여야 한다. 이를 휴업 또는 폐업하거나 신고 내용이 변경된 경우에도 또한 같다.
	    * 임시사업장에서 판매되는 과세물품은 임시사업장(➡기존사업장×) 관할 세무서장에게 개별소비세를 신고·납부하여야 한다.
	  ② 예외(사업자단위과세): 둘 이상의 사업장이 있는 사업자는 사업자 단위로 해당 사업자의 본점 또는 주사무소 관할 세무서장에게 신고·납부할 수 있다.
	    이 경우 다음의 개업신고 기한까지 개업신고서에 사업자단위 적용 신고자의 종된 사업장 명세서를 첨부하여 제출하여야 한다.
	    ㉠ 과세물품을 제조하려는 자: 사업개시 5일 전까지
	    ㉡ 과세장소·과세유흥장소 또는 과세영업장소의 영업을 경영하려는 자: 영업개시 전까지
	2) 계속사업자의 경우
	  개업 신고를 한 사업자가 사업자 단위로 신고·납부하려면 사업자단위과세사업자로 적용받으려는 과세기간이 시작되기 20일 전까지 신고하여야 한다.

구분	내용
사업자 단위 신고·납부의 포기	① 사업자단위과세사업자로 신고한 사업자가 각 사업장별로 과세표준의 신고·납부를 하려는 경우에는 사업장 단위 과세사업자로 적용받으려는 과세기간이 시작되기 20일 전까지 사업장 단위 과세 전환신고서를 본점 또는 주사무소의 관할 세무서장에게 제출하여야 한다. ② 위에 따라 사업장 단위 과세 전환신고서를 제출받은 관할 세무서장은 그 처리결과를 지체 없이 해당 사업자와 다른 사업장의 관할 세무서장에게 통지하여야 한다.

3. 미납세반출 후 반입지에서 반출한 물품의 신고·납부 특례

구분	내용
의의	개별소비세를 납부하지 아니하고 반출 등을 한 자(이하 "미납세반출자"라 한다)와 그 반출된 물품을 반입한 자가 동일한 사업자인 경우에는 해당 물품을 반입지에서 반출할 때 미납세반출자가 해당 물품에 대한 개별소비세를 관할 세무서장 또는 세관장에게 신고·납부할 수 있다.
미납세반출 특례에 따른 신고절차	① 미납세반출자가 반입지에서 반출한 물품에 대하여 개별소비세를 신고·납부하려는 경우에는 과세표준 신고를 할 때 신고서에 미납세반출특례신청서 및 반입지별 과세표준신고서를 첨부하여 미납세반출자 관할 세무서장에게 제출(국세정보통신망을 통한 제출을 포함한다)하여야 한다. ② 다만, 미납세반출특례신청서는 '미납세반출 후 반입지에서 반출한 물품의 신고·납부 특례'를 적용하여 처음으로 과세표준을 신고할 때 제출하여야 하며, 이미 제출한 내용이 변경되거나 특례를 적용받지 아니하려는 경우에는 이를 다시 제출하여야 한다. ③ 특례신청서를 받은 관할 세무서장은 반입지 관할 세무서장에게 그 사실을 통지하여야 한다.

4 결정·경정결정 및 재경정

구 분	내 용

결정·
경정결정
	① 과세표준신고서를 제출하지 아니하거나 신고한 내용에 오류 또는 탈루(脫漏)가 있는 경우에는 관할 세무서장, 관할 지방국세청장 또는 세관장은 그 과세표준과 세액을 결정 또는 경정결정(更正決定)한다.
	② 결정 또는 경정결정은 장부나 그 밖의 증명 자료를 근거로 하여야 한다. 다만, 다음 어느 하나에 해당하는 사유가 있는 경우에는 대통령령으로 정하는 바에 따라 추계(推計)할 수 있다.
	  ㉠ 과세표준을 계산할 때 필요한 장부나 그 밖의 증명 자료가 없거나 중요한 부분이 갖추어지지 아니한 경우
	  ㉡ 장부나 그 밖의 증명 자료의 내용이 시설규모, 종업원 수와 원자재·상품·제품 또는 각종 요금의 시가(時價) 등에 비추어 거짓임이 명백한 경우
	  ㉢ 장부나 그 밖의 증명 자료의 내용이 원자재 사용량, 동력(動力) 사용량 또는 그 밖의 조업 상황 등에 비추어 거짓임이 명백한 경우

재경정	관할 세무서장, 관할 지방국세청장 또는 세관장은 결정 또는 경정결정한 과세표준과 세액에 오류 또는 탈루가 있는 것이 발견된 경우에는 이를 다시 경정한다.

추계결정
의 방법
	① 기장이 정당하다고 인정되고 신고가 성실하여 결정 및 경정을 받지 아니한 다른 동업자와 비교하여 계산하는 방법
	② 국세청장이 사업의 종류·지역 등을 고려하여 다음의 관계에 대하여 조사한 비율이 있는 경우에는 그 비율을 적용하여 계산하는 방법
	  ㉠ 투입 원재료 또는 부재료의 전부 또는 일부의 수량 및 가액과 생산량 및 매출액과의 관계
	  ㉡ 사업과 관련된 인적·물적 시설(종업원·사업장·차량·수도·전기 등)의 전부 또는 일부의 수량 및 가액과 생산량 및 매출액과의 관계
	  ㉢ 일정한 기간의 평균 재고량 및 재고금액과 생산량 및 매출액과의 관계
	  ㉣ 일정한 기간의 매출 총이익 또는 부가가치액과 매출액과의 관계
	③ 추계결정·경정대상 사업자에 대하여 위 ②의 비율을 직접 산정할 수 있는 경우에는 그 비율을 적용하여 계산하는 방법
	④ 유흥음식행위에 대해서는 「부가가치세법 시행령」에 따라 국세청장이 정하는 입회조사기준에 따라 계산하는 방법

수시 부과	① 납세의무자가 개별소비세를 포탈(逋脫)할 우려가 있다고 인정되거나, 사업 부진이나 그 밖의 사유로 휴업 또는 폐업 상태인 경우에는 수시로 그 과세표준과 세액을 결정할 수 있다. ② 수시부과의 경우에는 장부나 그 밖의 증명 자료를 근거로 하여야 한다. 다만, 추계 사유가 있는 경우에는 대통령령으로 정하는 바에 따라 추계(推計)할 수 있다.

5 기타사항

구 분	내 용
개업 신고	① 과세물품을 제조하려는 자와 과세장소·과세유흥장소 또는 과세영업장소의 영업을 하려는 자는 다음의 기한까지 제조장·과세장소·과세유흥장소 또는 과세영업장소(이하 "사업장"이라 한다) 관할 세무서장에게 신고하여야 한다. 　㉠ 과세물품을 제조하려는 자: 사업개시 5일 전까지 　㉡ 과세장소·과세유흥장소 또는 과세영업장소의 영업을 경영하려는 자: 영업개시 전까지 ＊ 둘 이상의 사업장이 있는 사업자는 사업자 단위로 해당 사업자의 본점 또는 주사무소 관할 세무서장에게 신고할 수 있다. ② 과세물품의 제조업 또는 과세장소·과세유흥장소·과세영업장소의 영업을 양수하거나 상속으로 승계한 자는 그 사실을 즉시 관할 세무서장에게 신고하여야 한다. 이 경우 양수인은 양도인과 연명(連名)하여 신고하여야 한다. ③ 법인을 합병하는 경우에 합병 후 존속하는 법인 또는 합병으로 설립된 법인(합병법인)이 합병으로 소멸된 법인(피합병법인)의 제조업 또는 과세장소·과세유흥장소·과세영업장소의 영업을 승계한 경우에 합병법인은 그 사실을 즉시 관할 세무서장에게 신고하여야 한다. 이 경우 합병법인은 피합병법인과 연명(連名)하여 신고하여야 한다.
휴업 신고	과세물품의 제조자와 과세장소·과세유흥장소 또는 과세영업장소의 영업의 경영자가 해당 영업을 1개월 이상 휴업하려면 휴업신고서를 휴업을 개시하기 전까지 사업장의 관할 세무서장이나 본점 또는 주사무소의 관할 세무서장에게 제출하여야 한다.
변경· 폐업신고	① 신고한 사항에 변동이 생긴 경우 또는 해당 영업을 폐지한 경우에는 변경 또는 폐업신고서를 지체 없이 관할 세무서장에게 제출하여야 한다. 다만, 과세물품의 제조자와 과세장소 또는 과세유흥장소의 경영자가 과세표준신고서에 폐업연월일 및 사유를 적어 제출하는 경우에는 폐업신고서를 제출한 것으로 본다. ② 제조장 또는 과세장소·과세유흥장소·과세영업장소를 사실상 이전하지 아니하고 제조업 또는 과세장소·과세유흥장소·과세영업장소의 영업을 포괄승계(包括承繼) 하는 경우에는 해당 제조업 또는 영업을 폐업한 것으로 보지 아니한다.
장부기록 의 의무	과세유흥장소의 경영자는 과세분과 면세분을 구분해서 장부에 기록하여야 한다.
권리· 의무의 승계	제조장 또는 과세장소·과세유흥장소·과세영업장소를 사실상 이전하지 아니하고 제조업 또는 과세장소·과세유흥장소·과세영업장소의 영업을 포괄승계 하는 경우 승계인은 피승계인(被承繼人)에게 속하였던 권리·의무를 승계한다.

명령사항	관할 지방국세청장 또는 관할 세무서장은 개별소비세의 납세 보전을 위하여 필요하다고 인정하면 대통령령으로 정하는 바에 따라 과세물품의 제조자와 과세장소·과세유흥장소·과세영업장소의 경영자에게 세금계산서 발행, 입장권 사용, 영수증 발행, 표지판의 게시(揭示), 그 밖에 단속을 위하여 필요한 사항에 관한 명령을 할 수 있다.
질문 검사권	세무공무원은 개별소비세에 관한 조사를 위하여 필요하다고 인정하면 과세물품의 제조자와 과세장소·과세유흥장소·과세영업장소의 경영자에 대하여 질문을 하거나 그 장부, 서류 또는 그 밖의 물건을 검사할 수 있다.
영업정지 및 허가취소 의 요구	1) 다음 어느 하나에 해당하는 경우에는 관할 세무서장은 지방국세청장을 거쳐 해당 과세장소·과세유흥장소 및 과세영업장소의 영업정지나 허가취소를 그 영업의 허가관청에 요구할 수 있다. ① 과세장소·과세유흥장소 및 과세영업장소의 영업에 관하여 「조세범 처벌법」 또는 「조세범 처벌절차법」에 따른 처벌이나 처분을 받은 경우 ② 과세장소 입장행위, 과세유흥장소에서의 유흥음식행위 및 과세영업장소에서의 영업행위에 대한 개별소비세의 전부 또는 일부를 3회 이상 신고·납부하지 아니한 경우 ③ 과세유흥장소 및 과세영업장소의 경영자가 납세담보 요구를 따르지 아니한 경우 2) 영업정지나 허가취소의 요구를 받은 허가관청은 정당한 사유가 없으면 요구에 따라 영업정지나 허가취소를 하여야 한다.
개별 소비세의 사무관할	보세구역에서 반출하거나 보세공장으로 반입한 물품에 대한 부과·징수에 관한 사무는 보세구역의 관할 세관장이 처리한다.
과태료	① 관할 세무서장은 외국항행선박 또는 원양어업선박에 사용할 목적으로 개별소비세를 면제받는 석유류 중 외국항행선박 또는 원양어업선박 외의 용도로 반출한 석유류를 판매하거나 그 사실을 알면서 취득한 자에게 판매가액 또는 취득가액의 3배 이하의 과태료를 부과·징수한다. ② 관할 세무서장은 납세 보전을 위한 명령을 위반한 자에게 2천만원 이하의 과태료를 부과·징수한다. ③ 과태료의 부과기준은 대통령령으로 정한다.

Part 03
주세법

제 1 절 　총칙
제 2 절 　과세표준과 세율
제 3 절 　신고와 납부
제 4 절 　결정·경정과 징수 및 환급
제 5 절 　면세
제 6 절 　납세의 담보
제 7 절 　질문·조사 및 벌칙

제 1 절 총칙

1 주세의 특징

구 분	내 용
특정소비세	부가가치세는 일반소비세의 성격을 갖는 반면, 주세는 과세대상인 주류 등에 대하여만 과세하는 특정소비세의 성격을 갖는다.
간접세	부가가치세와 마찬가지로 주세도 납세의무자(사업자)≠담세자(최종소비자)인 조세이다. (➡조세부담의 전가가 예정되어 있는 조세)
물세	부가가치세와 마찬가지로 주세도 납세의무자의 인적사항을 고려하지 않는다.
종가세·종량세	주정, 탁주 및 맥주에 대해서는 수량을 과세표준으로 종량세가 적용되며, 주정, 탁주 및 맥주 외의 주류에 대해서는 가격을 과세표준으로 종가세가 적용된다.
차등 비례세율	주정, 탁주 및 맥주에 대해서는 정액세율을 적용하고, 주정, 탁주 및 맥주 외의 주류에 대하여는 차등비례세율(30%~72%)을 적용한다.
출고과세제도	주세는 과세대상 주류를 주류 제조장에서 출고하는 시점에 과세하는 단단계 과세방식을 적용하고 있다.
납세보전제도	주세에 있어서는 주세 보전명령과 주류 보유의 제한 등 주류의 제조·유통 및 판매과정에 관하여 강력한 규제를 함으로써 납세의 보전을 하고 있다.

2 과세대상

구 분	내 용	
주류	구분	내용
	주정(酒精)[47]	희석하여 음용할 수 있는 에틸알코올을 말하며, 불순물이 포함되어 있어서 직접 음용할 수는 없으나 정제하면 음용할 수 있는 조주정(粗酒精)을 포함한다.
	알코올분 1도 이상의 음료	용해(鎔解)하여 음용할 수 있는 가루 상태인 것을 포함하되, 「약사법」에 따른 의약품 및 알코올을 함유한 조미식품으로서 다음에 해당하는 것은 제외한다. ① 「약사법」에 따른 의약품으로서 알코올분 6도 미만인 것 　* 따라서 알코올 성분이 함유돼 물에 녹여 마실 수 있는 가루 또는 「약사법」의 규정에 의한 의약품일지라도 알코올분이 6도 이상인 음료는 주류로 보아 주세법을 적용한다. ② 쌀 및 입국[48]에 주정을 첨가하여 여과한 것 또는 이에 대통령령으로 정하는 재료를 첨가하여 여과한 것에 해당하는 주류 중 불휘발분 30도 이상인 것으로서 다른 식품의 조리과정에 첨가하여 풍미를 증진시키는 용도로 사용하기 위하여 제조된 식품일 것
	다음 요건을 모두 충족하는 것	① 주류 제조 원료가 용기에 담긴 상태로 제조장에서 반출되거나 수입신고된 후 추가적인 원료 주입 없이 용기 내에서 주류 제조 원료가 발효되는 것 ② 최종 제품의 형태가 알코올분 1도 이상의 음료가 되는 것
전통주	구 분	내용
	가	「무형문화재 보전 및 진흥에 관한 법률」에 따라 인정된 주류부문의 국가무형문화재 보유자 및 같은 법에 따라 인정된 주류부문의 시·도무형문화재 보유자가 제조하는 주류
	나	「식품산업진흥법」에 따라 지정된 주류부문의 대한민국식품명인이 제조하는 주류
	다	「농업·농촌 및 식품산업 기본법」에 따른 농업경영체 및 생산자단체와 「수산업·어촌 발전 기본법」에 따른 어업경영체 및 생산자단체가 직접 생산하거나 주류제조장 소재지 관할 특별자치시·특별자치도 또는 시·군·구(자치구를 말한다. 이하 같다) 및 그 인접 특별자치시 또는 시·군·구에서 생산한 농산물을 주원료로 하여 제조하는 주류로서 「전통주 등의 산업진흥에 관한 법률」에 따라 특별시장·광역시장·특별자치시장·도지사·특별자치도지사의 추천을 받아 제조하는 주류

---

47) 주정이란, 주세법에 따른 주정을 말하되, 이에는 다음의 것을 포함한다.
　① 알코올분을 함유하는 물료를 알코올분 85도 이상으로 증류한 것 중 합성의 방법에 의하여 제조한 것으로서, 희석하여 음료로 할 수 있는 것(합성주정을 말한다)
　② 불순물을 함유한 알코올분 85도 이상의 조제품으로써 그대로 또는 희석하여도 음료로 할 수 없으나, 연속식 증류의 방법에 의하여 증류정제하면 주류의 원료용 주정으로 제품이 가능한 것(조주정을 말한다). 다만, 메탄올·퓨젤유 등의 불순성분이 다량 함유되어 불쾌한 냄새가 나는 황갈색의 불량주정(알코올분 60도 이상의 것)으로써, 통상의 증류방법으로 제조하여도 주정으로 제품이 불가능하고 희석하여도 음료로 할 수 없는 것은 포함하지 아니한다.

③ 납세의무자

1) 주류를 제조하여 제조장으로부터 출고(出庫)하는 자(위탁 제조하는 주류의 경우에는 주류 제조 위탁자)
2) 주류를 수입하는 경우 「관세법」에 따라 관세를 납부할 의무가 있는 자
3) 반출된 것으로 보는 경우(반출간주): 주류가 다음 어느 하나에 해당하는 경우에는 제조장에서 반출된 것으로 의제되므로 주세를 납부할 의무가 있다.
   ① 제조장에서 마신 경우
   ② 「주류 면허 등에 관한 법률」에 따라 주류 제조면허가 취소된 경우로서 주류가 제조장에 남아 있는 경우. 다만, 대통령령으로 정하는 경우49)는 제외한다.
   ③ 제조장에 있는 주류가 공매(公賣) 또는 경매되거나 파산절차에 따라 환가(換價)된 경우
   ④ 제조장에 있는 주류가 「부가가치세법」에 따라 재화의 공급으로 보는 경우에 해당하는 경우
   ⑤ 담보미제공시: 주세에 대한 담보를 제공하거나 주류를 보존할 것을 명한 경우로서 해당 담보의 제공 또는 주류의 보존을 하지 아니한 경우에는 제조장에 있는 주류를 제조장에서 반출된 것으로 보아 지체 없이 그 주세를 징수한다.

④ 용어의 정의

구분	내용
주류의 규격	주류의 규격이란 <u>주류를 구분하는</u> 원료의 사용량 등 다음의 <u>기준</u>을 말한다. ① 주류의 제조에 사용되는 원료의 사용량 ② 주류에 첨가할 수 있는 재료의 종류 및 비율 ③ 주류의 알코올분 및 불휘발분(不揮發分)의 함량 ④ 주류를 나무통에 넣어 저장하는 기간 ⑤ 주류의 여과 방법 ⑥ 그 밖의 주류 구분 기준
알코올분	전체용량에 포함되어 있는 에틸알코올(섭씨 15도에서 0.7947의 비중을 가진 것을 말한다)을 말한다.

---

48) 입국: 쌀에 곰팡이류를 접종하여 번식시킨 것
49) 대통령령으로 정하는 경우란 다음 어느 하나에 해당하는 경우(반출간주 배제사유)를 말한다. 다만, 해당 기간 내에 제조·반출과 그 밖에 필요한 행위를 끝내지 않은 경우에는 그 기간이 끝난 날을 면허를 취소한 날로 보아 반출간주 규정을 적용한다.
   ① 관할 세무서장이 주류의 제조면허를 취소하고 「주류 면허 등에 관한 법률 시행령」에 따라 기간을 정하여 주류 제조장에 현존하는 반제품에 대하여 제조·반출과 그 밖에 필요한 행위를 계속하게 한 경우
   ② 주류제조자가 「주류 면허 등에 관한 법률 시행령」에 따라 면허취소신청서를 제출하는 때에 주류 제조장에 현존하는 주류를 반출기간을 정하여 계속 반출하는 것에 대하여 관할 세무서장의 승인을 받은 경우

불휘발분	전체용량에 포함되어 있는 휘발되지 아니하는 성분을 말한다.
주조연도	매년 1월 1일부터 12월 31일까지의 기간을 말한다.
밑술	효모를 배양·증식한 것으로서 당분이 포함되어 있는 물질을 알코올 발효시킬 수 있는 재료를 말한다.
술덧	주류의 원료가 되는 재료를 발효시킬 수 있는 수단을 재료에 사용한 때부터 주류를 제성(製成)하거나 증류(蒸溜)하기 직전까지의 상태에 있는 재료를 말한다.
국	① 녹말이 포함된 재료에 곰팡이류를 번식시킨 것 ② 녹말이 포함된 재료와 그 밖의 재료를 섞은 것에 곰팡이류를 번식시킨 것 ③ 효소로서 녹말이 포함된 재료를 당화(糖化)시킬 수 있는 것
주류 제조 위탁자	자신의 상표명으로 자기 책임과 계산에 따라 주류를 판매하기 위하여 「주류 면허 등에 관한 법률」에 따라 주류의 제조를 다른 자에게 위탁하는 자를 말한다.
주류 제조 수탁자	주류 제조 위탁자로부터 「주류 면허 등에 관한 법률」에 따라 주류의 제조를 위탁받아 해당 주류를 제조하는 자를 말한다.

5 주류의 종류

주류	종류
1. 주정	
2. 발효주류	① 탁주 ② 약주 ③ 청주 ④ 맥주 ⑤ 과실주
3. 증류주류	① 소주(증류식, 희석식) ② 위스키 ③ 브랜디 ④ 일반증류주 ⑤ 리큐르
4. 기타주류	

핵심정리

■ 주류의 규격 등

① 주정의 알코올분 도수는 95도 이상이어야 한다. 다만, 곡물주정은 곡류를 원료로 한 주정으로서 알코올분 도수는 85도 이상 90도 이하여야 한다.
② 주류의 알코올분 도수는 최종제품에 표시된 알코올분 도수의 0.5도까지 그 증감(增減)을 허용하되, 살균하지 않은 탁주 및 약주는 추가로 0.5도의 증가를 허용한다.
③ 알코올분의 도수는 섭씨 15도에서 전체용량 100분(分) 중에 포함되어 있는 알코올분의 용량으로 한다.
④ 불휘발분의 도수는 섭씨 15도에서 전체용량 100㎤ 중에 포함되어 있는 불휘발분의 그램수로 한다.
⑤ 주류에는 「식품위생법」이나 그 밖에 대통령령으로 정하는 위생관계법령에 위반되는 유해한 성분이 포함되어서는 아니 된다.
⑥ 주류의 규격에 필요한 사항은 대통령령으로 정한다.

제 2 절 과세표준과 세율

1 주세의 과세표준

1. 일반적인 과세표준

구 분	내 용
주정, 탁주 및 맥주 (종량세)	① 주류 제조장에서 반출[50]하는 경우: 반출한 수량 ② 수입하는 경우: 수입신고하는 수량

주정, 탁주 및
맥주외의 주류
(종가세)
	① 주류 제조장에서 반출하는 경우: 반출하는 때의 가격
	② 수입하는 경우: 수입신고를 하는 때의 가격(관세의 과세가격과 관세를 합한 금액)
	③ 주류 제조장에서 반출하는 때의 가격에는 그 주류의 주세액에 해당하는 금액은 포함하지 아니하며, 그 용기(容器) 대금(代金)과 포장비용을 포함한다.
	④ 다만, 다음에 해당하는 용기 대금 또는 포장비용은 반출하는 때의 가격에 포함하지 아니한다. 이 경우 용기 대금 및 포장비용은 주류의 가격과 구분하여 계산해야 한다.
	   ㉠ 주류를 넣을 목적으로 특별히 제조된 도자기병과 이를 포장하기 위한 포장물의 가격
	   ㉡ 주류의 용기 또는 포장에 붙여 반출되는 것으로서 상품정보를 무선으로 식별하도록 제작된 전자인식표의 가격
	   ㉢ 전통주에 사용되는 모든 용기 대금과 포장비용

용기대금과 포장비용 등의 계산	① 주류의 가격을 산정할 때 병입(甁入) 반출하지 않는 주류에 대하여 용기 또는 포장물을 해당 주류의 제조장에 반환할 조건으로 그 용기 대금과 포장비용을 공제한 금액으로 반출하는 경우에는 그 금액을 통상가격으로 한다. ② 주류제조자가 주류를 반출할 때 반복하여 사용할 수 있는 용기나 포장물을 회수 또는 재사용하기 위하여 「자원의 절약과 재활용촉진에 관한 법률」에 따라 빈용기보증금을 받는 경우에는 해당 빈용기보증금은 반출하는 때의 가격에 포함하지 않는다.

---

[50] 제조장으로부터 출고란 제조면허를 받은 장소로부터의 출고를 말하는 것으로서 유상, 무상을 불문한다.

2. 주류수량의 계산

구 분	내 용
소규모주류 제조자가 제조하는 맥주 및 탁주	소규모주류제조자가 제조하는 맥주(위탁제조주류는 제외한다)와 탁주(위탁제조주류는 제외한다)의 과세대상 수량은 해당 주조연도에 주류 제조장에서 실제 반출한 수량에 다음 구분에 따른 인정비율을 곱한 수량으로 한다. | 구 분	반출량 구간	과세표준 수량
---	---	---
맥주	200㎘ 이하	반출량×40%
	200㎘ 초과 500㎘ 이하	80㎘+(200㎘초과분×60%)
	500㎘ 초과	260㎘+(500㎘초과분×80%)
탁주	5㎘ 이하	반출량×60%
	5㎘ 초과	3㎘+(5㎘초과분×80%)	 * 다만, 맥주의 원료곡류 중 쌀의 사용중량이 녹말이 포함된 재료, 당분 또는 캐러멜의 중량과 발아된 맥류의 합계중량을 기준으로 하여 100분의 20 이상인 경우에는 출고수량별 인정비율을 100분의 30으로 한다.
중소기업이 제조하는 맥주	「주류면허 등에 관한 법률 시행령」에 따른 시설기준을 갖추고 「주류면허 등에 관한 법률」에 따라 주류 제조면허를 받은 「조세특례제한법 시행령」에 따른 중소기업 중 다음의 어느 하나에 해당하는 중소기업(**소규모주류제조자는 제외한다**)이 제조하는 맥주(**위탁제조주류는 제외한다**)의 과세대상 수량은 다음 구분에 따른 수량으로 한다. 　가. 해당 주조연도에 신규로 맥주 제조면허를 받은 중소기업 　나. 직전 주조연도의 출고수량이 3천㎘ 이하인 중소기업 	반출량 구간	과세표준 수량
500㎘ 이하	반출량×70%
500㎘ 초과	350㎘+(500㎘초과분×100%)	

3. 주류의 가격계산

구 분	과세표준
일반적인 거래 방식으로 주류 제조장에서 반출하는 주류의 가격	주류 제조자가 통상의 도매 수량과 거래 방식으로 판매하는 가격(이하 "통상가격[51]"이라 한다)
외상방식에 의하여 통상가격보다 높은 가격으로 반출하는 경우	그 반출하는 가격에 상당하는 금액

선매 방식으로 통상가격보다 낮은 가격에 반출하거나 상거래 관습상 일정한 금액을 통상가격에서 공제하여 반출하는 경우	그 통상가격에 상당하는 금액
반출된 주류에 대해 일정한 기간이 지난 후 매수자에게 일정한 금액을 돌려주는 경우	당초 반출했을 때의 가격에 상당하는 금액
무상으로 출고하는 경우	해당 주류와 동일한 규격과 용량을 가진 주류의 통상가격 * 동일한 규격과 용량을 가진 주류를 기준으로 가격을 산출할 수 없을 때에는 그 주류의 제조원가에 통상이윤상당액(제조원가의 100분의 10)을 가산한 금액 * 이 경우 제조원가는 회계학상의 개념에 불구하고 원료비·부원료비·노무비·경비 및 일반관리비(판매비를 포함한다) 중 당해 주류에 배부되어야 할 부분으로 구성되는 총금액으로 한다.
주류제조자가 특수한 관계에 있는 판매장52)에 무상 또는 통상가격보다 낮은 가격으로 반출하는 경우	그 통상가격에 상당하는 금액
주류의 가격에 운송비가 포함(운송비를 주류의 가격과 별도로 수령하는 경우를 포함한다)되어 있음에도 불구하고 거리와 상관없이 주류 제조자가 상대방으로부터 받는 운송비가 동일한 경우	그 운송비를 포함하는 가격에 상당하는 금액
소규모주류제조자가 약주·청주를 제조하는 경우(위탁제조주류를 제조하는 경우는 제외함)	세부사항 ①~③의 방법에 따라 판매하는 경우	{통상의 제조원가+통상이윤상당액(제조원가의 100분의 10)}×해당 주조연도의 과세대상인 약주·청주의 반출수량기준 가격비율*
	세부사항 ④에 따라 판매하는 경우	통상가격×해당 주조연도의 과세대상인 약주·청주의 반출수량기준 가격비율*
전통주의 경우로서 「전자상거래 등에서의 소비자보호에 관한 법률」에 따른 통신판매 방식으로 통상가격보다 높은 가격에 반출하는 경우	그 통상가격에 상당하는 금액

* 약주·청주의 반출수량기준 가격비율

반출량 구간	과세표준 수량
5㎘ 이하	통상가격 등×60%
5㎘ 초과	통상가격 등×80%

---

51) 통상가격: 주류의 가격을 산정할 때 국군부대 또는 공신력이 있다고 인정되는 판매기관과의 직접계약에 따라 반출하는 경우에는 그 계약금액을 통상가격으로 한다.
52) 특수한 관계에 있는 판매장이란 다음 어느 하나에 해당하는 판매장을 말한다.
   ① 주류제조자가 자기가 생산한 주류를 직접 판매하기 위하여 특설한 판매장(하치장을 포함한다)
   ② 주류제조자와 「소득세법 시행령」 또는 「법인세법 시행령」의 특수관계에 있는 자가 경영하는 판매장

> **세부사항** 소규모주류제조자의 판매방법

소규모주류제조자란 탁주, 약주, 청주, 맥주 또는 과실주를 제조하여 다음 어느 하나에 해당하는 방법으로 판매할 수 있는 자를 말한다.
① 병입(瓶入)한 주류를 제조장에서 최종소비자에게 판매하는 방법
② 영업장(해당 제조자가 직접 운영하는 다른 장소의 영업장을 포함한다) 안에서 마시는 고객에게 판매하는 방법
③ 해당 제조자 외에 「식품위생법」에 따른 식품접객업 영업허가를 받거나 영업신고를 한 자의 영업장에 판매(종합주류도매업 또는 특정주류도매업에 해당하는 자를 통하여 판매하는 것을 포함한다)하는 방법
④ 주류소매업의 면허를 받은 자 또는 주류 판매를 주된 업종으로 하지 아니하는 자로서 주류를 주류제조자로부터 직접 구입하지 아니하는 자(백화점, 슈퍼마켓, 편의점, 카지노사업자, 항공·선박사업자 등)에게 판매(종합주류도매업, 특정주류도매업 또는 주류중개업에 해당하는 자를 통하여 판매하는 것을 포함한다)하는 방법

4. 반출간주시 과세표준

구 분	과세표준
① 제조장에서 마신 경우 ② 주류 제조면허가 취소된 경우로서 주류가 제조장에 남아 있는 경우. 다만, 대통령령으로 정하는 경우는 제외한다. ③ 제조장에 있는 주류가 「부가가치세법」에 따라 재화의 공급으로 보는 경우에 해당하는 경우 ④ 담보미제공시의 주세징수	반출된 것으로 보는 날이 속하는 달 또는 그 직전 달의 해당 주류와 동일한 규격과 용량에 대한 통상가격 * 반출간주주류를 용기에 넣지 않거나 포장하지 않은 상태로 둔 경우에는 반출된 것으로 보는 날이 속하는 달 또는 그 직전 달 중 가장 많은 양의 판매실적을 가진 용기의 종류에 따라 그 주류의 수량(과세표준이 되는 수량을 말한다)을 환산한다.
⑤ 제조장에 있는 주류가 공매(公賣) 또는 경매되거나 파산절차에 따라 환가(換價)된 경우	공매·경매 또는 파산절차에 의하여 환가된 금액

> **핵심정리**
>
> ■ 반출된 것으로 보는 경우
>
> 주류가 다음 어느 하나에 해당하는 경우에는 제조장에서 반출된 것으로 본다.
> ① 제조장에서 마신 경우
> ② 주류 제조면허가 취소된 경우로서 주류가 제조장에 남아 있는 경우. 다만, 대통령령으로 정하는 경우[53]는 제외한다.
> ③ 제조장에 있는 주류가 공매(公賣) 또는 경매되거나 파산절차에 따라 환가(換價)된 경우
> ④ 제조장에 있는 주류가 「부가가치세법」에 따라 재화의 공급으로 보는 경우에 해당하는 경우
> ⑤ 담보의 제공 또는 주류의 보존을 명한 경우 담보의 제공 또는 주류의 보존을 하지 아니한 경우
>   * 반출로 보아 과세한 이후에 해당 주류가 부패, 망실 등으로 인하여 반출할 수 없는 사유가 발생하였다 하더라도 당초 반출로 보아 과세한 처분에는 영향이 없다.

2 세율

구 분	내 용
(1) 주정	57,000원/kl * 알코올분 95도를 초과하는 경우에는 그 초과하는 1도마다 600원을 더하여 계산한다.
(2) 주정외의 주류 1) 발효주류	
① 탁주	44,400원/kl (개정) * 2023년 4월 1일부터 2024년 3월 31일까지 주류 제조장으로부터 반출하거나 수입신고하는 분에 한함. * 가격변동지수: 3.57%
② 약주·과실주	30%
③ 청주	30%
④ 맥주	885,700원/kl (개정) * 2023년 4월 1일부터 2024년 3월 31일까지 주류 제조장으로부터 반출하거나 수입신고하는 분에 한함. * 가격변동지수: 3.57%
2) 증류주류	72%
(3) 기타 주류 ① 용해하여 알코올분 1도 이상의 음료로 할 수 있는 가루상태인 것	72%
② 발효에 의하여 제성한 주류로서 발효주류 외의 것	30%
③ 쌀 및 입국(粒麴)에 주정을 첨가해서 여과한 것 또는 이에 대통령령으로 정하는 재료를 첨가하여 여과한 것	72% * 다만, 불휘발분이 30도 이상인 것: 10%
④ 발효에 의하여 만든 주류와 주정 또는 증류주류를 섞은 것으로서 발효주류 외의 것	72%
⑤ 그 밖의 기타주류	72%

---

53) 대통령령으로 정하는 경우라 함은 다음 어느 하나에 해당하는 경우(출고간주 배제사유)를 말한다.
  ① 관할세무서장이 주류의 제조면허를 취소하고 기간을 정하여 주류제조장에 현존하는 반제품에 대하여 제조·출고 기타 필요한 행위를 계속하게 한 경우
  ② 주류제조자가 면허취소신청서를 제출하는 때에 제조장에 현존하는 주류에 대하여 출고기간을 정하여 관할세무서장의 승인을 얻은 경우

(4) 탁주와 맥주에 대한 물가연동 세율 　　2021년 3월 1일 이후 주류 제조장에서 반출하거나 수입신고 하는 탁주와 맥주에 대한 세율은 다음의 계산식에 따라 매년 대통령령으로 정하며, 100원 미만은 버린다.	직전연도 12월 31일 기준 세율 × (1 + 「통계법」에 따라 통계청장이 발표하는 직전연도의 소비자물가상승률)
(5) 전통주로서 대통령령으로 정하는 주류 중 대통령령으로 정하는 반출 수량 이하의 것 　1) 대통령령으로 정하는 주류(경감세율적용대상주류) 　　① 발효주류 및 기타주류 중 발효에 의하여 제성한 주류로서 발효주류 외의 것: 직전 주조연도의 과세대상 반출수량을 기준으로 500kℓ 이하로 제조할 것 　　② 증류주류와 위 ① 외의 기타주류: 직전 주조연도의 과세대상 반출수량을 기준으로 250kℓ 이하로 제조할 것 　　③ 경감세율적용대상주류의 제조면허를 신규로 받은 경우: 해당 주류제조자가 제조면허를 받은 주조연도에 제조하는 주류 　　④ 경감세율적용대상주류의 직전 주조연도 과세대상 반출수량이 최초로 경감세율적용기준을 초과한 경우: 그 초과 사유가 발생한 주조연도와 그 다음 2주조연도까지 제조하는 주류 　2) 대통령령으로 정하는 반출 수량 　　① 발효주류 및 기타주류 중 발효에 의하여 제성한 주류: 해당 주조연도의 과세대상 반출수량 중 먼저 출고된 200kℓ 　　② 증류주류와 위 ① 외의 기타주류: 해당 주조연도의 과세대상 반출수량 중 먼저 출고된 100kℓ	위 세율의 50%

제 3 절 신고와 납부

1 과세표준 등의 신고

구 분	내 용
반출한 주류	주류 제조장에서 주류를 반출한 자는 매분기 주류 제조장에서 반출한 주류의 종류, 알코올분, 수량, 가격, 세율, 산출세액, 공제세액, 환급세액, 납부세액 등을 적은 신고서를 반출한 날이 속하는 분기의 다음 달 25일까지 관할 세무서장에게 제출하여야 한다.
반출간주 주류	주류 제조자는 반출간주 사유 중 다음에 해당하는 경우에는 그 사유가 발생한 날이 속하는 달의 다음 달 말일까지 그 출고된 주류 또는 출고된 것으로 보는 주류에 대한 과세표준신고서를 관할 세무서장에게 제출하여야 한다. ① 주류 제조면허가 취소된 경우로서 주류가 제조장에 남아 있는 경우. 다만, 대통령령으로 정하는 경우는 제외한다. ② 제조장에 있는 주류가 공매(公賣) 또는 경매되거나 파산절차에 따라 환가(換價)된 경우 ③ 관할 세무서장이 주세에 대한 담보를 제공하거나 주류를 보존할 것을 명한 경우로서 해당 담보의 제공 또는 주류의 보존을 하지 아니한 경우 제조장에 있는 주류를 제조장에서 반출된 것으로 보아 지체 없이 그 주세를 징수 경우
수입 주류	주류를 수입하는 자는 수입신고하는 때에 「관세법」에 따른 신고서를 관할 세관장에게 제출하여야 한다.

2 납부

구 분	내 용
반출 및 반출간주 주류	주류 제조장에서 주류를 반출한 자는 반출한 주류의 수량 또는 가격에 세율을 곱하여 산출한 세액을 관할 세무서장에게 납부하여야 한다.
수입 주류	주류를 수입하는 자는 수입한 주류의 수량 또는 가격에 세율을 곱하여 산출한 세액을 관할 세관장에게 납부하여야 한다.
납부 장소	주세를 납부하는 자는 납부기한까지 납부할 세액을 관할 세무서장, 한국은행(그 대리점을 포함한다) 또는 체신관서에 납부해야 한다.

> **세부사항** 반출주류의 수량 산정방법
>
> 1. 주정·청주·맥주 등
>   납부규정에 따라 주류 제조장으로부터 반출한 주류의 수량을 산정할 때에는 「주류 면허 등에 관한 법률」에 따라 검정한 주류의 수량에서 앙금분리·여과·저장·용기주입 및 반출과정 중 생기는 실감량(實減量)을 인정할 수 있다. 다만, 「주류 면허 등에 관한 법률」에 따른 납세증명표지를 붙이지 않은 주류의 경우에는 다음의 범위에서 실감량을 인정할 수 있다.
>   ① 주정: 검정 수량의 1/100 이내
>   ② 청주: 검정 수량의 5/100 이내
>   ③ 맥주: 검정 수량의 3.5/100 이내(소규모주류제조자가 제조하는 맥주의 경우에는 7/100 이내)
>   ④ 위에서 규정한 주류 외의 주류: 검정 수량의 2/100 이내
>
> 2. 위스키·브랜디 원액
>   위스키 또는 브랜디의 원액(물을 혼합하지 않은 것을 말한다)을 나무통에 넣어 저장하는 경우에는 위 1.의 ④에 따른 실감량 외에 연간 2/100 이내에서 실감량을 추가로 인정할 수 있다.

3 납부기한

구 분	내 용
반출 및 수입 주류	① 주세는 매분기분을 신고서 제출기한(반출한 날이 속하는 분기의 다음 달 25일)까지 관할 세무서장에게 납부하여야 한다. ② 다만, 수입하는 주류에 관하여는 「관세법」에 따른다.
반출간주 주류	반출간주 주류에 따른 신고를 하는 경우에는 주세를 신고서 제출기한(그 사유가 발생한 날이 속하는 달의 다음 달 말일)까지 관할 세무서장에게 납부하여야 한다.
납부장소	주세를 납부하는 자는 납부기한까지 납부할 세액을 관할 세무서장, 한국은행(그 대리점을 포함한다) 또는 체신관서에 납부해야 한다.

제 4 절 결정·경정과 징수 및 환급

1 결정 및 경정

구 분	내 용
결정	관할 세무서장 또는 관할 지방국세청장(이하 "관할 세무서장 등"이라 한다)은 과세표준신고서의 제출이 없는 경우에는 과세표준과 세액을 결정한다.
경정	관할 세무서장등은 과세표준 신고에 따라 제출된 내용에 오류 또는 누락이 있는 경우에는 과세표준과 세액을 경정(更正)한다.
추계	관할 세무서장등이 과세표준과 세액을 결정하거나 경정하는 경우에는 장부나 그 밖의 증명서류를 근거로 하여야 한다. 다만, 다음 어느 하나에 해당하는 사유가 있는 경우에는 대통령령으로 정하는 바에 따라 추계할 수 있다. ① 과세표준을 계산할 때 필요한 장부 또는 그 밖의 증명 자료가 없거나 그 중요한 부분이 갖추어지지 아니한 경우 ② 장부 또는 그 밖의 증명 자료의 내용이 시설규모, 종업원 수와 원자재·상품·제품 또는 각종 요금의 시가 등에 비추어 거짓임이 명백한 경우 ③ 장부 또는 그 밖의 증명 자료의 내용이 원자재 사용량, 동력 사용량이나 그 밖의 조업상황 등에 비추어 거짓임이 명백한 경우
재경정	관할 세무서장등은 과세표준과 세액을 결정 또는 경정한 후 그 결정 또는 경정에 오류 또는 누락이 있는 것을 발견한 경우에는 지체 없이 이를 다시 경정한다.

> **세부사항** 추계결정의 방법
>
> 추계를 할 때에는 다음의 구분에 따른 방법에 따른다.
> 1) 국세청장이 사업의 종류·지역 등을 고려하여 다음의 관계에 대하여 조사한 비율이 있는 경우: 그 비율을 적용하여 계산하는 방법
>   ① 투입 원재료·부재료의 전부 또는 일부의 수량 및 가액과 생산량 및 매출액과의 관계
>   ② 사업과 관련된 인적·물적 시설(종업원, 사업장, 차량, 수도 및 전기 등을 말한다)의 전부 또는 일부의 수량 및 가액과 생산량 및 매출액과의 관계
>   ③ 일정한 기간의 평균 재고량 및 재고금액과 생산량 및 매출액과의 관계
>   ④ 일정한 기간의 매출 총이익 또는 부가가치액과 매출액과의 관계
>
> 2) 추계결정·경정대상 사업자에 대하여 위 1)의 비율을 직접 산정할 수 있는 경우: 직접 산정한 비율을 적용하여 계산하는 방법
>
> 3) 위 1) 및 2) 외의 경우: 기장(記帳)이 정당하다고 인정되고 신고가 성실하여 결정 및 경정을 받지 않은 다른 동업자와 비교하여 계산하는 방법

2 주세의 징수

구 분	내 용
주세의 징수	주세를 납부하여야 할 자가 그 납부하여야 할 세액의 전부 또는 일부를 납부하지 아니한 경우에는 관할 세무서장 또는 관할 세관장은 그 납부하지 아니한 세액을 「국세징수법」 또는 「관세법」에 징수한다.
수입주류에 대한 과세	수입하는 주류에 대한 주세의 부과 및 징수에 관하여 주세법에서 정하지 아니한 사항에 관하여는 「관세법」에 따른다.
담보미제공 등의 주세징수	① 관할 세무서장은 주세 보전을 위하여 필요하다고 인정되면 주류 제조자에 대하여 대통령령으로 정하는 바에 따라 주세에 대한 담보를 제공하거나 납세 보증으로서 주세액에 상당하는 가액(價額)의 주류(납세보증주류)를 보존할 것을 명할 수 있다 ② 주세에 대한 담보를 제공하거나 주류를 보존할 것을 명한 경우로서 해당 담보의 제공 또는 주류의 보존을 하지 아니한 경우에는 제조장에 있는 주류를 제조장에서 반출된 것으로 보아 지체 없이 그 주세를 징수한다.

3 미납세 반출 등

구 분	내 용
적용대상	다음 어느 하나에 해당하는 주류에 대하여는 대통령령으로 정하는 바에 따라 주세를 징수하지 아니한다. ① 주류를 수출하기 위하여 다른 장소로 반출하는 것[내국신용장(內國信用狀) 또는 「대외무역법」에 따른 구매확인서가 있는 경우만 해당한다] 　* 미납세반출 승인신청시 첨부서류: 내국신용장 또는 「대외무역법」에 따른 구매확인서 ② 주류를 제조 또는 가공하기 위한 원료로 사용하기 위하여 주류 제조장에서 반출하거나 또는 보세구역에서 반출하는 것 　* 미납세반출 승인신청시 첨부서류: 원료용 주류임을 증명할 수 있는 서류
미납세반출 승인신청	① 주류 제조장 또는 보세구역에서 미납세반출에 해당하는 주류를 반출하려는 자는 대통령령으로 정하는 바에 따라 관할 세무서장 또는 관할 세관장의 승인을 받아야 한다. ② 미납세반출 신청을 받은 관할 세무서장 또는 관할 세관장은 반출승인을 한 경우 해당 신청인에게 승인서를 발급하고, 반입지 관할 세무서장 또는 관할 세관장에게 그 사실을 통지해야 한다. ③ 관할 세무서장 또는 관할 세관장은 승인서를 발급하는 경우 주류를 반출하는 날부터 2개월이 되는 날까지 신청인에게 반입증명서(반입신고를 한 자가 발급받은 것을 말한다)를 제출하도록 해야 한다.
반입신고 및 반입증명	① 미납세반출 주류를 반입한 자는 반입한 날이 속한 달의 다음 달 10일까지 그 반입 사실을 반입지 관할 세무서장 또는 관할 세관장에게 신고하여야 한다. ② 신고를 받은 관할세무서장 또는 관할세관장은 반입신고를 한 자에게 반입증명서를 교부하여야 한다. ③ 미납세반출 주류를 주류제조장 또는 보세구역에서 반출한 자는 주류를 반출하는 날부터 2월 이내에 반입증명서를 관할세무서장 또는 관할세관장에게 제출(국세정보통신망에 의한 제출을 포함한다)하여야 한다.
사후관리	① 반입사실 증명: 미납세반출 주류로서 반입 장소에 반입된 사실을 대통령령으로 정하는 바에 따라 증명하지 아니한 것에 대하여는 반출자로부터 그 주세를 징수한다. ② 멸실승인: 미납세반출 주류가 반입 장소에 반입되기 전에 자연재해나 그 밖의 부득이한 사유로 멸실된 경우에는 대통령령으로 정하는 바에 따라 그 주세를 징수하지 아니한다. 　* 멸실승인을 적용받으려는 자는 반입증명서 제출기한까지 멸실승인에 따른 신청서를 관할 세무서장 또는 관할 세관장에게 제출하여 그 승인을 받아야 하며, 제출해야 할 서류를 지정기일까지 제출하지 않은 경우에는 주세를 징수한다.
납부 및 징수	미납세반출 주류에 대하여 주세의 징수 규정을 적용할 때에는 그 주류의 반입 장소를 주류 제조장으로 보고, 반입자를 주류 제조장에서 주류를 반출한 자로 본다.

4 세액공제 및 환급

구 분	내 용
환입주류에 대한 세액공제 및 환급	이미 주세가 납부되었거나 납부되어야 할 주류가 다음 어느 하나의 경우에 해당하면 납부 또는 징수하여야 할 세액에서 그 세액을 공제하고, 납부 또는 징수할 세액이 없는 경우에는 이미 납부한 세액을 환급(還給)한다. ① 변질, 품질불량, 대통령령으로 정하는 생산 중단[54]이나 그 밖의 부득이한 사유로 동일한 주류 제조자의 주류 제조장 중 어느 한 곳으로 다시 들어온 경우 ② 변질, 품질불량, 대통령령으로 정하는 수입 중단[55]이나 그 밖의 부득이한 사유로 수입신고자의 본점 소재지 또는 하치장(荷置場: 주류의 제조자가 직접 생산한 주류와 주류판매업자가 직접 구입한 주류의 보관·관리시설을 갖춘 장소를 말한다)에서 폐기된 경우 ③ 유통과정 중 파손 또는 자연재해로 멸실된 경우
원료용 주류에 대한 세액공제 및 환급	① 이미 과세되었거나 과세되어야 할 주류를 원료로 하여 제조한 주류(용기주입제조장에서 제조한 주류를 포함한다)에 대하여는 산출한 세액에서 그 원료용 주류에 대한 주세액에 해당하는 금액을 공제한 것을 그 세액으로 한다. ② 공제하여야 할 금액이 해당 주류에 대한 세액을 초과하는 경우에는 납부할 주세액이 없는 것으로 한다. ③ 다음의 면세 규정에 해당하는 주류의 원료용 주류에 대한 주세액에 해당하는 금액은 위 ②의 규정에도 불구하고 환급한다. 다만, 납부할 주세액이 있는 경우에는 공제하여야 한다. ㉠ 수출하는 것 ㉡ 우리나라에 주둔하는 외국군대에 납품하는 것 ㉢ 외국에 주둔하는 국군부대에 납품하는 것 ㉣ 주한외국공관이나 그 밖에 이에 준하는 기관으로서 대통령령으로 정하는 기관에 납품하는 것 ㉤ 외국선원휴게소에 납품하는 것
세액공제 및 환급의 절차	① 세액공제 또는 환급을 받으려는 자는 해당 사유가 발생한 날이 속하는 분기의 다음 달 25일(주류를 수입하는 자는 해당 사유가 발생한 날이 속한 달의 다음 다음 달 말일)까지 과세표준신고와 함께 공제 또는 환급을 신청하여야 한다. ② 이미 납부하였거나 납부하여야 할 가산세는 공제 또는 환급하지 아니한다. ③ 주세액의 환급신청을 받은 주류 제조장 관할 세무서장은 납부기한이 지난 후 10일 이내에 환급해야 한다.

---

[54] 대통령령으로 정하는 생산 중단이란 주류제조자가 과세표준 신고한 주류의 상품을 2주조연도 이상 계속하여 제조하지 않은 경우를 말한다.
[55] 대통령령으로 정하는 수입 중단이란 주류를 수입하는 자가 과세표준 신고한 주류의 상품을 2주조연도 이상 계속하여 수입하지 않은 경우를 말한다.

제 5 절 　면세

① 수출 및 납품주류 등 면세
② 주류 수입에 대한 면세
③ 주정에 대한 면세

1 주류의 수출 및 수입에 관한 면세

구 분	내 용
수출 및 납품주류 등의 면세	① 수출하는 것으로서 다음에 해당하는 것 　㉠ 주류를 외국으로 반출하는 것(내국신용장 또는 「대외무역법」에 의한 구매확인서에 의하여 공급하는 주류를 포함한다) 　㉡ 외국을 항행하는 선박·항공기 또는 원양어선에 공급하는 것 　㉢ 출입국항의 보세구역 안에서 출국하는 자에게 판매하는 것 ② 우리나라에 주둔하는 외국군대에 납품하는 것 ③ 외국에 주둔하는 국군부대에 납품하는 것 ④ 주한외국공관이나 그 밖에 이에 준하는 기관으로서 다음의 기관에 납품하는 것 　㉠ 대사관·공사관·총영사관 및 영사관(명예영사관의 경우를 제외한다) 　㉡ 협정에 의하여 위 ㉠에 준하는 대우를 받는 주한외국기관 　㉢ 문화체육관광부장관의 허가를 받아 설립한 외신기자클럽 　➡ 주류를 납품한 자는 과세표준신고서에 해당 기관에 납품한 사실을 증명하는 서류를 첨부해야 한다. ⑤ 외국선원휴게소에 납품하는 것(외국선원휴게소 안에서 음용에 제공되는 경우로 한정한다.) ⑥ 「주류 면허 등에 관한 법률」 또는 「식품위생법」에 따라 검사 목적으로 수거하는 것 　➡ 주세를 면제받으려는 자는 과세표준신고서에 검사기관이 발급하는 수거한 사실을 증명하는 서류를 첨부해야 한다. ⑦ 「무형문화재 보전 및 진흥에 관한 법률」에 따른 무형문화재로 지정받은 기능보유자가 제조한 주류로서 「무형문화재 보전 및 진흥에 관한 법률」에 따라 무형문화재 공개에 사용되는 것 　➡ 주세를 면제받으려는 자는 과세표준신고서에 문화재청장 또는 특별시장·광역시장·특별자치시장·도지사·특별자치도지사(시·도무형문화재의 경우로 한정한다)가 발급하는 무형문화재의 공개에 사용되는 것임을 증명하는 서류를 첨부해야 한다. ⑧ 「약사법」에 따라 의약품을 제조할 때 원료로서 사용되는 것 　➡ 주세를 면제받으려는 자는 식품의약품안전처장이 발급하는 해당 사실을 증명하는 서류를 첨부하여 주류 제조장 관할 세무서장에게 제출하고 그 승인을 받아야 한다.

주류의 수입에 대한 면세	① 주한외국공관이나 그 밖에 이에 준하는 기관으로서 대통령령으로 정하는 기관이 공용품(公用品)으로 직접 수입하는 것
	➡ 주세를 면제받으려는 자는 신청서에 외교부장관이 발급하는 면세주류구입추천서를 첨부하여 관할 세관장에게 제출하고 그 승인을 받아야 한다.
	② 주한외교관 및 이에 준하는 자로서 대통령령으로 정하는 자가(自家) 소비용으로 직접 수입하는 것
	  * 주한외국공관에 근무하는 외국인으로서 해당국의 공무원의 신분을 가진 자와 주한외국공관이나 그 밖에 이에 준하는 기관에 근무하는 외국인이 소비용으로 직접 수입하는 주류의 경우에는 주세가 면제된다.
	➡ 주세를 면제받으려는 자는 신청서에 외교부장관이 발급하는 면세주류구입추천서를 첨부하여 관할 세관장에게 제출하고 그 승인을 받아야 한다.
	③ 사원, 교회나 그 밖의 종교 단체에 의식용(儀式用)으로 외국에서 기증한 것
	➡ 주세를 면제받으려는 자는 신청서에 문화체육관광부장관이 발급하는 해당 사실을 증명하는 서류를 첨부하여 관할 세관장에게 제출하고 그 승인을 받아야 한다.
	④ 여행자가 입국할 때에 직접 가지고 들어오는 주류로서 관세가 면제되는 것
	⑤ 「약사법」에 따라 의약품을 제조하기 위한 원료로서 수입하는 것
	➡ 주세를 면제받으려는 자는 식품의약품안전처장이 발급하는 해당 사실을 증명하는 서류를 첨부하여 주류 제조장 관할 세무서장에게 제출하고 그 승인을 받아야 한다.
	⑥ 「주류 면허 등에 관한 법률」 또는 「수입식품안전관리 특별법」에 따라 검사 목적으로 수거하는 것
	➡ 주세를 면제받으려는 자는 신청서에 검사기관이 발급하는 수거 사실을 증명하는 서류를 첨부하여 관할 세관장에게 제출하고 그 승인을 받아야 한다.
	⑦ 수출된 주류가 변질, 품질불량이나 그 밖의 부득이한 사유로 해당 주류를 제조한 자의 주류 제조장 중 어느 한 곳으로 다시 들어온 것
	  * 주세를 면제받은 자는 수입신고가 수리된 날부터 7일 이내에 주류를 제조장으로 환입(換入)해야 한다.
	➡ 주세를 면제받으려는 자는 신청서에 관할 세무서장이 발급하는 수출 주류로서 면제를 승인한 사실을 증명하는 서류를 첨부하여 관할 세관장에게 제출하고 그 승인을 받아야 하며, 관할 세관장이 주세면제의 승인을 한 경우 그 승인사실을 주류 제조장 관할 세무서장에게 통보해야 한다.

면세승인 절차	**(1) 수출·납품 주류의 면세승인 신청** 1) 수출 및 납품주류 등의 면세(①,②,③,⑤의 경우에 한함)를 받고자 하는 자는 그 주류의 반출 전에 수출·납품주류면세승인신청서를 주류 제조장 관할 세무서장에게 제출하여 그 승인을 받아야 한다. 2) 이 경우 주류제조자와 수출 또는 납품하는 자가 다르고 당해 주류가 제조장에서 직접 수출 또는 납품되는 경우에는 주류제조자와 수출 또는 납품하는 자가 연명으로 신청해야 한다. 3) 주세의 면제승인을 받은 자는 그 승인을 받은 날부터 3월의 범위 내에서 주류제조장 관할 세무서장이 정하는 기간 내에 수출신고필증·납품증명서·선(기)적완료증명서 또는 이에 갈음하는 국세청장이 정하는 서류를 주류제조장 관할 세무서장에게 제출해야 한다. 이 경우 주류제조장 관할 세무서장은 부득이한 사유가 있다고 인정될 때에는 3개월의 범위에서 그 기간을 연장할 수 있다. * 만일, 제출해야 할 서류를 지정기일까지 제출하지 않은 경우에는 주세를 징수한다. 4) 면세승인을 받지 아니한 자가 주세의 면제를 받으려는 경우에는 해당 주류를 반출한 날이 속하는 분기의 다음 달 25일까지 해당 분기분의 과세표준신고서에 수출신고필증·납품증명서·선(기)적완료증명서와 기획재정부령으로 정하는 서류를 첨부하여 관할 세무서장에게 제출해야 한다. **(2) 수출용 면세주류의 구입승인 신청 등** 1) 수출용 면세주류(수출 및 납품주류 등의 면세 ①의 ⓒ, ⓒ에 한함)목적으로 주류를 구입하려는 자는 면세승인신청서를 판매장 관할 세무서장 또는 관할 세관장에게 제출하여 그 승인을 받아야 한다. 2) 면세 승인을 받은 자가 주류를 구입하여 판매장에 반입한 경우에는 기획재정부령으로 정하는 수출용면세주류 반입신고서를 반입한 날부터 5일 이내에 판매장 관할 세무서장 또는 관할 세관장에게 제출해야 한다. 3) 위에 따른 신고를 받은 판매장 관할 세무서장 또는 관할 세관장은 주류의 반입 사실을 확인하고 그 사실을 반출지 관할 세무서장에게 지체 없이 통보해야 한다.
사후관리	① 관할 세무서장 또는 관할 세관장은 지정한 기한까지 수출, 수입 또는 납품에 관한 증명을 하지 아니한 것에 대하여는 제조자 또는 수입신고를 한 자로부터 지체 없이 주세를 징수한다. 다만, 재해나 그 밖의 부득이한 사유로 멸실(滅失)된 것에 대하여는 대통령령으로 정하는 바에 따라 주세를 면제할 수 있다. * 재해 등으로 인한 멸실승인을 적용받고자 하는 자는 당해 사유가 발생한 날부터 30일 이내에 신청서를 주류 제조장 관할 세무서장 또는 관할 세관장에게 제출하여 그 승인을 얻어야 한다. ② 주세가 면제된 주류가 원래 목적에 사용되지 아니한 경우에는 지체 없이 그 주세를 징수한다. 이 경우 면제된 주류를 가지고 있는 자를 주류를 제조한 자로, 그 면제된 주류를 수입한 자를 주류를 수입한 자로 본다. ③ 관할 세무서장 또는 관할 세관장은 주세가 면제되는 주류에 대하여 필요하다고 인정되면 대통령령으로 정하는 바에 따라 그 주세액에 상당하는 담보물의 제공을 명할 수 있다.

2 주정에 대한 면세

구 분	내 용
면세의 적용	① 주정으로서 국가의 화약 제조용, 연초 발효용(수출용만 해당한다), 연료용, 의료 의약품용이나 그 밖의 공업용으로 사용하는 경우에는 대통령령으로 정하는 바에 따라 주세를 면제할 수 있다. ② 주정의 주세면제는 매회 20리터 이상의 주정을 국가의 화약 제조용, 연초 발효용(수출용만 해당한다), 연료용, 의료 의약품용이나 그 밖의 공업용 물품의 제조에 사용하거나 식음용 외의 공업용에 사용하는 것을 대상으로 한다. ③ 주정의 주세를 면제받으려면 관할 세무서장 또는 관할 세관장의 승인을 받아야 한다. 다만, 공업용 합성주정(에틸렌을 원료로 하여 합성의 방법으로 제조한 주정을 말한다)의 경우에는 승인을 받지 않아도 된다.
변성검정	① 면세승인을 받아 반출한 주정은 음용하지 못하게 관할 세무서장, 관할 세관장 또는 반입지 관할 세무서장이 지정하는 방법으로 변성(變性)하고 「주류 면허 등에 관한 법률」에 따른 검정을 받아야 한다. ② 다만, 수출용품·시약용품·시험연구용품·관수용품 또는 의료의약용품의 제조용에 사용하는 것은 변성하지 않을 수 있다.
면세승인 절차	① 면세주정을 구입하려는 자는 해당 주류 제조장의 명칭 또는 제조자의 성명, 구입연월일, 알코올분 수량 및 용도를 적은 신청서56)를 본인의 소재지 관할 세무서장에게 제출하여 실수요자증명을 받아야 한다. 이 경우 「초·중등교육법」, 「고등교육법」에 따른 학교, 「기초연구진흥 및 기술개발지원에 관한 법률」에 따른 기관 및 단체와 비영리법인 연구기관이 연구 목적으로 사용하는 10리터 이하의 용기로 포장된 시약용 알코올에 대하여는 3개월분을 일괄하여 실수요자증명을 받을 수 있다. ② 실수요자증명을 받은 자(이하 "실수요자"라 한다)에게 주정을 반출하려는 자는 기획재정부령으로 정하는 신청서와 실수요자증명 서류를 관할 세무서장 또는 관할 세관장에게 제출하여 주정의 반출을 승인받아야 한다. ③ 승인 신청을 받은 반출지 관할 세무서장 또는 관할 세관장은 실수요자증명이 없을 때에는 주정의 반출을 승인할 수 없으며, 수출용 물품의 제조에 사용하는 주정에 대해 승인을 할 때에는 승인을 한 날부터 6개월 내에 해당 주정을 사용할 것을 조건으로 해야 한다. ④ 반출지 관할 세무서장 또는 관할 세관장이 반출 승인을 한 경우에는 실수요자 소재지 관할 세무서장에게 지체 없이 그 승인사항과 변성 여부를 통보하여야 한다. ⑤ 실수요자 소재지 관할 세무서장이 통보를 받은 경우에는 주정의 변성과 실수요자의 사용처분을 확인하여야 한다. 다만, 수출용 물품의 경우 「전자정부법」에 따른 행정정보의 공동이용을 통하여 수출신고필증을 확인해야 하며, 해당 실수요자가 확인에 동의하지 않을 때에는 해당 실수요자에게 수출신고필증 또는 이를 대신하는 서류를 수출한 후 1개월 내에 제출하도록 하여야 한다.

공업용 주정의 반출	주세를 면제할 주정이 공업용 주정인 경우에는 위에 따른 승인절차를 거치지 않아도 주정 제조자로부터 주정 판매업자에게 반출할 수 있다.
주세의 징수	① 주정으로서 주세를 면제받은 주정을 반입하거나 보세구역에서 반출한 후 해당 용도에 사용하지 않은 경우(수출용 물품의 제조에 사용하는 주정에 대하여 출고승인이 있는 날부터 6월내에 사용하지 아니한 경우를 포함한다)에는 반입 장소 또는 인수 장소를 제조장으로, 반입 장소 또는 인수 장소의 영업자를 주류 제조자로 보아 그 주세를 지체 없이 징수해야 한다. ② 주세가 면제된 주류가 원래 목적에 사용되지 아니한 경우에는 지체 없이 그 주세를 징수한다. 이 경우 주세를 면제받은 주정의 경우에는 반입 장소 또는 인수 장소를 주류 제조장으로, 해당 장소의 영업자를 주류를 제조한 자로 본다.

제 6 절　납세의 담보

구 분	내 용
개요	관할 세무서장은 주세 보전을 위하여 필요하다고 인정되면 주류 제조자에 대하여 주세에 대한 담보를 제공하거나 납세 보증으로서 주세액에 상당하는 가액(價額)의 주류를 보존할 것을 명할 수 있다.
담보금액 및 기간의 지정 및 변경	① 관할 세무서장은 주세보전상 필요하다고 인정하는 때에는 주류 제조자에 대하여 금액 및 기간을 정하여 주세에 대한 담보를 제공하거나 납세 보증으로서 주세액에 상당하는 가액(價額)의 주류를 보존할 것을 명할 수 있다. ② 관할 세무서장은 「국세징수법」에 따른 사유57)에 준하여 필요하다고 인정하는 경우에는 위 ①에 따른 금액 또는 기간을 변경할 수 있다.

---

56) 신청서: 주정을 구입하려는 자가 「주류 면허 등에 관한 법률 시행령」의 주정소매업 면허를 받은 자로서 시약용 알코올을 제조하려는 자인 경우에는 시약용 알코올 제조공정도 및 제조방법 설명서를 첨부한 신청서로 한다.
57) 「국세징수법」에 따른 사유: 관할 세무서장은 납세담보물의 가액 감소, 보증인의 자력(資力) 감소 또는 그 밖의 사유로 그 납세담보로는 국세 및 강제징수비의 납부를 담보할 수 없다고 인정할 때에는 담보를 제공한 자에게 담보물의 추가 제공 또는 보증인의 변경을 요구할 수 있다.

주류의 보존 및 방법	① 주류보존의 명을 받은 자는 보존할 주류 및 보존의 방법을 정하여 관할 세무서장에게 신청하여야 한다. ② 관할 세무서장은 납세의 보증으로 보존하는 주류를 봉할 수 있다.
납세보증 주류의 가격	납세의 보증으로 주세액에 상당하는 가액을 판단할 때의 주류 가격은 통상가격으로 한다.
납세보증 주류의 보존	① 주류 제조자는 관할 세무서장이 보존을 명한 납세보증주류를 처분하거나 제조장에서 반출할 수 없다. ② 관할 세무서장은 담보의 제공이나 주류의 보존을 명한 경우로서 담보 기간이 개시될 때까지 주류제조자가 담보의 제공이나 주류의 보존신청을 하지 않은 경우에는 제조장에 있는 주류를 봉하고 그 처분 또는 반출을 금지할 수 있다.
납세담보의 제공	① 관할 세무서장은 담보의 제공이나 주류를 보존해야 하는 기간이 2주조연도 이상에 걸치는 경우에는 매년 1월에 담보 또는 보증의 내용과 그 적정성 여부를 조사해야 한다. ② 관할 세무서장은 담보를 제공하거나 납세보증주류를 보존하고 있던 주류제조자가 사망하여 그 면허 등을 상속한 자가 「주류 면허 등에 관한 법률」에 따라 그 제조 또는 판매업의 면허를 받은 것으로 보는 경우에는 그 상속인에게 주세 보전을 위하여 필요한 담보의 제공이나 주류의 보존을 새로 명해야 한다. ③ 관할 세무서장은 보존한 주류의 가액이 미납부세액을 초과할 때에는 그 초과하는 가액에 상당하는 주류의 보존을 해제할 수 있다.
납세담보물의 종류	납세 담보물의 종류는 「국세징수법」의 규정에 따른 담보물[58]로 한정한다.
납세보증 주류의 주세 충당	관할 세무서장은 납세의무자가 주세법에 따라 납부기한까지 주세를 납부하지 아니하는 경우에는 납세보증주류를 「국세징수법」에서 정하는 바에 따라 공매하고, 그 금액으로 주세를 충당하여야 한다.
「국세징수법」의 준용	납세담보에 관하여 주세법에 규정된 사항을 제외하고는 「국세징수법」의 규정을 준용한다.

---

[58] 「국세징수법」 규정에 따른 담보물: 금전, 유가증권, 납세보증보험증권(보험기간이 납세담보를 필요로 하는 기간에 30일을 더한 기간 이상인 것으로 한정)

제 7 절 질문·조사 및 벌칙

구 분	내 용
질문·조사	① 주세에 관한 사무에 종사하는 공무원은 주세에 관한 업무를 위하여 필요하면 주류·밑술 또는 술덧의 제조자나 주류 판매업자에게 주세와 관계되는 사항을 질문하거나 그 장부·서류나 그 밖의 물건을 조사하거나 그 제출을 명할 수 있다. ② 주세에 관한 사무에 종사하는 공무원은 직무를 위하여 필요한 범위 외에 다른 목적 등을 위하여 그 권한을 남용해서는 아니 된다. ③ 세무에 종사하는 공무원이 질문 또는 검사를 하는 경우에는 그 권한을 표시하는 증표를 관계인에게 내보여야 한다. ④ 고유식별정보의 처리: 국세청장, 세무서장 및 세관장은 주류의 수입에 대한 주세의 면제에 관한 사무를 수행하기 위하여 불가피한 경우 「개인정보 보호법 시행령」에 따른 주민등록번호 또는 여권번호가 포함된 자료를 처리할 수 있다.
주류제조 위탁관련 적용	「주류 면허 등에 관한 법률」에 따라 위탁 제조하는 주류와 관련하여 주세법을 적용할 때에는 다음과 같이 한다. ① "주류 제조장" 또는 "제조장"은 주류 제조 수탁자가 해당 주류의 제조를 위탁받아 제조하는 제조장으로 한다. ② "반출한 수량" 또는 "수량"은 주류 제조 수탁자의 제조장에서 반출한 수량으로 한다. ③ "반출하는 때의 가격" 또는 "가격"은 주류 제조 위탁자가 제3자에게 판매하는 가격으로 한다. ④ "주류를 반출한 자", "주류 제조자", "주류를 제조한 자" 또는 "제조자"는 주류 제조 위탁자로 한다.
과태료	① 면세한 주류를 판매의 목적으로 소지하거나 판매한 자에게는 2천만원 이하의 과태료를 부과한다. ② 위에 따른 과태료는 대통령령으로 정하는 바에 따라 관할 세무서장이 부과·징수한다. ③ 관할 세무서장은 위반 정도, 위반 횟수, 위반행위의 동기 및 그 결과 등을 고려하여 별표 5(과태료 부과기준)에 따른 과태료 금액의 1/2의 범위에서 그 금액을 줄이거나 늘릴 수 있다. 다만, 과태료 금액을 늘리는 경우에는 과태료 금액의 상한(2천만원)을 넘을 수 없다.

❏ 김 충 신

약력

세무사
고려대학교 정책대학원 세정학과 석사졸업(세법전공)

- ▶ (現) 프라임 세무회계 대표세무사
- ▶ (現) 한국세무사회 세무연수원 교수
- ▶ (現) 중부지방세무사회 연수교육위원
- ▶ (現) 중부지방국세청 수원세무서 국선대리인
- ▶ (現) 동화성세무서 영세납세자지원단 나눔세무사
- ▶ (現) 합격의법학원 관세사 내국소비세법 전임교수

- ▶ (前) 세무법인 광장리앤고 근무
- ▶ (前) 세무사단기 세무회계 전임교수
- ▶ (前) 박문각 강남고시학원 세법 전임교수
- ▶ (前) 우리경영아카데미 우리단기 세무직공무원 세법 전임교수

저서

- ▶ 김충신 세무사의 내국소비세법
- ▶ 김충신 세무사의 내국소비세법 Sub-Note
- ▶ 김충신 세무사의 내국소비세법 객관식 문제집
- ▶ 김충신 세무사의 공무원 세법 (1) (2)
- ▶ 김충신 세무사의 콕 세법 핵심요약집
- ▶ 김충신 세무사의 콕 세법 기출 및 예상문제집
- ▶ 김충신 세무사의 공무원 세법 파이널 (7.9급 공무원 수험준비서)

2024 김충신 세무사의 내국소비세법 Sub-Note(제3판)

제1판1쇄발행 • 2021년 8월 27일
제2판1쇄발행 • 2022년 8월 22일
제3판1쇄발행 • 2023년 6월 29일
편 저 자 • 김 충 신
발 행 인 • 정 성 열
발 행 처 • 도서출판 ONE
주　　소 • 서울특별시 영등포구 선유로3길 10
등　　록 • 제313-2003-427호
전　　화 • 02-323-8536
팩　　스 • 02-323-8531

ISBN 978-89-6481-467-3

저자와의
협의하에
인지생략

정가 16,000원

- 이 책은 저작권법에 의해 보호를 받으므로 어떠한 형태의 무단 전재나 복제를 금합니다.
- 파본은 교환하여 드립니다.
- http://one-book.co.kr